保育環境における「境の場所」

境 愛一郎
Sakai Aiichiro

ナカニシヤ出版

まえがき

「名字が境なのだから「境」の研究をすれば面白いのではないか？」

　本書にまとめた約6年間に及ぶ「境の場所」研究は，指導教員との冗談のようなやりとりから始まった。当時，漠然と保育環境というものに関心を持ちながらも，学位論文のテーマとするための切り口が見いだせずにいた私は，藁にもすがる思いで，そのアイディアを実行するべく幼稚園での観察を開始した。今思えば，とても失礼な話であり，快く観察を受け入れてくださったA園の先生方には，感謝の言葉もない。

　実際に，保育室（屋内）と園庭（屋外）の「境の場所」として着目したテラスでの観察を始めてみると，すぐに興味深い光景が現れた。登園の時間帯では，靴を脱いでテラスに腰を下ろしたはずの男児が，母親を帰すまいとあの手この手で引き留めようとしている。この男児の心身は，幼稚園にあるのだろうか，それともまだ家にあるのだろうか。また，ある子どもたちは，テラスに置かれたプレートの上に泥が敷かれた虫かごの中身をぶちまけ，床に腹ばいになってカブトムシや泥で遊んでいる。この活動は，いわゆる屋内遊びなのだろうか，屋外遊びなのだろうか，あるいはそのどちらでもない何かなのだろうか。さらに，他児が保育室や園庭で活発に活動するなか，一人テラスでそれを見つめている子どもがいる。この子どもと周囲の場所や他者との関係性は，どのように理解すればよいのだろうか。これらの例のように，テラスでの子どもの生活や活動に目を向けてみると，内と外，個と集団といった二分法では説明できず，「中間的」や「両義的」という言葉で単純に片付けることも適切ではない，複雑な暮らしぶりが日ごとに浮かび上がってきた。そして，そうした姿の多くが，ささやかでありながら意義深く，その行為の意味に素朴に共感できるように感じられた。

　また，保育環境には，保育室や園庭といった「主要な場所」ともいうべき場

所が存在しており，そこには常に多くの子どもや保育者が集い，配慮の行き届いた快適な設えや好奇心を喚起する遊具などで満たされている。それに対して，テラスなどの「境の場所」は，日常的に利用する通路ではあるものの，遊びコーナーなどが設置されることは少なく，人や活動で賑わう機会は限られる。しかし，先に示した例のように，「境の場所」としてのテラスに留まって過ごす子どもも少なくなく，そこにはテラスでなければ適わない過ごし方や，テラスであるからこそ得られる体験があると考えられる。そのように，数ある保育環境のなかから子どもがテラスを選択したことの意味に迫ることで，その場所としての機能や特質を明らかにするだけでなく，「主要な場所」も「境の場所」も巻き込んで展開される子どもと保育環境のかかわりの全体像や，「主要な場所」やそこで行われる活動の本質に迫ることができるのではないかと思われた。本研究は，以上のような子どもの姿に対する素朴な共感と，保育環境に対する新たな視座を拓けるのではないかという期待とに後押しされたものである。

　本書では，「主要な場所」と呼べる保育環境に対して，それらをつなぐ通路や小空間として存在する「境の場所」に着目する。そのなかでも，保育室と園庭の「境の場所」であるテラスを対象に，その場所にまつわる子どもの生活や活動の具体的なエピソードやそれに対する保育者の語りを質的に分析することで，保育環境としての機能と特質を明らかにすることを目指す。

　本書の詳しい構成は，本文において述べるが，「まえがき」でも簡単に紹介する。まず，序章では，国内外の保育環境に関する先行研究と「境の場所」およびテラスに言及した先行研究を検討し，研究の目的と意義，使用する概念の定義を示した。また，第1章においては，都市や建築に関する論考を整理することで，保育環境における「境の場所」を検討する上で有効な視点を得た。第2章では，A園のテラスの機能と特質を明らかにすることを目的に，約1年間にわたって子どもがテラスを利用した際のエピソードを収集し，質的研究法であるM-GTAを用いて分析した。その結果，A園のテラスが有する子どもの生活や活動にかかわる6つの機能と，「園生活のジャンクション」と「あいまいな場所」という2つの場所の特質の存在を明らかにした。続く，第3章と第4章では，A園とは異なる空間的・実践的特徴を有するB園，C園，D園を対象に加え，各園のテラスの機能と特質の共通点と独自性を検討した。最終的に，4園

のテラスには，4つの特質と9つの機能が共通して存在し得ること，園ごとの機能や特質の差異や独自性は，各園の環境や保育内容に起因する生活・活動の制限に，子どもが対抗しようとする過程で生じることがわかった。さらに，第5章では，保育の時間的環境と子どものかかわりという観点から，4園のエピソードを再分析することで，テラスが保育環境に流れる種々の時間を緩衝する機能を有することなどを明らかにした。第6章では，保育者に対するインタビュー調査から，テラスの機能を成立させている保育者の意識や環境の特徴を明らかにするとともに，子どもの思惑と保育者の思惑を無理なく共生させるというテラスの社会的な機能を見いだした。そして，終章では，以上を総合し，本研究がもたらす学術および実践への示唆を示した。

　以上の成果が，保育現場における環境構成や子ども理解，園舎設計等に寄与し，延いては子どもの生活や活動の充実に対して僅かながらでも貢献することができるならば，この上ない喜びである。また，保育環境全体のなかに「境の場所」やテラスを位置づけることで，これまでの先行研究の成果を架橋するとともに，場所の枠を超えて広がる子どもの生活・活動の様相を解き明かす一助となることを期待する。

　本書の出版においては，日本学術振興会による平成29年度科学研究費助成事業・研究成果公開促進費【学術図書】の助成を受けている。また，本書に示した研究の一部は，日本学術振興会・特別研究員奨励費（課題番号：13J00970）による研究成果である。

　出版にあたっては，各研究対象園・対象者に対して，その趣旨を改めて書面と口頭で説明するとともに，掲載予定の全ての原稿・写真・エピソードを提示し確認を依頼した。その上で，同意書によって出版の承諾を得た。

目　次

はじめに　i

序　章　研究の背景と目的：保育環境の「境の場所」へ・・・・・1
　　第 1 節　保育環境をめぐる研究の動向　1
　　　　1．保育環境の重要性　1
　　　　2．先行研究に見られる保育環境へのアプローチ　3
　　　　3．保育環境に関する研究の課題　9
　　第 2 節　保育環境における「境の場所」とテラス　11
　　　　1．保育環境における「境の場所」　12
　　　　2．「境の場所」としてのテラス　13
　　　　3．テラスに関する先行研究の整理　14
　　　　4．先行研究の課題　16
　　第 3 節　本研究の目的と構成　18

第 1 章　「境の場所」に関する諸視点の整理・・・・・・・・・21
　　第 1 節　日本の都市・建築研究からの接近　21
　　　　1．黒川紀章による「中間領域」論　21
　　　　2．日本家屋に見られるあいまいな場所に関する論考　23
　　第 2 節　保育環境における「境の場所」研究との関連　24

第 2 章　A 園におけるテラスの機能と特質・・・・・・・・・・27
　　第 1 節　本章の目的　27
　　第 2 節　対象と方法　28
　　　　1．対象施設（A 園）の概要　28
　　　　2．観察とエピソード作成の方法　30
　　　　3．分析の方法　31
　　第 3 節　A 園におけるテラスの機能　36
　　　　1．分析結果の概要　36

　　　　2. 園生活の玄関口　39
　　　　3. 屋内と連続した場所　44
　　　　4. 屋外と連続した場所　48
　　　　5. 独立した活動場所　50
　　　　6. やすらぎの場所　55
　　　　7. 猶予の場所　59
　　第4節　A園におけるテラスの特質　65
　　　　1. 園生活のジャンクション　65
　　　　2. あいまいな場所　81
　　第5節　小　括　92
　　　　1. A園のテラスの機能　92
　　　　2. A園のテラスの特質　94
　　　　3. 本章の意義と課題　95

第3章　テラスの多様性を踏まえるために・・・・・・・・・・・97
　　第1節　本章の目的　97
　　第2節　理論的サンプリング　97
　　第3節　本研究におけるサンプリングの諸視点　98
　　　　1. テラスの奥行きの大きさ　99
　　　　2. 利用の自由度　100
　　　　3. 周囲との隣接状況　100
　　第4節　追加した対象施設のプロフィール　101
　　　　1. B園のプロフィール　101
　　　　2. C園のプロフィール　104
　　　　3. D園のプロフィール　106

第4章　4園に見るテラスの機能と特質の共通性と独自性・・・　109
　　第1節　本章の目的　109
　　第2節　対象と方法　110
　　　　1. 対象園の概要　110
　　　　2. 観察とエピソード作成の方法　111
　　　　3. 分析の方法　111
　　第3節　4園に共通するテラスの機能と特質　114
　　　　1. 分析結果の概要　114
　　　　2. 生活・活動のジャンクション　118

3. つかず離れずの関係性　126
         4. 柔軟な生活・活動場所　136
         5. 生活・活動の周縁　145
    第4節　4園に見るテラスの用途の独自性　152
         1. B園におけるテラスの用途の独自性　153
         2. C園におけるテラスの用途の独自性　154
         3. D園におけるテラスの用途の独自性　156
         4. A園におけるテラスの用途の独自性　158
    第5節　小　　括　159
         1. テラスの機能と特質の共通性　159
         2. 施設ごとのテラスの独自性　161
         3. 本研究の意義と課題　162

第5章　保育の時間的環境におけるテラスの機能と特質・・・・165
    第1節　本章の目的　165
         1. 保育における時間環境　165
         2. テラスの機能と特質と時間的環境の関連性　167
    第2節　対象と方法　168
         1.「待つ」行為を含むエピソードの抽出　168
         2. エピソードの分析方法　170
    第3節　「待つ」行為の対象から見たテラスの機能　171
         1. テラスにおける「待つ」行為の対象　171
         2. 4園の特徴と「待つ」行為の対象の関連性　182
    第4節　「待つ」行為の方法から見たテラスの機能　185
         1. テラスにおける「待つ」行為の方法　185
         2. 対象園の特徴と「待つ」行為の方法の関連性　192
    第5節　小　　括　195
         1. 保育の時間的環境に対する子どものかかわり　195
         2. 保育の時間的環境におけるテラスの機能と特質　196
         3. 本研究の意義と課題　199

第6章　保育の社会的環境におけるテラスの機能と特質・・・・201
    第1節　本章の目的　201
         1. 保育の社会的環境と保育者の重要性　201
         2. テラスの機能と特質と社会的環境の関連性　203

第2節　対象と方法　205
　　1. 対象およびインタビューの手順　205
　　2. データ分析の方法　211
第3節　D園に見る社会的環境におけるテラスの機能と特質　213
　　1. 子どものテラス利用に対する保育者の意識　217
　　2. 子どもによる自治とテラスの社会的環境の発生　223
第4節　小　括　225
　　1. D園の社会的環境におけるテラスの機能と特質　225
　　2. 共生の場所としてのD園のテラス　227
　　3. テラスの社会的環境　228
　　4. 本研究の意義と課題　228

終　章　総合考察　231

第1節　各章の総括　231
第2節　本研究の成果と意義　234
　　1. テラスの多様な機能と場所の特質との関連性の解明　234
　　2. 複数の保育環境に広がる子どもの生活・活動の描出　236
　　3. 今後の研究・実践に対する基礎的枠組みの提示　237
第3節　本研究の課題と限界　238

引用文献　241
初出一覧　249
あとがき　251
謝　辞　253
索　引　255

【エピソード】

2-1	39	2-23	62	4-8	125	5-1	172
2-2	40	2-24	63	4-9	126	5-2	173
2-3	41	2-25	64	4-10	129	5-3	174
2-4	42	2-26	67	4-11	130	5-4	176
2-5	43	2-27	68	4-12	132	5-5	176
2-6	44	2-28	71	4-13	133	5-6	177
2-7（前編）	46	2-29	72	4-14	134	5-7	178
2-7（後編）	79	2-30	75	4-15	135	5-8	179
2-8	46	2-31	76	4-16	135	5-9	180
2-9	47	2-32	77	4-17	138	5-10	182
2-10	48	2-33	80	4-18	138	5-11	184
2-11	49	2-34	82	4-19	140	5-12	186
2-12	50	2-35	84	4-20	140	5-13	187
2-13（前編）	51	2-36	85	4-21	142	5-14	189
2-13（後編）	88	2-37	86	4-22	143	5-15	190
2-14（前編）	52	2-38	87	4-23	144	5-16	191
2-14（後編）	70	2-39	90	4-24	146	5-17	193
2-15	53	2-40	92	4-25	147	5-18	194
2-16	54	4-1	118	4-26	148	6-1	209
2-17	55	4-2	120	4-27	149	6-2	210
2-18	56	4-3	121	4-28	150	6-3	210
2-19	57	4-4	122	4-29	151	6-4	210
2-20	58	4-5	123	4-30	152	6-5	224
2-21	60	4-6	123	4-31	156		
2-22	61	4-7	124	4-32	157		

序　　章

研究の背景と目的：保育環境の「境の場所」へ

■ 第1節　保育環境をめぐる研究の動向

　本節では，まず，本研究の基礎概念である保育環境の捉え方と，保育における重要性について簡潔に述べる。その上で，保育環境に対する先行研究のアプローチの方法や，これまでに得られた知見を整理し，それらの課題を明らかにする。

1. 保育環境の重要性

　保育環境とは，保育施設に配置される空間や物などの物的環境，保育者や子どもなどの人的環境，さらには，それらの周囲を取り巻く自然や社会の事象を幅広く含む概念であり，子どもの身の回りに存在するあらゆる要素の総称である（内閣府・文部科学省・厚生労働省, 2015）。こうした保育環境は，保育において生じるさまざまな現象の根源として認識されており，数多の保育理論やカリキュラムの中核をなす概念の1つとなっている。

　たとえば，我が国の『幼稚園教育要領』においては，幼児は身の回りの環境とかかわることにより心身を発達させるとする「環境を通しての保育」が提唱されて久しい（光成, 2007）。このなかでは，幼児が心身の発達に必要な体験を主体的に得ていくための方法として，幼児の行動と特性の理解に基づき，保育環境を構成することが第一にあげられている。こうした考え方のルーツは，日本の幼児教育の父と呼ばれる倉橋惣三の保育理論にあるともいわれており（無藤, 2003），幼稚園を，幼児が自己充実力を十分に発揮できる設備によって保育を行う場と位置づけ，保育者の役割として，直接的な指導よりも，設備の工夫と充実に重きを置いた点などに（倉橋, 1953），その一端を垣間見ることができる。もっとも，保育環境と子どもの活動や発達との密接な関係は，我が国

に限って見られることではない。アメリカ最大級の保育専門職者組織であるNAEYC（National Association for the Education of Young Children: 全米乳幼児教育協会）が刊行する『Developmentally Appropriate Practice』（乳幼児期の発達にふさわしい実践）(Gestwicki, C. Ed., 2010) では，乳幼児の身体および情緒の発達を促す要素として保育環境をあげ，発達段階に応じた援助の方法などが具体的に示されている。また，イタリアのレッジョエミリアの実践においては，子どもを取り巻く環境を「第三の教育者」と考え，子どもの活動や人間関係を醸成し，あらゆる種類の学びや幸福感をもたらす媒体として重要視している (Edwards, C., Gandini, L., & Forman, G. Ed., 2001)。総じて，保育環境とは，子どもの「活動への志向性が成立する根源」（小川, 2000）であり，人間の発達に必要な経験を始動し，また，展開していくための原動力であるといえる。

　保育環境が重要視される理由は，子どもの学びや発達につながる活動をもたらすという点に留まらない。それ以前に，保育環境は，「くつろいだ雰囲気の中で子どもの様々な欲求を満た」し（厚生労働省, 2017），「安定した情緒の下で自己を十分に発揮」（文部科学省, 2017）するための器であり，子どもにとっての生活環境である。子どもにとっての保育施設やその環境との関係は，休日にだけ訪れるテーマパークとのそれのように，一時的に接触し，利用するといった単純なものではない。子どもは，保育施設において，さまざまな人や物，文化に出会い，時には不安や緊張を感じながらも継続的に関係性を取り結び，日々を過ごしている。その過程のなかで，保育施設は子どもにとって，根を下ろした「住まう」場所となり，そこはもはや緊張を強いる「外部空間」ではなく，くつろぎ，やすらぐことのできる「内部空間」または「自分自身の空間」となっていくのである（榎沢, 2004）。とはいえ，自分以外の多くの子どもや保育者が集う保育所や幼稚園の環境は，多かれ少なかれ公共的な性質を帯びるため，家庭と全く同じように「住まう」ことは難しい（中田, 2013）。しかし，それ故に，個々の子どもと環境との情緒的な結びつきを深める配慮が，より一層求められるともいえる。保育環境は，子どもが「住まう」場所という意味と，「住まう」ことを助長する装置という2つの意味を持ち得るものであり，子どもの生活を「ふさわしい」ものや「豊かな」ものと成す基盤なのである（厚生労働省, 2017; 文部科学省, 2017）。

以上のように，保育環境が重視される理由は，発達や学びにもつながる活動の原動力としての側面と，子どもの安定した生活の基盤としての側面に大別できる。ただし，この2つの側面は，一体的なものとして捉えることがより適切であろう。

榎沢（2004）が，保育施設に「住まう」状態が成立することで，子どもはよりのびのびと活動に取り組めるようになると述べるように，生活環境としての保育環境は，その後の活動の展開に大きくかかわる。また，ベルギーのLaeversらが開発した保育プロセスの評価スケール（Laevers, F. Ed., 2005）では，保育の場における居心地の良さや幸福感を意味する「Well-Being（安心度）」が保証されることにより，子どもはより環境に対して開かれ，自発的に活動することができるとされる。このような点から，生活の基盤としての保育環境は，活動の原動力としての保育環境の前提に位置づけられる。一方で，先の倉橋の保育理論では，そうした幼児のさながらの生活を基礎にしながらも，保育者が教育的意図が込められた環境を用意することで，子どもの生活をより充実したものへと誘導することが目指される（倉橋, 1953）。このなかでは，活動の原動力としての保育環境が，自然な生活に充実や変化をもたらすことが述べられている。このほか，能力を要する挑戦的な環境とかかわるなかで，人間の生活は，より喜びや楽しみに満ちたものになるというフロー現象の理論（Csikszentmihalyi, M., 1996）などからも，活動の充実と生活の充実とが，一体的なものであることが裏付けられる。

つまり，保育環境とは，子どもの生活と活動の双方を形成する土台であるとともに，双方をより充実させるための原動力でもある。既に確認してきた通り，それは保育に関するあらゆる現象の原点，根源，基盤であり，保育施設にどのような物が配置され，出入りし，どういった生活・活動が展開されるのかを問うことは，保育の研究と実践に共通する大きなテーマである（無藤, 2012）。これらを踏まえた上で，次項では，先行研究の検討から，保育環境に対する具体的なアプローチの方法や得られた成果について整理する。

2. 先行研究に見られる保育環境へのアプローチ

先述のように，保育環境とは，保育施設に存在する空間や物のほか，人や社

会的事象なども含んだ広範な概念であり，先行研究の範囲を絞り込むことは困難である。その広範さ故に，保育に関するおおよそ全ての研究は，保育環境に関連するといっても決して過言ではない。しかし，意図的に保育環境の実態や機能，または特性に迫ろうとした先行研究としては，場所や物などの可視的・物質的な保育環境を対象とした研究と，それ以外の不可視的・非物質的な保育環境を対象とした研究の2つに大別することができる。

1）可視的・物質的な保育環境に関する先行研究

　保育環境に関する先行研究の方向性の1つとして，保育施設内の場所やそこに設置される物などを対象とした研究，言い換えれば，主として可視的・物質的な保育環境についての研究があげられる。それらは，さらに，子どもによる場所や物の用い方，あるいはそれらへの意味づけなどに着目し，場所や物が有する機能や特質を解明することを目指した研究と，保育者などが予め設定した環境の機能の実現や検証を目的とした実践研究やアクションリサーチなどに分けられる。

　機能や特質の解明を目指した研究としては，まず，主として保育室や園庭といった場所に着目し，そのなかで生じる子どもの活動や種々の関係性を捉えたものがあげられる。たとえば，由田・由田・小川（1994）は，子どもが保育室内で遊びを展開した際の場所を分析し，囲いがあって落ち着けるなどの特性を持つ空間に，遊び場や物を配置することで，子どもの遊びが持続する拠点が形成されることを明らかにした。また，山田・佐藤・山田（2008）は，保育室とその周辺で展開された遊びについて，人数規模や空間的拡がりの傾向と使用された場所の関係性を分析し，保育室周辺における各遊びの動態や現状，遊びの内容に適した場の特徴について考察している。一方，屋外環境については，園庭に配置された固定遊具に着目し，年齢や時間帯ごとの利用実態を調査した山田（2000）や，子どもの園庭遊びを誘発する環境要因を検討した横山（2003）などが見られる。さらに，藤田・山崎（2000）は，屋内外の全体にわたって場所と遊びの関係性を整理し，遊びが生じやすい場所の特徴や，子どもが場所に対して与える意味づけの類型化を行っている。これらの研究は，保育室や園庭における子どもの活動や動きを俯瞰的に説明するとともに，各環境に潜在する

機能や意味を浮かび上がらせているという点で有意義といえる。

　上記の研究では，保育室や園庭もしくはその両方と，そこで繰り広げられる活動といったように，領域を軸とした対象設定がなされている。他方で，より範囲を絞り込み，特定の環境や行動に特化したアプローチも見られる。そうした研究としては，まず，特定の活動コーナーや遊具を対象とした研究があげられる。例として，制作コーナー（無藤，1997）や絵本コーナー（山田，2011）を対象とした研究や，砂場（笠間，2001; 箕輪，2007; 2008）やタイヤブランコ（金子・境・七木田，2013）についてのものがあり，特定の場や物が持つ機能や特質，その場所や周辺で生じる子どもの活動や交流の様相などが，それぞれ詳細に明らかにされている。また，行動の範囲を絞ったものとしては，「隠れる」要素を含んだ活動と保育環境の関係性を分析した研究（大野・今井・中井，2000）や，子どもの遊び集合の移行（佐藤・西出・高橋，2004）や相互交渉（廣瀬，2007）の方法や頻度と場所の関係性を明らかにした研究，子どもの協同的な経験に対してブロックなどのモノが有する機能に迫った研究（松本・松井・西宇，2012）などがあり，場所や物が，子どもの行動に及ぼす影響を明確にすることで，子どもの行動の制御や予測に寄与し，以後の実践や研究の指針となり得る知見が得られている。

　このほか，方法の工夫によって，場所や物を巡る当事者の意識や体験に，より接近しようとする試みも散見される。中島・山口（2003）は，子どもにインスタントカメラを配布し，好きな保育環境の写真を撮影させることで，子どもが好む環境の特徴を明らかにしている。また，Clark, A.（2010）は，写真のほかに，子どもによる施設紹介やインタビューなどを組み合わせることで，子どもの視点から，場所や物の機能や特質などを抽出する方法を実行している。さらに，子どもによる遊びの形態と保育環境との対応に加え，保育者の指導観や介入による影響を合わせて分析した白石・平林・大宮（2001），子どもの発達や活動に伴う保育者による保育室のコーナー設定の変化を，1年間にわたって追跡した西本・今井・木下（2007）など，保育者の意図や影響を組み込んだ研究も見られる。

　次に，保育者などが意図する機能の実現や検証を目的とした研究を概観する。木村（2010）は，0〜5歳児がともに使用できる園庭環境を得る目的で，デッ

ドスペースとなっていた空間にウッドデッキとプールを設置し，設置後の子どもの活動の変容から，その有効性を評価している．また，河邉（2001；2004）は，子どもの遊びスペースと動線の確保，自然環境の見直しといった研究対象園の保育環境の課題を明らかにした上で，4年間にわたって，ウッドデッキの新設，遊具の撤去，屋外通路の拡充などを試み，以後の実践状況から，取り組みの評価と反省を行っている．さらに，山田（2011）では，屋内の絵本コーナーを対象に，コーナーが絵本を読む場所として子どもに定着し，相互交流などが生じる豊かな場所となることを目指した試行錯誤の過程が示されている．このような研究は，実践報告などをも含めれば膨大に存在し，各目的に沿った環境構成の例としての資料的価値があるとともに，環境の変化に伴う子どもの活動の変容を，一連のプロセスとして捉えている点において興味深い．以上に加えて，原（2006）では，複数施設間での調査状況の統制と子どもの行動を生起させる目的を兼ねて，遊具の再配置を行うといった介入が行われている．また，保育者と協議しながら乳児保育室の空間配置を変更し，それに伴う子どもの動線や行為の変容を分析するとともに，そうした取り組みを通して，研究者と協働するなかで生じた保育者の意識変容に迫った研究も見られる（汐見・村上・松永・保坂・志村, 2012）．

　これらをはじめとして，物や場所としての保育環境に着目した研究は，対象や方法に応じて，各種の保育環境が関連する現象，たとえば，物や場の作用による子どもの行動や人間関係の変化などを明らかにすることで，「環境を通して」行われる保育実践の一端を説明している．また，個々の場所や物に付随する機能や特性およびそれらの実践的意義の解明，環境構成の具体例や評価方法の提案など，研究と実践の両方に資する成果が蓄積されている．

2）不可視的・非物質的な保育環境に関する研究

　保育環境には，場所や物のような可視的・物質的な環境のみならず，他児や保育者などの人的環境のほか，生活にかかわる自然的・社会的事象といった，不可視的・非物質的な要素も含まれる．子どもと保育者や他児との相互交渉に関する研究は，発達心理学などの分野も含めて膨大である．しかし，本研究では，ひとまず，タイトルに「〇〇的環境」の語を用いるなどの保育環境の検討

に主眼を置く研究や，保育施設内での具体的な生活や活動を扱った研究に絞り，その動向を押さえたい。

　非物質的な環境として，まずは，保育者や他児などの人的環境があげられる。とりわけ，保育施設で生活する数少ない大人であり，「幼児一人一人の活動の場面に応じて，様々な役割を果たし，その活動を豊かにしなければならない」（文部科学省, 2017）とされる保育者は，人的環境でありながら，物的環境と同様に，その機能や適切なあり方が議論されている。例として，伊達（2003）は，事例を根拠としながら，保育者が幼児の遊びにかかわる意義と役割について整理している。また，小川（2000）は，人的環境という語は用いていないものの，子どもの活動のモデルになることや精神安定の磁場となることなどの保育者が担う6つの役割，いわば保育環境としての機能について解説している。さらに，文字を書くことに強い関心を持っていた自閉症児に働きかけることで，その関心を周囲の他児との交流へとつなげていく過程を描いた伊藤（2004）や，子どもによる水に関する探求活動の実践から，子どもの学びの背後にある保育者の機会づくりや文脈づくりの重要性を捉えた湯澤・鳥光（2004）は，子どもと環境の仲介者としての保育者の役割を明らかにしている。このように，人的環境としての保育者に関しては，それ自体が，子どもがかかわる対象であるとともに，子どもと他の環境をつなぐ環境としての機能が指摘される。もちろん，同じ子どもである他児の存在も，個々の生活や活動に影響を与える人的環境であり，子どもが共同して活動を生み出す過程の分析（松井・無藤・門山, 2001; 瀬野, 2010）や，1つの場所のなかで相互に調整を繰り返しながら活動を展開する過程の分析（境・伊藤・中坪, 2014）などが行われている。

　次に，非物質的かつ不可視的な環境についての主な研究に触れる。不可視的・非物質的でありながら，子どもの身の回りに存在し，その生活や活動を左右する要素に着目した研究としては，時間に関するものが散見される。子どもの活動時間が，可逆性や反復性を有する場合（有馬, 2012）や，ゆっくりとした時間の流れのなかにある場合（高橋, 2014）には，かかわる対象に対する子どもの想像力や感受性が高まること，反対に，目的や予定の複雑な同時進行が，子どもの落ち着きを損なうこと（大伴, 2006）などが指摘されるように，保育中に流れる時間が，子どもの生活や活動に与える影響は無視できない。また，中

田（2013）は，子どもにとっての保育施設のあり様を検討するなかで，物や場所が持つ性質に加えて，施設に流れる時間の性質に着目し，家庭におけるそれとの比較を行っている。さらに，岡野（2011）は，そうした子どもが体験する身の回りのさまざまな時間の流れを時間的環境と呼称し，倉橋などの伝統的な保育理論との関連づけを試みている。

同じく不可視的・非物質的な環境として，保育施設の規則や規範，習慣などを含む社会的環境がある。保育施設の規範や習慣などは，これまでに取り上げてきた保育者や時間といった要素と関連しながら，子どもの生活や活動を方向付けることがこれまでの研究により明らかにされている。永瀬・倉持（2013）は，3歳児および5歳児の保育室での片付け場面の観察から，子どもは保育施設で生活を続けるなかで，集団としての生活習慣行動を身につけていくことを明らかにしている。また，子ども間の規範に関するやりとりに着目した辻谷（2014）によれば，園生活の蓄積のなかで，子どもは暗黙的に園で共有さえている規範を身につけ，根拠の有無にかかわらず，他者に対して提示するようになるという。さらに，中田（2013）は，保育施設においては，物や場所は「みんなのなかの一つ」という特質を持ち，子どもも「みんなのなかの一人」であることが求められるために，同じ遊具であっても，家庭での場合とは扱い方や意味が異なると論じている。

子どもにとって保育施設は，初めて家族以外の子どもや大人と生活を共にする場であり，初めて属する規模と多様性を有した社会集団である。したがって，先の中田（2013）による論考の通り，そこに存在する物や場所とのかかわりには，他者や時間，規範や習慣などの多数の非物質的な環境の影響が介在する。それ以上に，子どもが保育環境に根を下ろし「住まう」ためには，そうした環境を受容し，良好な関係性を築くことが不可欠である。上記の研究は，可視的・物質的な環境とのかかわりの前提として存在しながらも，目に見えては表出しにくい環境と子どもとのかかわりに光を当て，その実態や変容の過程を明らかにしている。物や場所に関する研究の成果と合わせて，保育環境によって生じる現象の具体を描き出しているといえるだろう。

3. 保育環境に関する研究の課題

このように，保育環境に関する研究は枚挙に暇がなく，数多くの意義深い知見が生成されている。しかしながら，次のような課題が指摘できる。

第1に，「主要な場所」に対する研究の集中である。保育施設における生活や活動の多くは，その設置が求められ（文部科学省, 2014），子どもに対して最低限必要な面積などが規定（厚生労働省, 2015）された保育室と園庭（もしくはその延長としての屋外空間）を中心に展開される。そのため，これらの場所は，常に多くの子どもや保育者たちが集い，大小さまざまな活動で賑わう「主要」な保育環境といっても過言ではない。必然的に，先にあげた場所や物としての保育環境に関する先行研究の多くは，保育室や園庭という場所，もしくはそれらの場所に設置されている家具や遊具，コーナーを対象に行われている。これは，人的環境やその他不可視的・非物質的な環境に関する研究においても同様である。もちろん，保育環境下での子どもの活動や各種事象との相互交渉の実態を明らかにしようとする場合には，子どもの活動や他者との交流が生じやすい保育室や園庭が対象となることは避けがたいともいえる。また，保育室や園庭は，実践において欠くことのできない場所であり，研究の蓄積が必要とされていることも確かである。しかし，一方で，子どもの生活や活動をより幅広い視野で捉えた場合，「主要な場所」以外の場所が担っている役割についても，無視できないものと考える。

そのことは，まず，活動という面において見て取ることができる。保育環境に留まらず，子どもの遊び環境の分布や特性を幅広く調査した仙田（2009）によると，子どもが遊びを展開する場所は，通路や物置，建物の軒下など，活動のために整えられた場所以外にも及んでおり，それぞれの場所が有する特質が，そこでの活動に付加価値をもたらしていることが明らかにされている。保育施設に関しても，屋内と屋外をつなぐ通路や軒下のような空間が，子どもの滞留場所や遊び場となっていること（張・仙田・井上・陽, 2003），子どもの活動場所の選択肢には，通路や多目的空間，ベランダなどが広く含まれる場合があり，使い方によっては，園庭などの場所の代替も可能であること（北浦・萩原, 2003）などの指摘が見られる。したがって，「主要な場所」以外の保育環境についても，その場所や設置物が持つ機能や特質，そこで展開される人や社会

的環境とのかかわりの実態などについて，丁寧に検討する意義は大きいといえる。

「主要な場所」以外に注目することの意義は，子どもが「住まう」環境としての側面から保育施設を見た場合に，より一層明らかとなる。保育施設において，子どもは常に「みんなのなかの一人」としてあり続け，集団と活動や生活を共有し続けられるわけではない。小川（2004）は，「子どもの体力はかなり個人差があり，長時間保育の中で，すべてのことを集団として行動することを要求される時，多くの子どもたちに非常な苦痛を強いられる」とし，集団から離れ，静かに過ごせる場所の必要性を提唱している。そして，そうした場所の具体例として，「空間の間のようなもの」という言葉で，「主要な場所」の間や周辺に存在する場所の重要性を示唆している。また，榎沢（2004）は，大勢と活動を共有できない子どもは，場の「中央」にいることができず，「辺縁」に押し出されると述べられている。このことは，見方を変えれば，「主要」ではない「辺縁」の場所が，そうした子どもの居場所となっているとも考えられる。実際に，田窪・堀越（2012）では，一人で自分の興味や関心と向き合ったり，周囲とのいざこざで高ぶった感情を制御したりしている子どもには，部屋の外やテラスの付近をうろうろする行動が見られるなど，そのことを裏付ける事例が報告されている。このほか，Clark, A.（2010）においても，子どもは公的な性質の場所に加えて，一人や少人数で落ち着いて過ごせる場所を必要としていることが明らかにされている。このように，子どもが心身ともに苦痛なく，居心地良く保育施設で生活を送る上では，保育室や園庭のような人や活動が集中する場所に加えて，その周辺や間に存在する場所が果たしている役割も少なくないといえる。

第2に，複数の場所の間に生じる人や物，情報などのやりとりの様相を捉え，それらが子どもの生活・活動に与える影響を明らかにする研究の必要性である。無藤（1997）が，制作コーナーにおける子どもの活動の分析から明らかにしたように，一見すると特定の場所で行われているような子どもの活動であっても，近接する場所から人や物，あるいは情報が絶えず流入しており，その影響を受けて活動が展開されている場合が考えられる。同様に，子どもの活動が，想定されたコーナーの範囲外に飛び出し，拡大していく場合があることも

示唆されている（山田・佐藤・山田，2008）。つまり，保育環境の機能や特質およびそれとかかわることによる子どもの経験は，そうした場所の枠を超えた諸要素のつながりを踏まえた上で理解する必要がある。先行研究のなかにも，山田ら（2008）による，各種の遊びにおける活動範囲の拡がり方を検討した研究や，遊び拠点の周辺環境の意義を明らかにした藤田・山崎（2000），子どもの所属活動や場所の移動について分析した佐藤・西出・高橋（2004）をはじめとして，示唆的な知見はいくつか見られる。また，子どもの移動や活動間のつながりを重視した環境構成の取り組みも既に見られる。河邉（2001; 2004）による，遊具の配置状況や屋外通路の改善による動線確保の実践などがその例である。しかし，そうした先行研究においては，場所の枠を超えた人や物などのつながりの有無やその範囲，つながりが生じる際の要因などが明らかにされているものの，それによって生じる生活や活動の質的な変化を具に描き出すには至っていないのが現状である。

　以上の2つの課題は，これまで十分に検討の対象とされてこなかった保育環境に光を当て，その保育環境を含んで紡ぎ出される子どもの生活や活動を捉えることの必要性という共通の課題に行き着く。保育施設における子どもの生活や活動は，「主要な場所」だけで展開されるものではない。また，コーナーや部屋などの便宜的に設けられた枠に留まるものでもない。保育環境と子どもとのかかわりの実態を解明し，子どもの生活や活動に対するさらなる理解を得るためには，より柔軟な発想に基づいたアプローチが不可欠であると考える。

■ 第2節　保育環境における「境の場所」とテラス

　前節では，保育環境に関する研究の動向を整理し，その課題を見いだした。本節では，まず，そうした課題に対する1つの鍵として，保育施設の「境の場所」，とりわけテラスに着目し，そのことが保育環境における子どもの生活と活動の実態をとらえるうえで有意義であると考えられる根拠を示す。次に，テラスに関する先行研究を整理し，本研究の目的につながるより直接的な課題を明らかにする。

1. 保育環境における「境の場所」

　本研究では，廊下やテラスなどをはじめとした場所と場所の境に存在する場所に着目する。このような場所は，複数の場所を接続する通路であるとともに，そこに留まって活動を展開することも可能である（秋田，2010）。本研究では，こうした特徴を持つ場所を，便宜的に「境の場所」と総称し，検討を進めていく。

　本研究が「境の場所」に着目する理由は，第1に，秋田（2010）が述べる通り，それらの場所が単なる通路ではなく，子どもの生活や活動が展開される場所となる可能性があるためである。「境の場所」が，生活や活動が展開できる場所であるとの認識は古くから存在し，保育室などからはみ出した活動を引き受けることができる場所として，かねてよりその役割が肯定的に捉えられてきた（永井，2005）。今日においても，園舎設計の段階から活動場所の1つとして意識され，形状や配置，奥行きなどについて，さまざまな工夫が施されている（小川，2004）。また，柴崎（1997）に見られるような，廊下やテラスを活用した活動や行事の実践例なども多数報告されている。加えて，個々の子どもの生活の保証という面からも，「境の場所」が担う役割は大きいと考えられる。小川（2004）は，保育施設のなかで，子ども個人の生活が守られる場所は，完全に隔離されているのではなく，連続した空間の流れのなかにあることが大切であると指摘しているが，「境の場所」は，まさにそうした特徴を有するといえよう。実際に，集団と集団の間に存在する場所が，個の緊張や不安，集団の圧力を防ぐ場所として機能することが明らかにされているほか（吉川，1993），子どもが一人で自分と向き合う際や，周囲とのいざこざを抱えた際に，保育室の外やテラスへと移動するエピソードも報告されている（田窪・堀越，2012）。このように，「境の場所」では，「主要な場所」とは異なる，もしくは，「主要な場所」からあふれた子どもの生活や活動が展開されていることが予想され，先行研究では扱われてこなかった子どもの姿を対象化することができると考えられる。

　第2の理由は，そこが「いろいろな出会いと交わりがおこりやすい」（秋田，2010）場所であり，1つの場所の枠を超えた子どもの生活や活動の動態を捉えるための要衝として考えられるためである。通路としても利用される「境の場

所」は，文字通り人や物の移動を中継する場所となる。また，子ども間の遊びの移行を検討した佐藤・西出・高橋（2004）では，テラスや階段の踊り場などでは，子ども間で活動の相互把握などが容易なために，別の活動や集団に対する介入が生じやすいことが明らかにされている。さらに，廊下やテラスとは発想がやや異なるものの，全ての部屋に面した中央広場が，異なる場所で過ごす子どもの出来事やアイディアを交流させ，仲間関係を育む場となることも主張されている（レッジョ・チルドレン／ドムス・アカデミー・リサーチセンター，2008）。したがって，「境の場所」では，人や物のつながりの過程を捉えることができるとともに，つながりが発生する現場としても，重要な意味を持つと考えられる。そのため，先行研究の課題でもあった，複数の場所を跨いで生じる諸要素の移動や関係性に迫り，これまでの成果を架橋する知見が得られる場所となり得ると期待する。

2.「境の場所」としてのテラス

「境の場所」のなかでも，本研究ではテラスに焦点をあてる。保育関係の研究におけるテラスの定義はややあいまいであり，同一の特徴を持つ場所が，ベランダやバルコニーとして呼称される場合もある。しかし，保育施設の平面構成（横山，1992）や設計（小川，2004）に関する資料や，幼稚園施設整備指針（2014）などを総合すれば，保育室などの屋内空間と園庭の境に位置する通路であり，生活や活動の展開が可能な屋根付きの場所として考えることが妥当といえる。本研究が，テラスに着目する理由は，大きく次の3点である。

第1に，生活や活動の展開が積極的に見られる点である。既に取り上げた例のように，子どもや保育者によって，テラスが実践のなかで活用されていることがうかがえる報告は多数見られる。（横山，1992；柴崎，1997；秋田，2010）。また，幼稚園施設整備指針（2014）においては，多様な保育空間等の確保や保育室と園庭の間の連続性・回遊性の担保，自然との接触経験の保証などの観点から，設置と計画的な利用が推奨されている。したがって，テラスは保育実践への浸透の度合いが特に高い「境の場所」の1つと考えられる。

第2に，保育室と園庭という「主要な場所」との密接な結びつきが予想されるためである。これまでの「境の場所」に関する知見を鑑みれば，保育室と園

庭の境に位置するテラスは，それらの場所からあふれた活動や子どもを受け入れることが考えられる。また，それらの場所との間で人や物，情報の移動が見られるとともに，保育室や園庭での活動が，外部へと拡張する様相を垣間見られることなどが期待される。保育室と園庭が，子どもが多くの時間を過ごす生活や活動の拠点であることは言うまでもなく，多数の先行研究が集中するまさに「主要」な保育環境である。その双方の「境の場所」であるテラスに着目することで，そうした「主要な場所」の外で行われる子どもの生活や活動の様相，また，保育室や園庭といった場所の枠を超えた諸要素のつながりを捉え，子どもと保育環境の関係性をより広範かつ総合的に描き出すことができると考えられる。

　第3に，屋内と屋外という，性質が大きく異なる場所の双方に接続することによる独自性を有し，それが子どもの生活・活動に反映される可能性が考えられるためである。高木・朝妻・永田（2012）が，テラスなどを「縁側空間」と称しているように，保育環境におけるテラスは，日本家屋における縁側と類似した特徴を持つ。この縁側は，ムーサス（2008）が，完全な内でも完全な外でもなく，時には内と見なし，時には外と見なすことができるあいまいな場所と評するように，柔軟性や両義性，あいまい性を有する特殊な場所であると考えられてきた。これを裏付けるものとして，昭和期の住宅における子どもの遊びについて調査した高木・小川・仙田（1998）では，縁側などの場所は，屋内と屋外の双方に拡張できること，のどかでくつろいだ雰囲気があること，ある程度の汚れが許容されることなどの理由から，趣味行為や創作行為に適しているほか，お月見のような内と外の要素が複合した用い方も可能であったことが明らかにされている。このような縁側の特徴を鑑みれば，保育室と園庭の双方に面したテラスに関しても，単なる空間的な広がりであるということに留まらず，それぞれの場所の要素が複合・混在した独自の機能や特質を有することが類推される。

3. テラスに関する先行研究の整理

　保育環境におけるテラスを対象とした研究は多くはないものの，その機能と特質を理解する上で，重要性の高い先行研究がいくつか見られる。ここでは，

そうした先行研究について概観し，その成果を整理する。
　テラスに着目した研究として，第1に，4箇所の保育所における観察と保育者へのヒアリング調査を行い，保育内容と場所の対応関係の分析から，テラスの有効性を論じた横山（1992）がある。この研究は，テラスが一日の保育のうちで，主として子どもの自由遊びの場として用いられているほか，食事や課題保育，活動の準備等の際も，一部活用されていることを示した。また，テラスの有効性として，1つの場所として独立性を持ちつつも，保育室との間で活動の相互把握が容易であるために，双方の場所で異なる活動を同時進行させることが可能となり，保育内容の展開が円滑化されること，各保育室間の緩衝地帯として子どもの交流や各室の独立性を保証すること，採光や風通しが確保された優れた活動空間であることなどをあげている。
　次に，幼稚園におけるテラスを含む半屋外空間の設置形態や大きさなどの傾向を，全国的な調査から明らかにするとともに，半屋外空間の特徴と遊びの内容の関連性を検討した張・仙田・井上・陽（2003）があげられる。設置形態に関する調査では，調査協力が得られた幼稚園のうち約94%が，なんらかの半屋外空間を保有しており，うち約68%が「建物に付属した屋根付きの廊下」タイプであることがわかった。また，遊びに関する調査では，静的・動的を問わず，多様な種類の活動が見られたことを報告しているほか，半屋外空間の奥行きが3m以上である場合は，その場に滞留した状態での遊びの発生率が高くなる傾向があることを明らかにしている。テラスの奥行きと遊びの関係は，仙田（2013）でも同様の指摘があり，奥行きが2m前後の場合では，靴の履き替えや通行時の利用が主となり，3m以上の場合では，屋外遊びの場として利用されるという。
　同様に，テラスにおける遊びに関する研究として，鶴岡（2010）がある。同研究においては，4施設のテラスの観察から，性質の異なる13種類の遊びが見いだされ，事例の検討などをもとに，テラスは室内とのつながりがより強く，落ち着ける場所であると結論づけられている。また，高木・朝妻・永田（2012）では，遊び時間における子どもの滞留場所を施設全体のなかにプロットし，対象施設ごとにテラスが利用される割合を算出することで，テラスでの滞留行動の発生のしやすさにかかわる要因として，周囲との連続性や回遊性，奥行きの

大きさ，下駄箱の設置位置があることを明らかにしている。

　最後に，子どもの遊び集合の移行を分析した佐藤・西出・高橋（2004）をあげる。佐藤らは，遊び集合の移行が生じやすい空間構成として，テラスのような半屋外空間を例にあげている。その上で，テラスのような場所は，子どもが登園してきた際に最初に仲間の遊びと出くわしたり，上履きのまま外遊びの様子を観察したりできるために，他児に対する呼びかけや活動への合流といった行動が生じやすいと考察している。

　こうした研究により，保育環境におけるテラスの機能や特質が，徐々に明らかにされている。保育室と園庭の境に位置するテラスは，性質の異なる種々の保育内容や遊びに用いることができる柔軟性を持った場所であり（横山，1992；張ら，2003；鶴岡，2010），限りある空間のなかで，多種の活動の円滑な展開を支える場所として機能する可能性が考えられる。また，周囲の環境に対する空間的・視覚的なつながりを有するために，子どもの遊びへの合流や移行が生じやすい場所であることも示唆される（佐藤・西出・高橋，2004）。加えて，そうした場所の利用を促すための設計や環境構成の方法も提言されている（張ら，2003；高木・朝妻・永田，2012）。合わせて，保育環境におけるテラスは，子どもの生活や遊びを柔軟に受け入れるとともに，隣接する環境や他児との関係性を生み出す場所であることが実証されつつあるといえる。

4. 先行研究の課題

　しかしながら，これらの先行研究には，次のような課題が指摘できる。

　第1に，よりボトムアップ的な手法によるテラスの用途および機能の描出である。先行研究では，テラスの柔軟性が強調されながらも，その多くにおいて，遊びもしくは遊び時の行動が主な対象とされている（張ら，2003；鶴岡，2010；高木・朝妻・永田，2012）。いわば，テラスの機能を予め「遊び場」として限定した上で，その多様性や傾向が語られている。保育環境が，活動の展開を促すと同時に，子どもの生活を支える基盤でもあること，テラスが，活動場所であるとともに，通路として日常的に利用され得ることに鑑みれば，その機能は，遊びやその支援に特化したものとしてではなく，生活全般に広く浸透している可能性を考慮する必要がある。また，横山（1992）は，「保育内容」として子ども

の生活行為全般を対象に含めているが，「食事」や「着替え」などの一般的な行為カテゴリーへの当てはめに近い分析が行われている。日本家屋の縁側が，内と外の要素が混在した独特の過ごし方を可能にしていたことなどを踏まえるならば（高木・小川・仙田，1998），テラスの機能についても，他所と同様の名称を当てはめるだけでは説明できない独自のものが含まれる可能性があるといえる。したがって，保育環境としてのテラスが持ち得る機能を，より明瞭に捉えるためには，子どもによる利用の実態に基づいて，場所の機能を拾いあげ，命名するといった方向からのアプローチが必要となる。

　第2に，エピソードの経緯や文脈を踏まえた分析と，それに基づいた場所の特質の解明である。これまでの研究は，テラスで生じた遊びや生活行為を詳細に分類しているが，それらが生じるに至った経緯や詳しい内容の分析については，十分になされているとは言い難い。そのため，たとえば，テラスで活動が展開される際には，子どもにどのような周囲をも含んだ場所移動が生じているか，周囲との間で，どのような人や物，情報などの諸要素のやりとりが行われているかといった，子どもと環境とのかかわりの動的な様相が捉えられておらず，「境の場所」としてのテラスで，どのような環境諸要素のつながりが起こり，それにより，子どもの生活・活動がいかに変容するのかが明らかであるとはいえない。また，子どもが，自身の過ごす場所を決定する背景には，自己の状態や意図する過ごし方に適する物理的あるいは文脈的な要因がある（榎沢，2004; 小川，2004），親しみを喚起するような経歴やシンボルが存在するといった（Clark, 2010），その場所に付随するさまざまな特質が存在する。こうした特質は，各機能が他でもないテラスで生起する理由と同時に，保育環境におけるテラスの独自性や意義を説明するものと考えられるため，具体的な観察データ等に基づく丁寧な検討が必要といえる。

　第3に，不可視的・非物質的な保育環境との関連性の検討である。自分以外の他者の存在や施設における規範や習慣，時間の流れなどは，子どもの物や場所とのかかわりの前提となり得る保育環境である。保育室や園庭での生活・活動と，こうした環境との関連性に関しては，既に検討が見られるものの（辻谷，2014; 岡野，2011），「境の場所」やテラスを対象とした研究においては，まだ具体的な知見が得られていない。しかし，テラスに関して，落ち着いた雰囲気に

満ちていること（鶴岡, 2010）や，他児や集団との間でいざこざを抱えた子どもが訪れる場所の1つであること（田窪・堀越, 2012）など，「主要な場所」とは異なる独特の時間の流れや，他者や社会的環境との関係性の存在を示唆する報告も散見できる。したがって，不可視的・非物質的環境の観点から検討を行うことで，テラスという場所の機能や特質を，より多角的に捉えることができると考えられる。また，保育環境全体のなかでの，テラスの独自性や意義を明らかにする上でも有効といえる。

以上のことから，「境の場所」としてのテラスの機能と特質について，周囲の環境とのつながりなどをも含めて明らかにするためには，子どもがテラスを利用する場面の具体的なエピソードに基づいた分析を行うと同時に，それを土台にして，周囲に存在する各種の保育環境との関連性を踏まえた複合的な検討を進めていくことが求められる。

第3節　本研究の目的と構成

先行研究の課題を踏まえ，本研究では，保育環境における「境の場所」としてのテラスに着目し，主として，各対象園において子どもがテラスを利用した際の具体的なエピソードを質的に分析することで，その機能と特質を明らかにすることを目的とする。その際，本研究では，機能を，子どもによるテラスの用途を分類したものとし，特質を，そうした機能が成立する理由となる場所の性質として区別する。この2点を合わせて明らかにすることで，子どもによる各種の生活・活動が，テラスで成立する条件や背景を捉え，保育環境におけるテラスの意義と独自性がより明確化できるほか，他の場所との比較や具体的な環境構成に対しても，有効な知見が得られると考える。研究を進めるにあたって，本研究では，初期の観察データおよび分析結果を土台としながら，段階的にデータの追加やアプローチの変更を行っていくことで，先行研究の課題を踏まえつつ，より応用可能性が高く，また，多様な環境の要素との関連性を踏まえた知見の生成を目指す。具体的な研究の構成および概要は次の通りである。

第1に，「境の場所」に関連する他の学問分野の論考を検討し，保育環境における「境の場所」としてのテラスを検討する上での課題および視点を明らかに

する（第1章）。都市研究や建築研究にまで視野を広げると，場所と場所との間に存在する場所に関する数々の示唆的な研究成果が見られる。これらについて整理することで，以降の研究において有効な概念や比較対象を得る。

　第2に，これまでの先行研究では，それぞれが予め設定する機能の範囲からテラスを検討してきたこと，利用の前後や背景にある文脈の検討などが不十分であったことを踏まえ，テラスの機能と特質を具体的なエピソードから明らかにする。そのために，A園で観察を実施し，子どもがテラスを利用した際のエピソードを収集する。そのエピソードを，M-GTA（木下，2003）を用いて分析することで，テラスの機能と特質を抽出するとともに，それらの関係性などを表した構造モデルを描き出す（第2章）。

　第3に，A園のテラスから得られた成果を土台として，より多様な保育施設およびテラスに応用できる知見を得るための研究方針とサンプリング方法について検討し，新たに3施設を対象園として研究に加える（第3章）。その上で，A園を含む計4園のエピソードをM-GTAを用いて分析し，第2章で明らかにしたテラスの機能と特質について再検討することを通して，施設間で見られる共通性と独自性を明らかにする（第4章）。

　第4に，ここまでに得られた成果に，より多角的な考察を加えるために，不可視的・非物質的な保育環境に視野を広げ，そのなかでのテラスの機能や特質を明らかにする。まず，保育の時間的環境に着目し，そのなかでのテラスの機能を明らかにする。方法としては，ここまでの収集したエピソードから，時間的環境とのかかわりが表出しやすい場面とされる「待つ」行為（岡野，2011）を含むエピソードを抽出し，テラスという場において，子どもがどのような時間の流れに対して，どのようにかかわりを持っているのかを分析する（第5章）。次に，規範や規則，習慣などの社会的環境との関連から，テラスの機能と特質を明らかにする。3章で対象に加えたD園の保育者を対象としたグループインタビューをもとに，テラスで過ごすことが，その施設の人間関係や規範・規則のなかでどのような意味を持つのかを明らかにする（第6章）。

　最終的には，各章の結果を踏まえて，保育環境における「境の場所」としてのテラスの機能と特質について総合的な考察を行うとともに，本研究が，保育環境に関する研究および実践にもたらす可能性について述べる（終章）。

第1章

「境の場所」に関する諸視点の整理

■ 第1節　日本の都市・建築研究からの接近

　本節では，日本の都市や建築における，場所と場所の間に存在する場所に関する論考を概観し，保育環境における「境の場所」としてのテラスを検討する上で有用な視点を探りたい。第1に，黒川による「中間領域」論，第2に，縁側や障子戸などの，日本家屋において特徴的な境界設定に関するいくつかの研究を取り上げる。

1. 黒川紀章による「中間領域」論

　建築家である黒川紀章は，日本家屋における縁側が，内部と外部の性質を兼ね備えるとともに，内外での人間同士のコミュニケーションを媒介するといった，単に異なる空間を接続する通路に留まらない多様な機能を有していることから着想を得て，場所と場所の間に存在する第3の領域を「中間体」もしくは「中間領域」と名付けた（黒川, 1996）。黒川は，この「中間領域」を，西欧の空間と日本の空間の思想的な差異を説明する鍵であり，かつ，内と外のような二元論的な断絶から，人々や建築を解き放つ発想であるとして，ことのほか重視した。このことは，かつての日本の都市空間における「道」に関する思索のなかで，その意味が一層明確に述べられている。

　中世から近世の日本で隆盛した京の都や城下町都市には，西欧の都市において，設計や権力構造の中心となる「広場」をもたない代わりに，大小さまざまな道が，都市の骨組みかのように張り巡らされていた。黒川は，そうした道のなかでも，小路や通りと呼ばれる街の間に挿入される「道」に注目し，その「中間領域」としての機能について，次のように指摘する。

　1つは，「道」は，人々が生活する住空間であるとともに，その延長として，

個々の生活を，近隣や都市へとつなぐといった機能である。当時の「道」は，単に交通のための道路でも，家屋のような建築でもなく，純粋な自然でもないが，それぞれの側面が相互陥入・共存した独自の生活空間としての体を成しており，生活や商業，祭りといった多種多様な用途で用いられ，人間同士の生活が混じり合う場となる。

2つは，対立する二項を流動的かついきいきと共生させる機能，いわば，人々の無理のない共生を実現するという機能である。さまざまな用途を併せ持ち，種々の領域が相互陥入する「道」では，私有の場所でありながら公共の場所でもあり，内でもあり外でもあり，またそれらのどちらでもないあいまい性や両義性を帯びた独特の共同生活が成立する。生活環境のなかにあいまい性や両義性を内包した文化圏では，そこで生じた人々の間の対立を，厳格な規則や契約によって割り切るのではなく，あいまい故の流動性を活用しながら，お互いの調整によって解決されることがより好まれる。こうした意味において，「道」などの「中間領域」は，上記の思想的なメタファーであるとともに，人々が都市で生活する上で生じる数々の対立を調整するための間，ゆとり，幅であり，対立する要素を含んだままに，人々の共生的な関係性を生み出すための装置となる。

こうした黒川の論は，建築と他の建築とを隔てる通路を，あらゆる要素が流動的に共生する「中間領域」として展開する斬新なものである。その場所は，内と外の中間であり，私的領域と公的領域の中間であり，人と自然の中間であり，自分と他人の中間でもある。そして，対峙する二項が，両義的・多義的に共存し，ダイナミックに陥入し合う場所なのである。単なる屋内と屋外の線引きの問題に留まらず，非実体的な要素をも含んだ，人々の生活に内在する幅広い二項対立に目を向けての「中間領域」の機能に関する考察は，「境の場所」が持ち得る多様な可能性を豊かに描き出している。

また，「中間領域」の用いられ方を，個別的に明らかにするに留まらず，地域の権力構造や文化・価値観といった人々の生活全体のなかに位置づけたことはさらに重要である。黒川は，さまざまな利害関係を持つ集団や個人が，同じ世界で生きていく上で，全てを壁や契約により割り切る方法の限界を指摘し，そのオルタナティヴとして，相互理解に基づく調整による解決を可能にする，ゆ

とりやあいまいさの要素を帯びた「中間領域」の可能性を見いだしている。黒川は，1つの場所の機能や特質を，周囲のさまざまな場所や関係性のなかに位置づけて考察することで，人々の共生社会を実現するための哲学を描いているのである。

2. 日本家屋に見られるあいまいな場所に関する論考

日本の住まいと人間とのかかわり合いは，壁を否定する方向で続いてきた（芦原，1990），日本の伝統的な家屋は外と内の境界がはっきりしておらず，段階的に連なっている（ムーサス，2008）といった論において顕著なように，日本家屋の特徴の1つとして，空間の境界の設定があいまい，柔軟であることがしばしば指摘される。こうした論考も，保育環境に存在する「境の場所」を検討する上での示唆をもたらすものとして考えられる。

京都駅ビルなどを手がけた建築家・原広司は，日本の伝統的な建築物においては，ふすまや障子，縁側などの境界があるのと同時にないような空間の連続性が見受けられることを指摘した。その上で，それらの機能や特質をあげつつ，複数の領域に一体性をあたえるとともに，居住者の状況に応じて，それらを分解したり，また異なる領域に連結させたりすることを可能にする，可変的な境界であると説明している（原，2007）。こうした境界を有するために，日本建築では，機能ごとに命名し，室と室を区切っていくような壁を頼りにした領域区分は困難であり，その代わりに，表と裏，上手と下手のような「場としての性格」で空間を捉えることで，生活空間を秩序づけていたという。原は，このような可変的な境界設定を，不定型なものの相互融和，浸透を重んじる，日本の文化的な価値観，美学の産物として位置づけている。

また，アメリカの現象学者・哲学者である Lazarin, M. (2010) は，日本建築の芸術的特性を論じるなかで，縁側などのあいまいな境界設定に着目している。そのなかで，縁側には，ただ庭を眺める場所ということに留まらない心理的・社会的な機能があり，内と外，遠と近，在と不在といった二項の間に，対立を拒む神秘的な間を作り出すことで，風景が浮かび上がらせる世界の地平に身を投げ出すかのような，超越的な知覚体験をもたらすことが述べられている。Lazarin は，こうした縁側に見られる建築的特徴を，囲いによって外界から身

を守ることよりも，人々の新しい経験の可能性を開くこと，視野を拡大することが目指された芸術と説明しており，場所の枠や物理法則を超えた「身体拡張」を促す装置であるとしている。

さらに，日本庭園を研究するマレス，E.（2004; 2014）は，「あいまいな空間」のような抽象的な概念としてではなく，生きられた空間としての縁側に迫ることを目的に，文学作品に登場する描写をもとにした考察を行っている。この考察を通して，個人にとっての縁側の意味が，一日の流れや季節や天候の変化などをはじめとする時間の流れ，心理的な変化と密接に結びつき，開放的で快適な意味から閉鎖的で重苦しい意味にまで，多様に変容する様が描き出されている。また，屋外にさらされ，外部環境からの影響を受けやすいがために，縁側とは，必ずしも人間にとって都合のいい場所，意のままにできる場所とはならないという側面を浮かび上がらせている。

以上にあげた研究では，あいまいで境界が定かではない場所およびそこで生じる現象を捉えるために，場所の枠組みや定義の拡張を行っている。原は，壁による領域区分ではなく，不可視的で流動的な「場としての性格」によって場所を秩序立てる点を強調した。また，Lazarin は，「身体的拡張」という概念を用いることで，境界設定があいまいな場所で体験される周囲の環境とのつながりを表現し，物理的な配置を超えた環境への所属や移動の体験を描き出した。さらに，マレスの場合は，季節や時間，人の心といった流動する要素と場所の関係性を考察し，周囲の影響とともにある縁側の移り気で不自由な様相を捉えている。これらは，不確かな場所を不確かなままに捉えるための画期的な視座であるといえるだろう。

■ 第2節　保育環境における「境の場所」研究との関連

以上の論考を踏まえ，保育環境における「境の場所」としてのテラスに関する諸研究を顧みると，以下にあげる2つの課題が改めて指摘できると同時に，それらに対して有効であると考えられる視点が浮かび上がる。

課題の1つめは，あいまい性や流動性，可変性を含んだ解釈視点の必要性である。前章で整理したテラスの用途や機能を明らかにしようとした研究では，

対象として設定した場所の枠のなかで，どのような活動や生活が展開されるのかの検討が中心であった（横山，1992; 張・仙田・井上・陽，2003; 鶴岡，2010）。つまり，テラスと周囲の場所の間には，明確な境界線が引かれていた。特定の場所を対象とし，その機能や特質を捉えようとする場合，ある程度の領域区分が必要なことは否めず，それは本研究も例外ではない。しかし，保育室と園庭の境に位置するテラスが，本章において概観してきた日本家屋の縁側や「道」などのように，周囲に対する相互陥入性や拡張性，境界の可変性を有している可能性を加味するならば，原（2007）やLazarin（2010）が示したような，固定的・物理的な枠組みを超えた視点から，子どもの体験や場所の機能および特質を解釈する必要がある。たとえば，テラスと周囲の場所とが一体的・連続的に使用された場合には，一般的な室の名称とともに，「場としての性格」から領域の諸相を捉え，子どもがテラスに留まっているように見える場合でも，内面的には，園庭や保育室に関心や所属意識を向けている可能性があることを想定するということである。また，マレス（2004; 2014）のように，周囲に対して開かれた場所の機能や特質は，利用者の主観，時間や季節の変容の影響を受けることも踏まえる必要があるといえよう。これらの課題は，序章で述べた，エピソードの経緯や文脈を踏まえるという課題とも重なる。質的な分析の際に，上記のような解釈視点を必要に応じて援用することで，単なる空白的な空間ではなく，保育室と園庭の「境の場所」としてのテラスの意味を描き出すことができると考える。

　2つめの課題は，保育環境全体のなかに「境の場所」としてのテラスを位置づけることである。先の課題とも関連して，先行研究では，テラスという1つの場所が，子どもによってどのように用いられているかという検討が中心であった。したがって，保育環境全体に対するテラスの位置づけに関しては，現状では柔軟な活動場所の選択肢という以上に明確なものはないといえる。これに対して，黒川（1996）は，「中間領域」を，都市やコミュニティ全体なかに位置づけることで，そこに，多様な人々の生活を無理なく共生させるための構造を見いだした。このような黒川の成果は，特定の場所が有する機能や特質は，周囲や全体との関係性や対比のなかでより鋭敏に捉えることができること，「境の場所」のようなあいまい性や両義性を帯びると考えられる場所は，環境全体

やコミュニティ全体のなかで，独自の役割を担い得ることを物語っている。境界のあいまい性や流動性を加味することと合わせて，環境全体に対するテラスの位置づけを探ることは，本研究の分析において，有効な視点であるといえる。

　前章で述べた通り，本研究の目的は，序章第2節において示した先行研究の3つの課題を踏まえた上で，子どもがテラスを用いた際の具体的なエピソードを質的に検討し，テラスの機能と特質を明らかにすることである。本章で得られた2つの視点は，エピソードを分析する際の観点として，また，考察の際の理論枠組みとして参考となり得るものといえる。

第2章

A園におけるテラスの機能と特質

■ 第1節　本章の目的

　序章では，保育環境における「境の場所」としてのテラスに着目する理由と先行研究の課題を明らかにし，第1章では，他領域の研究成果に視野を広げ，本研究を進めるに当たって示唆的といえる視点を整理した。第2章では，実際に，保育施設のテラスが，子どもの生活や活動に対してどのような機能を持ち，また，場所としてどのような特質を有するかを明らかにしていく。その際，先行研究の課題を踏まえ，以下の2点に留意する。

　第1に，その場所の機能や特質の全体構造を捉えることである。先行研究では，「遊び場」をはじめとして，対象とするテラスの機能が予め限定されていた。また，機能間の関係性や背後にある場所の特質との対応についても検討が及んでおらず，多機能性や柔軟性が強調されるテラスでありながら，その場所が内包する機能の多様さの実態や，異種の機能の併存が生じることの理由や意味などが明らかにされていない現状がある。本章では，前もって対象とする機能の範囲を限定しないことで，「多様」と表現される内容の詳細に迫る。同時に，各種の機能と場所の特質の関係性を整理していくことで，それらを全体構造的に捉えることを試みる。

　第2に，エピソードの経緯や文脈を考慮し，その場所での子どもの経験や周囲の保育環境とのつながりを描き出すことである。これまでの研究では，用途を分類することが中心であり，個々のエピソードの内容については，十分な検討が行われていない。本章では，テラスの機能や特質を把握することを目的としつつも，より個々のエピソードの内容を加味できる方法でそれらを分類・分析し，上記の観点を含んだ形での機能や特質の抽出を目指す。

　これらの目的のために，本章では，1園の保育施設に観察対象を限定し，そこ

での継続的な観察を通して，子どもがテラスを利用した際のエピソードを収集する。対象施設を1園に限定することで，具体的な施設の特徴や各エピソードの文脈などが捉えやすくなるといえる。また，複数施設の総合としてではなく，個としてのテラスを扱うことで，テラスという場所について，より現場の実体に沿った説明が可能になるといえる。こうして収集したエピソードを，質的研究の方法論である Modified Grounded Theory Approach（以下：M-GTA）を用いて分析することで，対象施設におけるテラスの機能と特質を抽出し，その全体構造を描き出すことを目的とする。

上記の研究を行うことで，対象施設の保育環境や子どもの生活・活動のなかに，テラスという場所の存在を位置づけ，テラスの機能や特質について，具体的に描出することができると同時に，施設間の比較やアクションリサーチといった，新たな研究を展開する上での基礎となる成果が得られると考える。

第2節　対象と方法

本節では，以上の目的による研究を行うための，対象と方法について述べる。まず，対象とするA園のプロフィールおよび設定理由を説明する。その後，エピソードの収集から分析までの手順を示す。

1. 対象施設（A園）の概要

A園は，裏山に面した広大で起伏に富んだ敷地を有しており，豊富な自然環境のなかでの屋外遊びを中心とした保育を展開する幼稚園である。園舎や園庭などは，平らに整地されたスペースに配置されている。園舎は平屋建てで，3～5歳児まで各年齢1室ずつの保育室を有する。子どもの数は，3歳児20名，4歳児35名，5歳児35名の全90名である。A園のテラスは，4歳児および5歳児保育室の南側に隣接し，園庭と各室の間を隔てる形で設置されている（図2-1，写真2-1）。全幅は24m，奥行きは園舎へ向けての陥入部分が4.25m，そのほかの部分は2.25mであり，総面積は約66㎡である。テラスと保育室は，引き戸を挟んで連続する。また，園庭との間の奥行き約35cmの床面は舗装されており，この舗装部から園庭側は外履き，屋内およびテラス内は内履きといった

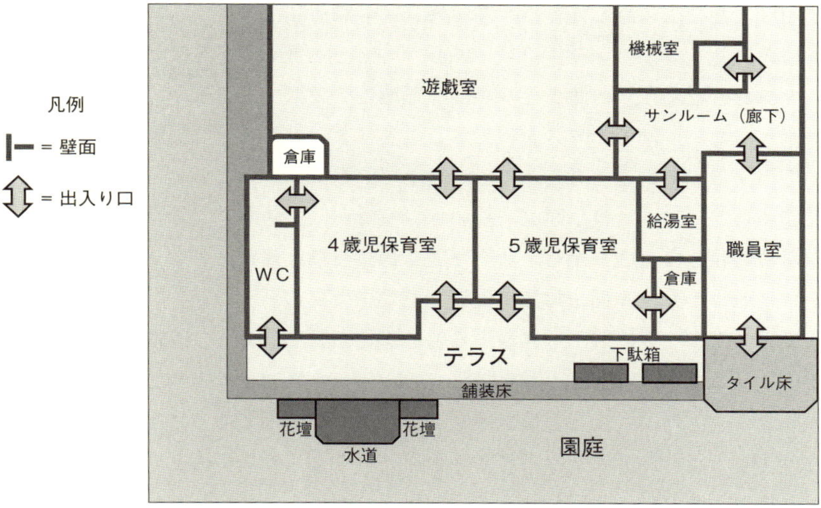

第 2 節　対象と方法　29

図2-1　A園のテラスおよび周辺の配置

写真2-1　テラスの全景

写真2-2　陥入部分と家具

ように履物が区別されている。日常的な利用方法としては，保育室と園庭，隣接するトイレなどを行き来するための玄関・通路として用いられており，下駄箱や帽子を掛けるためのフック，可動式のラックといった家具が配置されている（写真2-2）。このほかにも，保育者によって飼育動物のケージが設置されたり，服を濡らしてしまった際の着替えの場所として指定されたりするなど，さまざまな場面で用いられている。

A園のテラスの特徴は，張ら（2003）が1997年12月〜1998年1月の間，全

国 106 の幼稚園に対して行った半屋外空間の設置状況に関する調査において，半屋外空間を保有すると回答した園のうち，約 68％に該当した形態とほぼ同様であることから，おおよそ一般的な形態のテラスであるということができる。したがって，A 園のテラスを検討することによって得られる成果は，広い範囲に応用が可能であると考えられる。加えて，登降園時は玄関として，それ以外の時間帯では，トイレや園庭，隣の保育室など，遊戯室以外の全隣接空間につながる通路となることから，活発な人や物の移動，滞留しての活動の発生が想定されることも，A 園を対象に選定した理由である。

上記のような他施設とも共通する特徴が見られる一方で，A 園およびそのテラスには，午前中の自由活動時間が，9 時から 11 時頃までの約 2 時間と比較的長いこと，活動が展開できる範囲が裏山も含んで広大であること，テラスが屋内外だけでなく，トイレや職員室への通路にもなっていることなど，他園の設計や状況とは異なると思われる特徴もいくつか見られる。したがって，研究にあたっては，一般的なテラスとして扱うのではなく，あくまで個別具体的な特徴を持った 1 つの園・テラスとして，その機能と特質を検討していくものとする。

2. 観察とエピソード作成の方法

A 園において，2010 年 7 月から 2011 年 7 月までの約 1 年間，月に 2 回から 4 回程度の間隔で，計 39 日間の観察を実施した。約 1 年間という期間は，子どもの発達や行事，季節の変化などを一通り網羅することを意図したものである。

観察は，子どもが登園してくる 8 時 50 分前後から開始し，クラス全体での活動に移行する 11 時頃までの約 2 時間について実施した。同時間帯は，登園から自由活動に至るまで，子どもが屋内外を行き来する機会が多く，それに伴って，テラスを利用する場面が頻繁に生じることが予想される。また，子どもが過ごす場所や相手，方法を比較的自由に選択することができる時間帯であり，子どもの生活や活動のなかで，テラスという場所がいつ，どのように用いられるのかを捉える上で適すると考えられる。

以上の時間帯において，テラスおよびその周辺に子どもの姿が確認できる場合，フィールドノーツおよびビデオカメラによってその様子を記録した。ビデ

オカメラは，対象の位置取りや目線，会話の内容などを繰り返し確認することができるため（石黒，2001），子どもがどのような意図や目的を持っていたか，また，どのような位置で行為しているのかを読み取ることを要する本研究には適した記録方法である。観察期間を通した映像の総記録時間は，25時間45分22秒であった。

この記録から，子どもがテラスでただ通り過ぎる以外の過ごし方をしている場面，たとえば，その場に滞留している場面や通行に活動的な意味が付与されていると見られる場面を抽出し，エピソードを作成する。本研究で言うエピソードとは，子どもがテラスを利用する直前から，利用を終えるまでの一連の言動を文字に起こしたものである。エピソードを作成する際は，テラスと周囲の場所とのつながりや文脈を踏まえた分析を目指すことを考慮し，テラス内での行為の客観的な記述に留まらず，テラスの周囲の状況や子どもの表情，利用の前後の様子など，個々の子どもにとってのテラスの機能を質的に読み解く上で重要と考えられる情報を書き込んだ。また，子どもや物の位置関係などを把握するために，ビデオの映像を参照しつつ記述作業を行った。最終的に，全83のエピソードが作成された。

3. 分析の方法

本研究では，エピソードから質的にテラスの機能と特質を明らかにすることを目指す。しかし，質的研究については，個々の事例・エピソードなどに関する記述的な理解が得られる反面，エピソード間のつながりや，対象とする現象の構造が捉えきれず，トピック的な検討に留まりかねないといった問題が指摘されている（大谷，2008）。そのため，本研究では，個々のエピソードに対する個別的な理解と，エピソード間の構造の解明を両立できる方法論として，木下（2003）によるM-GTAを用いる。

1）M-GTAの概要および本研究との関連

本研究で用いるM-GTAは，人間の行動や他者や事物との相互作用の動的な構造を，データに基づいて描き出す質的研究の方法論である。この方法論を用いては，これまでに，保育者が幼児に対して鬼ごっこの指導を展開していくプ

ロセス（田中，2010）や，実習を経ることによって，保育実習生が保育に対しての認識を変容させていく現象の構造（谷川，2010）などが明らかにされている。また，子どもの観察データの分析への応用を試みた例も見られ（岡花・浅川・杉村，2009），実際に，複数のエピソードをもとに，子どもが特定の活動を展開していく様相や，それに対する周囲から影響の関係性の構造などが明らかにされている（境・中西・中坪，2013）。

　本研究が，このM-GTAを用いる理由としては，次の3点があげられる。第1に，柔軟な観察対象の設定およびエピソードの作成が可能なためである。遊びなどの特定の場面に限らず，テラスの用途を幅広く明らかにしようとする本研究では，予め観察対象を厳密に規定することは困難であり，適切でもない。また，約1年間という観察期間の間には，初期の頃には見られなかった子どもの行為や，保育内容や季節の移り変わりといったフィールド状況の変化が生じることが予想される。M-GTAでは，データの収集と分析を同時並行的に行っていくなかで，必要に応じて対象を再設定し，データを追加収集しながら理論を洗練していくという研究手順が提唱されている。そのため，上記のようなフィールド状況の変容や，新たな観点の出現に対して柔軟に対応しながら，子どもによるエピソードを幅広く扱っていくことができる。

　第2に，エピソード中の子どもの言動に関連する前後の文脈や，周囲の環境とのつながりを含意した分析に適することである。M-GTAのもととなったGrounded Theory Approach（Glaser, B. and Strauss, A. L., 1967）等においては，収集したデータのテクストを細かな切片に分割し，それぞれの切片から抽出されたコードをもとに，分析に必要な「概念」を生成するという手法がとられている。この場合では，細かな切片から抽出されたコードを紡ぎ合わせるように「概念」を生成するため，定義が明確かつ複数のデータの性質を併せ持った「概念」が生成されやすいという一方で，個々のデータの文脈が破壊されるというデメリットも指摘される。それに対し，M-GTAでは，切片化をあえて行わず，「概念」をテクストから直接生成するという手続きが採用されている。これにより，エピソード中の子どもの言動の順序性や文脈的意味，そのときの周辺の状況などを内包した「概念」を生成することが容易となり，より子どもの生活や活動に即した定義や名称で，テラスの機能や特質などを捉えることが

できると考えられる。

　第3に，M-GTA が，現象の全体構造を捉えることに優れており，なおかつ，その構造をモデルとして視覚的に描きだすという手続きを備えることである。本研究の目的は，A 園のテラスが，子どもによってどのように用いられ，周囲の環境と関係を持ち，そこから，いかなる場所の機能や特質を見いだすことができるかといった，子どもがテラスを用いるという現象の構造的な理解にある。また，その構造を明示することが，A 園のテラスという保育環境の実体を描写し，後の関連研究や実践に資するものになると考える。M-GTA の研究手順は，このような目的と合致している。

2）分析の手順

　分析は，次に示すような手順で行った。なお，先述の通り，M-GTA は観察と分析を同時並行的に進行するため，実際の作業は，全手順の終了直前まで新規のエピソードを追加し続けながら行った。

　①「分析テーマ」の設定

　エピソードの分析に先駆けて，「概念」や「カテゴリー」を生成する作業に方向性を与える「分析テーマ」を設定する。本研究では，研究全体の目的に照らして，これを「A 園のテラスは，子どもによってどのように用いられているか」と設定した。

　②「概念」の生成

　各エピソードに目を通しながら，以上の分析テーマに関連する文脈を含むエピソード中の箇所を抜き出し，その解釈上の意味を説明する見出しを付与した。この見出しが「概念」となる。1つのエピソードから何らかの「概念」が生成された時点で，他にも同様の「概念」を含むエピソードがないかを全データから検討した。こうした手順を繰り返しながら，必要に応じて「概念」の分割や統合，定義の変更を行っていくことで，類似した言動を包括的に説明できるよう「概念」の精度の向上を図った。たとえば，以下の表 2-1 の概念【くつろぎ】の場合では，最上段のエピソード（No9）の「屋外遊びを終えた L 男と U 男がテラスに戻ってくる。（中略）ゆっくりとお茶を飲む」といった記述から，生活・活動間の休息に類する「概念」の存在が想定されたため，類似した場面を含む

表 2-1　分析ワークシートの例（「概念」【くつろぎ】）

M-GTA 分析ワークシート	
概念名	くつろぎ
定義	落ち着いた雰囲気で活動間の休息をとっている状態
ヴァリエーション	屋外遊びを終えたL男とU男がテラスに戻ってくる。上履きを片付け終えた2人は水筒置き場でお茶を飲んでくつろぐ。とくにU男は茶道のたたずまいのように正座で両手でコップを持ち、ゆっくりとお茶を飲む。そこにW男がやってきた。3人になった集団は、座った状態でなにやら談笑を始めた。W男がおどけた表情で「ぶた？ばかやろうのぶた？」といってみせると、他の2人は大笑い。それに満足したのか、W男はここで保育室に入っていった。しかし、今度はU男とL男が「い〜〜〜、あーーー！」と大声を出し始める。盛り上がった2人は「うしうしうしうしぶたぶたぶたぶたばっかり〜」「だーっ！」など、リズムよく大声をだし、お互いに顔を見つめ合って大笑いする。しばらく2人は、テラスに腰を下ろしつつ、さまざまなフレーズの言葉をリズミカルに言い合って過ごしていた。(2010/9/16　No9)
	保育室で「武器」作りの工作活動をしていたR男は、その工作道具を手にテラスにやってきた。そして、その場で、園庭で戦いごっこをしているQ男を「おーい！」と呼びだした。R男は、Q男の持っていたラップの芯でできた「武器」を受け取ると、テラスに座り込んで持ち込んだガムテープなどで「武器」の改造を始める。その間、Q男とV男も外履きを脱いでテラスに入り、R男の近くで座って改造が終わるのを待つ。そこへ、L男らのグループもお茶を飲みにやってきた。2つのグループは少し距離を置いて、それぞれ輪になって座り、おしゃべりをはじめた。時々、L男たちのグループは大声を出したり、たたき合ったりしてはしゃぐ姿が見られた。また、もう一方のR男たちのグループをのぞき込むなど、相手のグループが気になる様子も見られた。一方、R男たちのグループは、お茶を飲みつつ静かに過ごしている。しばらくして、R男の「武器」改造が終わると、Q男たちは徐々に水筒を片付け園庭に出る準備を始めた。L男グループは、今度は互いに帽子をかぶせ合ったり投げたりして盛り上がっていた。(2011/9/21　No12)
	雨の中のテラスで、女の子5人とY男、I男の7人は縄跳び遊びをしている。そのうち、誰が一番長く飛べるか競い合うということになり、女の子たちとY男は「せーの」で足並みをそろえて縄跳びを始める。I男は、この競争に加わらず保育室の入り口付近でその様子を眺めていた。自信満々で縄跳びを始めたY男だったが、5回も跳ばないうちに引っかかってしまった。そして、Y男は、力なく膝を折り、保育室の入り口前に敷いてあったマットにごろんと寝ころんだ。すると、それを近くで見ていたI男も、Y男の横に仰向けで寝転がった。ふたりはうっすらと口元をゆるめ、お互いの顔見合わせると、目をつむり気持ちよさそうにのびをした。Y男は、その後すぐに起きあがってお茶を飲み始めたが、I男は、仰向けのまま保育室の壁に足を引っかけL字のような姿勢になると、「見てー！」とY男を呼びかける。その後I男は、うつぶせになりながらごろごろとマットの上を転がっている。その後、I男は「どっこいしょ」と言った具合にゆっくり立ち上がり、また縄跳びを始めた。(2011/2/28　No60)
	遊び時間も終わり、ほとんどの子どもが保育室に入ってしまった頃、ようやく片付けを終えたI男がテラスへとやってきた。テラスにたどり着くなりI男は、身体を横に投げ出し、靴も脱がずに、床に倒れ込んだ。この日、テラスには日が差し込んでおり、床はとても暖かそう。そして、I男はかぶっていた帽子をアイマスクのように顔に掛けると、仰向けで大の字になった。I男はぴくりとも動かず、本当に眠ってしまったかのようだ。しばらくすると、今度はうつぶせになり、寝転がりながら時folks、園庭を通る年長児や保育室の様子を眺めている。そのうち、副担任保育者が、「（入室が）おそい！　おそいです！」といいながらやってくると、I男はそそくさと立ち上がり、靴を履き替えて保育室へと入っていった。(2011/3/3　No64)

表2-1　分析ワークシートの例（「概念」【くつろぎ】）（つづき）

ヴァリエーション	外で遊んでいたW男とB男がテラスに休憩にやってきた。B男は正座して，水筒のお茶を飲もうとする。W男は，B男の前に立ったまま，「お茶に人形がびゅーってはいったんよ！」と，笑いながら大声で話す。しかし，B男はあくまで落ち着いている。すると，W男もB男の前に正座し，今度は落ち着いた声で「何茶？」と質問する。B男は小さな声で「麦」と応える。「冷たい？」と再び聞きながら，W男は自分のコップにお茶を注ぐ。しばらくして，お茶を少しこぼしてしまったB男は，着替えようとするが，W男は「すぐ乾くから」とたしなめる。そして，ふたりでズボンの濡れた部分をはたき，あおぐ。B男がもう一度座り直して，落ち着いてもう一杯お茶を飲んだ後，2人は再び園庭へと遊びにいった。(2011/5/9　No74)
	自由遊びが始まって一時間ほどたった頃，H男とI男が園庭からテラスにやってきた。2人は水筒置き場の前に座ると，向かい合ってお茶を飲み始めた。お茶を飲む際の2人は，声のトーンも小さくなり，かなり落ち着いているようだ。5分ほどかけて，ゆっくりと一杯のお茶を飲み干した2人は，丁寧に水筒を戻す。その直後，2人はまた屋外遊びモードに戻ったかのように，勢いを取り戻し，テラスを走り抜けて外に出て行った。(2011/5/9　No75)
	他のみんながお片付けに忙しくする中，H男とテラスでおしゃべりをしていたI男は，うつぶせになり寝転がった。近くに他の幼児が通りかかっても，I男は突っ伏したままで，全く動かない。そのうち，I男は寝返り，今度は仰向けに大の字になる。しばらくして，I男は急に立ち上がる。そして，下駄箱のほうに歩き始める。I男の視線の先には，同じく寝転がったU男がいた。I男はそのとき受けた他児からの園庭への誘いを断り，U男の元へ行き，再び横になった。そのまま横になっていたI男だったが，ふと，テラスの下駄箱を挟んで園庭にいたB男に目をとめた。B男は，虫かごをテラスの下駄箱の上に置き，園庭側から中の毛虫を観察しているようだ。それに興味を示したI男は，B男に対して呼びかけると，すっと立ち上がり，B男と一緒に毛虫の観察を始めた。(2011/5/9　No77)

エピソードを全体から参照し，最終的に【くつろぎ】という「概念」を生成した。

　こうした作業の際には，専用の分析ワークシートを用いた。分析ワークシートは，「概念」ごとに作成した。たとえば，表2-1は，「概念」【くつろぎ】に関するシートの一部である。「定義」の項目には，その「概念」の意味を記入し，「ヴァリエーション」の項目には，定義に該当する内容を含むエピソードを記載した。この「ヴァリエーション」にエピソードを記載する際は，内容の省略や該当箇所の切り出し等を行わずそのまま記載している。そのため，1つのエピソードから複数の「概念」が生成された場合には，それぞれのシートに，エピソードの全体が記載される。

③「カテゴリー」の生成と構造のモデル化

　「概念」がある程度生成された段階で，内容が類似する「概念」や文脈的な関連性を有する「概念」を整理していくことで，複数の「概念」を包括的に説明

できる「カテゴリー」を生成した。なお，この作業の際には，「カテゴリー」の名称や性質を踏まえて「概念」名の修正等を行ったほか，既に「カテゴリー」と同様の抽象度・説明範囲を有すると思われる「概念」を「カテゴリー」に昇格させることも行った。「カテゴリー」の生成後，「カテゴリー」間の関連性や類似性を同様に検討した上で，各「概念」・「カテゴリー」の構造を示したモデルを作成すると同時に，構造の核として位置づけられる「カテゴリー」を「コア・カテゴリー」として設定した。以下，本文中にそれぞれを引用する場合は，「コア・カテゴリー」には《 》，「カテゴリー」には〈 〉，「概念」には【 】を付して示す。

■ 第3節　A園におけるテラスの機能

　分析の結果，2《コア・カテゴリー》，6〈カテゴリー〉，20【概念】が生成された。それらの関係性の構造を示したものが図2-2である。基本的に，【概念】は，子どもによるテラスの具体的な用途や体験，〈カテゴリー〉は，そうした用途や体験を整理したテラスの機能，《コア・カテゴリー》は，それらの用途および機能の前提となるテラスの中核的な特質を意味している。本節では，次節で扱う内容も含めた分析結果全体について概説した後，〈カテゴリー〉別に詳細な検討を行うことで，A園のテラスが持つ機能を明らかにする。

1．分析結果の概要

　まず，《コア・カテゴリー》，〈カテゴリー〉，【概念】の主な内容を説明しつつ，作成されたモデル（図2-2）が示す関係性の構造や意味について述べる。なお，各【概念】等の詳細は後述するため，ここでは大枠的な紹介に留める。

　登園してきた子どもは，まず〈園生活の玄関口〉としてのテラスで，身支度をするとともに，家庭とは異なる園での生活に向けて気持ちを切り替えたり，親しい友人と合流したりするといった出来事を経て，それぞれの生活・活動をスタートさせていく。登園を済ませた子どもは，園庭や裏山などの屋外空間や，保育室や遊戯室といった屋内空間を用いて自由に活動を展開する。テラスもまた，そうした活動の場所の1つとなり，子どもの目的や状況に応じた種々の用

第 3 節　A 園におけるテラスの機能　37

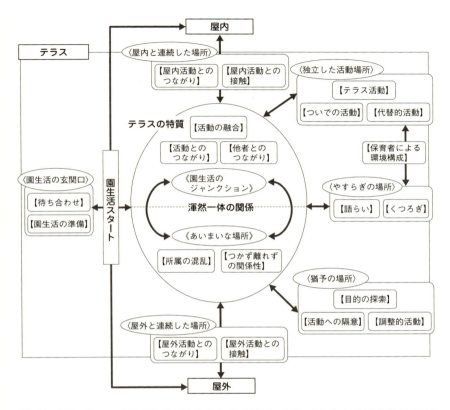

結果図の見方：《コア・カテゴリー》，〈カテゴリー〉，【概念】　太字＝それ以外で図を説明する語句
　　　　　矢印＝用途間の関係性の方向，　実線枠＝各概念・カテゴリーが示す範囲

図 2-2　A 園のテラスの機能と特質の全体構造

途で用いられる。

　活動開始後のテラスの機能としては，次の5つに大別される。第1は，屋内の活動や人や物とのつながりが得られる〈屋内と連続した場所〉，第2は，屋外の活動やさまざまな環境要素との接触が可能な〈屋外と連続した場所〉，第3は，屋外とも屋内とも異なる独自の活動が展開できる〈独立した活動場所〉，第4は，落ち着いた雰囲気のなかで個人や仲間内だけで過ごすことができる〈やすらぎの場所〉，第5は，周囲の活動や他児との間に，なんらかの不和が生じた

子どもの居場所や調整の場所としての〈猶予の場所〉である。先の〈園生活の玄関口〉を合わせると，A園のテラスは，子どもの生活・活動に対して，6つの機能を有するといえる。つまり，A園のテラスは，子どもの幅広い生活・活動のなかで用いられる多機能空間であり，活動の展開や発展を支援したり，生活にゆとりや安定をもたらしたりするといった役割を担っている。

こうした各用途や活動は，《園生活のジャンクション》，《あいまいな場所》というテラスの特質によって成立するとともに，周囲の場所やテラスでの他の活動を巻き込みながら，相互に関係性を形成している。保育室とは引き戸でつながり，園庭に対しては全面的に開放されたA園のテラスでは，テラスを介して子どもと活動が出会う【活動とのつながり】，子どもと他者が出会う【他者とのつながり】，活動と活動が結びつく【活動の融合】が発生する。この特質により，テラスで展開される生活・活動は，テラス内に，あるいは周囲にと，その領域や関係性が広がっていく。こうした活動や人との関係性を生じさせる特質は，子どもがテラスで過ごすことを選択する理由の1つとなっている。

もう1つの特質に《あいまいな場所》がある。周囲の環境の要素が混在・接近し，人や活動がさまざまに結びつく《園生活のジャンクション》では，子どもの所属する場所や活動があいまいになる【所属の混乱】が生じたり，周囲と【つかず離れずの関係】でいることが許容されたりすることで，個々の子どもに柔軟な行動の選択肢が与えられる。加えて，そうした《あいまいな場所》としての特質により，さらに子どもや活動の接合が促進されるといったように，2つの特質は渾然一体の関係にある。

以下，本節では，主として〈カテゴリー〉となるテラスの6つの機能と，具体的な用途としてそれに包括される【概念】について，エピソードを交えながら詳細に検討していくことで，A園のテラスが，子どもの生活や活動のなかで，どのような機能を担っているのかを明らかにしていく。なお，エピソード中の子どもの呼称については，便宜上，2010年度5歳男児＝〇太・女児＝〇美，2010年度4歳，2011年度5歳男児＝〇男・女児＝〇子，2011年度4歳男児＝〇助・女児＝〇代とする。

2. 園生活の玄関口

　A園のテラスは，登園してきた子どもが最初に足を踏み入れる〈園生活の玄関口〉である。この玄関口は，単なる建物への入り口といった意味に留まらない。Walsh, D. (2000) が，日本の幼稚園の玄関は，母親と保育者，家庭と学校の境界線であると指摘したように，A園のテラスも，幼稚園という家とは異なる集団生活の場に，子どもが内的な面も含めて入り込んでいくための玄関口となっていた。

　登園の時間帯におけるテラスは，まずもって，靴の履き替え，帽子や上着の着脱といった身支度に加えて，園生活への移行に向けて，気持ちを切り替えていくための【園生活の準備】場所となる。【園生活の準備】のなかでも，とりわけ注目できる場面として，保護者との別れがあげられる。保護者との分離に伴う不安は，入園後長期にわたって継続することもあり，子どもが園生活に適応する際の大きな課題の1つとなる（相川, 2000）。A園においても，4月から夏休み直前までを中心に，子どもを送り出し，園を後にしようとする保護者を引き留めようとする子どもの姿が見られ，園での生活や活動に移行する上で，越えなければならない壁となっていた。このような子どもたちにとって，テラスはさながら，保護者との関係性の最終防衛線であり，分離後の不安と葛藤する姿や，長時間にわたって分離に抵抗する姿が見られた（エピソード2-1）。

■エピソード2-1

対象児：M男（4歳児）　　　　　　　　　　　　　記録日：2010/7/8

　テラスにいる保育者（副担任）を前にして，園庭でM男は母親にずっとしがみついている。表情はどこか怯えているようにも見える。しばらくして，M男は母親から保育者へなかば無理矢理に引き渡される。すると，M男はテラスに座り込んで大声で泣き始めた。暴れるM男を，保育者は笑顔で抱きしめると，膝の上にのせ，園舎の方向へM男の身体を向けた。これによってM男は少し落ち着きを取り戻したかに見えたが，他の幼児の呼びかけに応じるために保育者が側を離れると，再び園庭を向き，「ママー！」と泣き叫びはじめた。その後，登園してきた他の幼児や別の保育者が，M男に「おはよう」と声を掛けるも，泣き続けるM男の耳には届かないようだ。そこへ，保育者が戻ってきて，M男を

抱き上げるようにして保育室に連れて行った。

　このエピソード2-1のM男の場合は，母親への執着を自身で乗り越えることができないままに，保育者の直接的な援助によって，園生活への切り替えが行われている。一方で，子どもの側から，分離に伴う不安や苦痛の解消が試みられたり，高ぶった感情が安定するまでの時間が過ごされたりするなど，テラスが葛藤の場所であると同時に，家庭生活から園生活への移行のための準備場所として用いられているエピソードも観察された。その例として，以下のT男やS助のエピソードがあげられる。

■エピソード2-2 ────────────────────────────

対象児：T男（4歳児）　　　　　　　　　　　　　　　記録日：2010/11/2

　T男が母親と一緒に登園してくる。それを見つけたL男は保育室から出て来て，T男がやってくるのを待っている。T男はテラスに座って，靴を履き替えつつ母親に耳打ちするように，小さな声で何かを話している。途中T男は，母親に入室準備を手伝うよう求めるが，母親はテラスには入ろうとはしない。［……］しかし，自分でやろうとしないT男に業を煮やしたのか，母親は靴を脱いでテラスに入り，T男に，出席シールを貼ってくるよう促し保育室に押し込むと，その間に立ち去ろうとする。しかし，それを見たT男も，急いで母親を走って追いかけ，再び母親にとびつく。その後もT男は，1つ荷物を片付けては母親に抱きつくということを繰り返す。その後も，母親から離れようとしないT男だったが，母親が「最後ね」と強く抱きしめると，T男は微かではあるが満足しような笑顔を見せ，母親から離れた。

　エピソード2-2におけるT男は，少しでも母親が自分から離れると，腕を引っ張って引き止めたり，小声で話しかけ続けたりするなどして，分離に対する抵抗を示していた。しかし，そうした母親との接触を繰り返しつつも，T男は少しずつ帳面へのシール貼りなどの登園準備を進めていく。そして，母親が「最後ね」といって抱きしめた後は，それまでよりも落ち着いた様子で，母親から離れている。このエピソードに見られるT男の一連の様子は，自分の納得

のいくまで，あるいは，身支度を終える直前まで，テラスで母親と接することを通して，安心して母親と離れ，園生活に向かっていくための内的な準備を進めているものと考えられる。T男にとって，この時のテラスは，園という家とは異なる生活の場に足を踏み入れながらも，一方では，母親との個別的なかかわりが許される場となっており，家と園の架け橋として，緩やかな移行を支えていると考えられる。

　また，エピソード2-3のS助は，T男のように，初めから分離に抵抗するような様子は見られなかったものの，母親との別れが差し掛かると不安をあらわにし始め，ついには泣き出している。その後，S助は，母親と別れた直後の感情が混乱した時間を，保育者とともにテラスで過ごすことで（写真2-3），ある程度落ち着きを取り戻している。S助は，保育室に入っていく前の段階にあたるテラスで，時間をかけて自分の感情と向き合い，母親との別れに対して区切りをつけ，安定して園生活に向かっていけるような体勢を整えていたものと考えられる。このように，テラスは，子どもが園生活に気持ちの面でも入り込んでいくための準備場所であるといえる。

■エピソード2-3

対象児：S助（4歳児）　　　　　　　　　　　　　記録日：2011/5/9

……母親がいよいよ立ち上がって帰ろうとすると，S助は「う〜ん……」と声を上げ，不安げな表情で母親の顔を見上げた。顔をゆがめながらS助は，母親の「いってきまーす」という言葉を受け入れ，足をばたつかせながら母親を見送る。しかし，離れていく母親の姿を見て，また悲しさがわいてきたのか，S助は激し

写真2-3　別れの不安と格闘するS助

く泣き出し，立ち上がり母親の後を追おうとする。保育者はそのS助を抱き留め，一緒に母親を見送る。このあと，S助は気持ちが落ち着くまでの時をテラスで保育者とともに過ごした。

　登園時にテラスに留まり，園生活に向けて体勢を整えていると見られる姿は，眠たそうに登園してきた子どもや，入室準備を進める気力が起こらない子どもについても見られた。たとえば，以下のエピソード2-4では，分離後，あからさまに眠そうな様子を見せたB男が，保育室に入る前にテラスでぼんやりと過ごしながら，園生活を開始していくための意欲が沸いてくるまでの時間を過ごしている。このような子どもの姿からは，テラスが，自己の状態を園での生活に適したものへと移行させていくための準備場所として，保護者との分離の場面以外でも広く活用されていることがうかがえる。

■エピソード2-4

対象児：B男（4歳児）　　　　　　　　　　　　記録日：2010/9/15

　B男が母親やI男と一緒に登園してくる。B男は靴を脱ぎ，鞄を降ろし，てきぱきと入室準備をする。しかし，母親が行ってしまった矢先にB男の動きが急に鈍りだした。眠そうに目を擦りながら，トボトボと歩き，なんとか帽子をフックに掛け終えたかと思うと，園庭に向かって座り込む。しばらくB男は，座ったまま園庭で遊ぶ子どもたちをぼーっと見つめたり，砂をいじったり，床の格子柄をなぞったり，靴をいじったりして過ごす。時折大きなあくびをし，とても眠そうである。その後は，ずっと下を向いてなにもする気が起きないといった様子である。座り込んでから約10分後，B男はようやく立ち上がり，鞄を持って保育室に入るかと思いきや，水筒置き場付近で再び座り込む。足を投げ出し，またしばらくぼーっと過ごした後，再び立ち上がり，ようやく保育室へと入っていった。

　他方，〈園生活の玄関口〉としてのテラスは，登園してきた子どもにとっての準備場所として用いられるだけではない。玄関であるテラスは，登園してくる子どもが最初に，かつ確実に訪れる場所であり，既に登園を済ませた子どもが，

後から登園してくる子どもと合流するための【待ち合わせ】場所としても適する。実際に，登園時間帯のテラスでは，友だちとの合流を心待ちにする子どもが，特定の子どもの登園を待ちかまえ，出迎えるといった行動もしばしば観察された（エピソード 2-5）。

■ エピソード 2-5

対象児：S美・Y美（5歳児）　　　　　　　　　　　記録日：2011/2/14

雪が降りしきる中，保育室から S 美がけん玉を持って「うわぁ～！」と勢いよくテラスに飛び出してきた。そして，登園してきたばかりの Y 美に興奮した様子で「歯抜けた！」とイーッという表情を作ってみせる。どうやら S 美は歯のことを伝えるために Y 美の登園を心待ちにしていたようだ。歯のことを伝え終えると，S 美は勢いもそのままにテラスでけん玉を始める。その横で Y 美は，傘をたたみながら「ランドセル買った？」と S 美に話しかけ，S 美はそれに「買ってないわーい！」と興奮気味に応える。話を続けながらも，S 美は片手間でけん玉をしたり，けん玉のひもをぶらぶらさせたりと落ち着かない様子である。そして，再び「歯 3 本も 4 本も抜けたんよ！」と歯が抜けた話を一方的に始める。ひとしきり話を終えた S 美は，Y 美が登園準備を終えると一緒に保育室に入っていった。

以上のエピソード 2-5 において，S 美は，歯が抜けたというニュースを Y 美に伝えるべく，Y 美の登園を，ときどき保育室からテラスをのぞき込むようにして待ち構えていた。そして，Y 美が登園して来るやいなや，保育室からテラ

写真 2-4　S 美（左）「歯抜けた！」

スへと飛び出し，Y美に話しかけている（写真2-4）。Y美と合流してからのS美は，大声を出すなど興奮しており，別の話題や活動に移ったかと思えば，再び歯の話題を一方的に展開するといった様子である。こうしたS美の言動からは，親しい友だちとの合流が適った喜びの感情を読み取ることができる。このように，テラスは登園してくる子どもの準備場所として用いられるだけでなく，仲間といち早く出会い，活動や話題を共有できる場所として，保育室に入室した子どもにとっても，充実した園生活を展開するためのスタート地点となっている。

3. 屋内と連続した場所

　テラスと保育室が隣接し，靴を履き替えずに行き来ができるA園では，一日のうちで何度も，子どもが保育室とテラスの間を往復する。こうした子どもの行き来は，保育室を挟んだ遊技室との間でも多からず見られ，テラスから保育室を突っ切るようにして，それぞれの空間の移動が生じていた。また，ガラス窓や常時開放された引き戸を通して，双方の場所の様子を見渡すこともできるなど，A園のテラスは屋内空間との間に，強い空間的な連続性を有している。そして，このような〈屋内と連続する場所〉の存在は，双方における子どもの生活・活動のあり方に，少なからざる影響を及ぼしていた。

　まず，〈屋内と連続した場所〉としてのテラスでは，内容や範囲といった点において，【屋内活動とのつながり】を持った活動が展開されていた。そうした活動の典型例としてあげられるのが，以下のエピソード2-6である。

■エピソード2-6

対象児：T助 他2名（4歳児）　　　　　　　　　記録日：2011/6/16

　T助を先頭に，遊戯室や保育室で特撮ヒーローごっこをしていた3人がぞろぞろとテラスへやってきた。［……］T助から「ゴーカイブルー！」，「ゴーカイグリーン！」と順番にヒーローの名前を名乗るとともに，変身のポーズを取っていく。変身を終えた3人は「派手に行くぜ！」のかけ声のもと，再び保育室へと走り去っていった。しかし，勢いそのままに，T助たちはまたテラスに戻ってきた。そして，今度は「ゴセイジャーに変身するぞ！」「おお！」と気合いを入

写真 2-5　変身のポーズをとる T 助ら　　写真 2-6　変身のたびにテラスと屋内を往復

れ，もう一度ポーズをとる。別のヒーローへの変身を終えた 3 人は，再び保育室へと走り去っていった。

　エピソード 2-6 において T 助らは，テラスと保育室および遊戯室を一体的に用いることで，広い空間を活発に動き回りながら，テレビ番組に登場するヒーローになりきる遊びを展開している。そのなかでテラスは，ヒーローの活躍の場所としての保育室等に対し，ヒーローに変身するための場所としての役割が与えられていた（写真 2-5，2-6）。ここでの T 助たちは，テラスを単に屋内の延長として用いるだけではなく，壁とガラス戸によって保育室と仕切られ，このとき人通りも少なかったテラスの状況を，ヒーローに変身するための場所というかたちで反映することで，表舞台としての保育室との対比的な構造を作り出していたものと考えられる。このエピソードのように，【屋内活動とのつながり】を持った活動が展開される際のテラスは，屋内の活動と連続性を持ちながらも，独自の役割や意味が付与される場合が多く見られ，屋内とは性質の異なる場所であるということが，活動の中に積極的に反映されていた。

　以下のエピソード 2-7 も，【屋内活動とのつながり】を持った活動の例である。このエピソードにおいては，保育室で制作したお菓子やジュースをテラスに持ち込み，それらを品物としてお店屋さんごっこを開始するといったように，保育室の遊具や家具をテラスに持ち込む行為が見られる。靴の履き替えが不要なテラスと屋内空間との間では，泥汚れなどを気にする必要がないため，家具や遊具の移動を柔軟に行うことができる。そのため，こうした活動に伴う物の持ち込みも，子どもによって頻繁に行われており，エピソードにある机や制作物

に留まらず，絵本や遊戯室の大型積木など，さまざまな物がテラスに持ち込まれていた。こうした家具や遊具の互換性の高さも，テラスと屋内活動とのつながりをより密接にしている要因と考えられる。先のエピソード2-6と合わせて，子どもは，テラスと屋内を一体的に活用することにより，活動の幅を空間的に拡張するだけでなく，双方の場所の特徴やその差異を，ごっこ遊びの設定などに臨機応変に取り込むことで，内容的にも拡張しているといえる。

■エピソード2-7：前編

対象児：R子他5名（4歳児）　　　　　　　　　　　記録日：2011/3/3

R子たちは，F子たちといっしょに，工作で使っていた保育室の机を「よいしょ，よいしょ」と，テラスに運んできた。机の上には割り箸や色紙で作られたキャンディーやストローがさされたジュースなどが置かれている。R子たちは，机に対し，保育室側に陣取ると，テーブルをお店のカウンターに見立て，「いらっしゃいませー！」と園庭に向かって元気に呼び込みをはじめた……

加えて，〈屋内と連続した場所〉としてのテラスは，これまで見てきたような意図的な活動のつながりだけでなく，偶発的に，屋内の人や活動や事物とのつながりが形成されるといった【屋内環境との接触】の機会をもたらしていた。こうした偶然による屋内環境との接触は，テラスにいる子どもが，屋内の様子や音を見聞し，それに興味を持って行動を起こすといった形で観察された。たとえば，次のエピソード2-8では，屋外への移動のためにテラスを通行していたA助が，5歳児保育室から聞こえてくる歌声を耳にしたことをきっかけに，その様子を眺める行動に至っている。このように，【屋内環境との接触】は，接触した対象に対して，観察したり，話しかけてみたりするといった，テラスを屋内に対する様子見の場所として用いる活動を喚起していた。

■エピソード2-8

対象児：A助（4歳児）　　　　　　　　　　　　　記録日：2011/5/9

クラス活動として園庭へ向かう途中のテラスで，隣の年長児保育室から「お母さんっていい匂い〜♪」と，歌声が聞こえてきた。それに興味を示したA助

は，園庭へ向かうのを一旦やめ，ドアや窓から年長児たちの様子をのぞき始める。背伸びをしたり，顔を左右に振ってみたりと，一生懸命に年長児の姿を見ようとする。しかし，「Ａ助ちゃん，いくよー！」と，保育者から声がかかると，Ａ助は素直に観察をやめ，外履きを取り出して，みんなのいる園庭へと歩いていった。

この【屋内環境との接触】は，何らかの拍子に屋内の遊具が入り込んでくるなど，より物質的に生じることもあった。たとえば，以下のエピソード 2-9 では，保育室のＢ男が転がした紙風船が，偶然にもテラスで登園後の入室準備をしていたＴ男のもとへ転がり込んでくるといったかたちで，Ｔ男と屋内環境が接触している。この偶然の接触が，保育室とテラスをまたいでのキャッチボールという新たな【屋内活動とのつながり】を持った活動に発展している。先に検討したエピソード 2-8 と合わせて，テラスと保育室をはじめとした屋内とが強い連続性を有することで，テラスを用いた活動の発生が促されている側面がうかがえる。

■エピソード 2-9
対象児：Ｔ男・Ｂ男（4歳児）　　　　　　　記録日：2010/9/29

登園してきたＴ男は上履きを脱いですぐテラスに座り込んだ。Ｔ男は隣で園生活に使うものを入れる手提げカバンにタオルなどを詰めている母親に話しかけながら，外で遊ぶ子どもをぼーっと眺める。[……]母親が帰ってしまった直後から，Ｔ男は無表情でテラスに座り込んでしまい，なかなか保育室に入ろうとしない。そこへ 1 つの紙風船が転がってきた。どうやら，この紙風船はＢ男が落とした際に，テラスへと転がり出てしまったもののようだ。Ｔ男は足下の紙風船を手に取ると，保育室にいるＢ男に向かって投げ返した。そして，Ｂ男がとれなかったのを見たＴ男は，「残念でしたー！」っと，その場で飛び跳ねつつ笑った。Ｔ男とＢ男は，そのまま紙風船を使ってキャッチボールをはじめた。このテラスと保育室をまたいでのキャッチボールはしばらく続けられが，そのうちＴ男がＢ男を追うように保育室に入っていったことにより，保育室へと遊びの場が移動していった。

4. 屋外と連続した場所

　屋内空間とテラスの間で高い連続性が見られたように，園庭を主とした屋外空間とテラスの間でも，一定の連続性が見られた。A園のテラスと園庭の間には，支柱や水道を除いて，遮蔽物となるものがない。そのため，テラスと園庭の間では，常に互いの場所を見渡すことができ，コミュニケーションをとることも容易である。こうした〈屋外と連続する場所〉であることも，テラスで過ごす子どもの活動の展開に，さまざまな形で反映されていることが明らかになった。

　テラスと園庭の間では，言葉によるやりとりや内容的な連続などの【屋外活動とのつながり】を持った活動が観察された。たとえば，エピソード2-10では，隣接した花壇（図2-1参照）の手入れ作業をする他児の保護者の姿に目をとめたH男たちが，テラスから話しかけることで，会話が成立している。しかし，屋外とテラスの間を行き来するためには，靴を履き替えたり，冬季には防寒着を脱ぎ着したりする必要があるため，屋内とテラスの行き来の場合とは異なり，テラスと屋外を短時間に何度も往復するような活動のつながり方はほとんど見られなかった。そのため，エピソード2-10を含む多くの【屋外活動とのつながり】を持った活動が，後述する【屋外環境との接触】に触発され，それにテラス側から言葉などによって働きかけるといったかたちで生じていた。

■エピソード 2-10

対象児：H男・T男・K男（4歳児）　　　　　　　記録日：2010/9/15

　手作りの武器を携えたH男たち3人は，それを用いた屋外遊びをしようと保育室からテラスへとやってきた。しかし，靴を履き替えよう下駄箱に向かう途中，ふと，3人はテラス際の花壇の手入れをしている保護者に目をとめた。3人はしゃがんで雑草などを切り取っている保護者の作業を真剣な表情で見つめ始めた。そのうちT男が「どういうお花なの？」と保護者に尋ねた。また，K男も「うち（の親は）お花作ってあげる人なんよ」と保護者に話し始めた。保護者も「おうちお花いっぱいあるの？」と言葉を返す……

　そうしたなかで，次のエピソード2-11のように，屋外の活動内容と遊具を，

第 3 節　A 園におけるテラスの機能　　49

テラスに持ち込んだと考えられる活動のつながり方もいくつか見られた。エピソード 2-11 で，L 男たちは，屋外での昆虫採集の際に捕まえたトカゲをテラスに持ち込み，腰を下ろしてじっくりと観察するといった，複数の場所に連なった活動を展開している。ここでのテラスは，昆虫採集という動的な活動を展開する屋外に対し，観察という静的な活動を行う場所として，活動の流れのなかで，明確に役割が分担されて用いられている。エピソード 2-10 における，H 男たちと保護者の立ち位置の明確な違いとも合わせて，履きものも面積も大きく異なる屋外とテラスでの活動のつながりに関しては，ある程度明確に，領域や内容が区別されているという特徴が見られた。これは，比較的類似した活動が，双方の空間で展開されることの多い【屋内活動とのつながり】方との相違点であるといえよう。

■エピソード 2-11

対象児：L 男・U 男（4 歳児）　　　　　　　　　　　記録日：2010/10/18

自由遊び時間，外で昆虫採集をしていた L 男と U 男が，捕まえたトカゲの入った皿を持ってテラスにやってきた。2 人は足だけ外に出したような形でテラスに膝立ちの体勢になり，トカゲをじっくりと観察する。そのとき，U 男がトカゲを触ろうと手を伸ばすと，L 男は「弱る。やめて！」と U 男を静止した。その後，しばらくして，L 男はそっと虫かごにトカゲを移す。そして「終了！」といってカゴのふたを閉めると，カゴを放置して，2 人は靴を脱いで小走りで保育室に入っていく……

さらに，〈屋外と連続した場所〉であることは，子どもに意図しない【屋外環境との接触】をも生じさせていた。こうした接触は【屋内環境との接触】の場合と同様に，屋外にいる他者，または，屋外で展開される活動をテラスにいる子どもが発見し，興味を示すといったかたちで観察された。加えて，【屋外環境との接触】の場合では，生き物や雨風といった，さまざまな自然環境との接触も見られた。屋外に対して大きく開かれた A 園のテラスでは，いながらにして，屋外の空気を感じたり，屋外の様子を間近でうかがったりすることが可能である。また，生き物が侵入したり，雨粒や雪が吹き込んできたりするなど，屋外

環境との接触が自然に発生する場合もある。このような、屋外の自然環境との接触により、好奇心や探求心を喚起された子どもは、テラスから対象の環境に対する探求を開始していた（エピソード2-12）。

■エピソード2-12

対象児：K太・G太（5歳児）　　　　　　　　　　記録日：2010/11/2

保育者が「みんな外出るよー！」と外遊びへと5歳児たちを促した。その移動の途中、K太は「あっ！　マルカメムシ！」とテラスを歩く一匹の虫を見つけた。すぐさま横座りのような体勢になったK太は、一緒に遊びに行こうとしていたG太とともに、テラスでマルカメムシの観察を始める。思わぬ発見にうれしさを隠せない様子のK太は「マルカメムシがおる！」と、大声で保育者にも知らせる。保育者は「くさい？」とK太に訊ねると、2人はマルカメムシに触れた手を鼻の方へ持っていき、カメムシのにおいを確かめる。しばらくして、G太が立ち上がり、「他にもいないかな？」と下駄箱のあたりを見渡す。そして、先ほど座っていたすぐ後ろに別のカメムシがいたのを発見し、今度はそっちを観察する。触ったりデコピンをしてみたりと、ひとしきりマルカメムシの観察を堪能した後、2人は靴を履き替え外へと向かっていった。

写真2-7　マルカメムシを見つけた2人

5. 独立した活動場所

　A園のテラスは、屋内外と連続した場所として機能し、相互に関連した生活や活動の展開がなされる。その一方で、テラスは、屋内とも屋外とも異なる独自の活動が可能な〈独立した活動空間〉としても用いられていた。

第3節　A園におけるテラスの機能　　51

　テラスを〈独立した活動空間〉として用いた活動として，テラスを拠点とする【テラス活動】があげられる。こうしたテラスの拠点化は，特定の活動が，テラスで行うべきものとして定着することや，新規の活動の舞台として，テラスが選択されることによって生じる。そのため，子どもによる主体的な活動場所の選択に加えて，テラスへの遊具の設置や活動場所としての指定などの【保育者による環境構成】も大きく影響していた（エピソード2-13，エピソード2-14）。

■エピソード2-13：前編
対象児：H子他（4歳児）　　　　　　　　　　　　　　記録日：2011/2/7
　保育者が，室内にあったコマ回しの台を「ほらっ外でするよ！」といいながら，テラスと園庭の間の舗装部においた。それに続いて，コマを持った子どもたちがぞくぞくと保育室からテラスにやってきた。テラス，園庭，舗装部と思い思いの場所から子どもたちは台にコマを投げ入れる。それを見た保育者は「お外の方が良く回るー！」と優しく声を掛けた。ここから，いつ終わるともわからないコマ回し遊びが始まった……

　エピソード2-13では，それまで保育室で行われていたコマ回しを，保育者がテラスに移動させている（写真2-8）。これにより，テラスおよびその周辺がコマ遊びコーナーと化し，多数の子どもで賑わうこととなっている（写真2-9）。このようなテラスでのコマ遊びは，翌日の2月8日，翌々日の2月9日のエピソードでも見られ，上記のエピソードと同様に，コマを手にした多数の子どもがテラスに集まっていた。また，エピソードの翌日以降では，遊び時間の最初

写真2-8　コマの台を移動させる保育者

写真2-9　コマ遊びコーナーに集う幼児たち

からテラスにコマを投げ入れるための台が設置され，子どもが保育者に先導されずともそこに集まってくるなど，エピソード2-13のときに比べて，円滑にテラスでのコマ遊びが開始されており，コマ遊びがテラスで行う活動として定着したことが考えられる。

また，エピソード2-14では，虫かごのなかのカブトムシを観察しようというY男たちの活動の展望に対し，保育者が，テラスで観察を行うことを提案し，虫かごの中の土をあけるためのプレートを設置している（写真2-10）。このような保育者による活動場所としてのテラスの指定は，保育室の空間を他の活動のために確保したい，子どもを屋外遊びに連れ出したい，保育室を泥で汚さずに子どもの活動を継続させたいという思惑があるものと思われる。そうしたなかで，子どもは，床に座ったり寝転がったりしながら，間近で虫を観察し，泥と戯れるといったように，テラスという場所の特徴を活用しながら，活動を展開していた。

■エピソード2-14：前編

対象児：Y男・O男（4歳児）　　　　　　　　　　記録日：2010/7/8

Y男とO男が，保育者と一緒に虫かごを持ってテラスにやってきた。2人は，保育者がテラスにおいた台の上に，虫かごに入っていた土をドサッとあけ，カブトムシをその上にのせる。そのまま，2人はテラスに正座し，顔を土山に近づけてカブトムシの様子を間近で観察したり，指でつついたり，カブトムシが行く先の土をいじったりして遊び始める。2人が遊びに熱中しだしたことを確認し，保育者はその場から離脱した……

写真2-10　カブトムシを台へあける2人

第 3 節　A園におけるテラスの機能　　53

　保育者によって【テラス活動】が誘発される一方で，子どもが，新規の活動場所として主体的にテラスを選択する例も見られた。たとえば，以下のエピソード2-15のS太たちは，テラスとその周辺を，ごっこ遊びの拠点として活用している。このときのテラスには，彼ら以外の姿はなく，S太らは，テラス全体を自由に使って活動を展開できた。また，この遊びでは，職員室前のスペースから屋根のあるテラスに移動する際に，テラスが洞窟に見立てられ，そこから灯りを点すという遊びの発想が発生している。このエピソードからは，子どもが【テラス活動】を行う際には，活動に見合った広さを有した空間として用いるだけでなく，テラスの明暗や形状などが内容に反映され得るということがわかる。

■エピソード 2-15 ─────────────────
対象児：S太・T太・G太・N太（5歳児）　　　記録日：2011/2/1
S太を先頭に4人のグループが保育室からテラスにやってきた。そして，下駄箱の前でS太は「俺サンダー（ポケモンのキャラクター）ね！　サンダーってね……」と，ごっこ遊びの役割分担を始める。そのうち，4人はしゃべりながら内履きのまま職員室の前のタイル床に移動していく。そしてS太は，そこにあったチャイムを「らっしゃいらっしゃい！　おもちゃはいりませんかー！」といいながら，カランカランと鳴らし始める。他の4人はそれをみて大笑いしていたが，しばらくするとN太が「ポケ（モン）しようぜ！」と切り出したため，再び，遊びがポケモンごっこの流れになる。そして，4人はテラスに駆け入っていこうとしたのだが，そこで，T太が「ここ洞窟だぞ！」と言い出した。それを受けてS太は足を止め，手を前に組むポーズをとり「光を照らせ」と唱えた。S太の呪文を聞いた5人は再び走り出し，テラスの端から端まで走り回る……

　こうした【テラス活動】に加えて，テラスは，保育室や園庭が，なんらかの理由によって使用できない場合の【代替的活動】場所として，保育室などでの実施が適わなかった活動が展開される例が見られた。園庭など屋外の場所は，天候によっては，その使用が大きく制限される。同様に，遊戯室も，季節行事の練習や準備，集会などにより使用に制限が加わる日がたびたびある。こうし

た活動場所の制限は，保育室においても見られ，中心に机を設置して大々的に制作活動が行われる際や，コマ回しや相撲などの活動が行われる際には，他の活動の展開が制限されることになる。こうした空間的な制限にさらされた場合に，テラスはもう1つの活動場所の選択肢となる。たとえば，以下のエピソード2-16で，N子たちは，雨と行事によって遊戯室と園庭の使用が制限されたため，混雑した保育室を飛び出し，テラスで縄跳びを行っている。この時期の4歳児の間では，縄跳びが活発に行われていたが，その活動は，ほとんどが園庭や遊戯室，空間に余裕がある場合の保育室で行われていた。そのため，エピソードにあるようなテラスの使用は，緊急的なものであったと推測できる。このような【代替的活動】は，縄跳びやけん玉など動きを伴うような活動においてとくに見られたことから，ある程度の広さがあり，家具などの設置数が少ないテラスが，動的な活動が展開できる場所として重宝されていることがうかがえる。

■エピソード2-16

対象児：N子他5名（4歳児）　　　　　　　　　　記録日：2011/2/28

外は土砂降りで遊戯室では5歳児クラスが集会中というなか，N子を先頭に縄跳びを持った子どもたちが続々と保育室からテラスにやってきた。4歳児クラスでは，最近縄跳びブームで，子どもたちは毎日保育室やホール，園庭で練習をしていた。テラスに出てきた6人は，互いの間に少し距離を取り，早速縄跳びを始めた。淡々と前跳びを続けるN子，相談しながら2人跳びに挑戦するF子とT子，おしゃべりの合間に跳ぶH男，H子，Y男と6人は思い思いの方法で縄跳びをする。しばらくすると，今度は全員で，誰が一番長く跳び続けられるか競争を始めた。このテラスでの縄跳びは，この後もメンバーが入れ替わりながら1時間以上続いた。

これまでの【テラス活動】と【代替的活動】では，子どもによってなんらかの活動を継続的に行うことが意図された上で，テラスが選択されている。しかし，エピソードの中には，屋内外やトイレへの移動の際に，偶発的に活動が発生したり，移動に遊びの要素を付加したりしたような短時間の活動も観察され

た。こうした活動を，移動などの主目標に伴って生じるテラス独自の活動という意味で【ついでの活動】と名付けた。

■エピソード2-17

対象児：D太・S太・H太（5歳児）　　　　　　　　記録日：2011/2/16

集まりの前にトイレを促された5歳児が，次々とテラスを通ってトイレへと向かっていく。その中に混じって，D太とS太は「はいはい」をしながら保育室から出てきた。2人はゲラゲラと笑いながら，トイレまで「はいはい」で向かっていく。トイレを終えると，今度はトイレから保育室に向かって「はいはい」を始めた。S太は時々「バブー！」と赤ちゃんのまねをする。S太は，側にいたH太にも「H太も！　3人でバブちゃん！　バブバブバブバブ！」と促しつつ，「はいはい」で元気よくテラスをはい回る。それを見たH太は，笑みを浮かべつつ，「はいはい」する2人を横目に併走し，3人一緒に保育室に入っていった。

以上のエピソード2-17に見られるD太たちの保育室とトイレ間の「はいはい」は，そうした【ついでの活動】のなかでも，移動に付加的要素を加えた遊びの一例といえる。S太たちの移動のついでに行われる「バブちゃんごっこ」は，別の日のエピソードにおいても観察されたことから，彼らは日常的に保育室からトイレへの移動という生活行為に，特別な意味を付与し，1つの遊びとして継続しているものと思われる。

6. やすらぎの場所

　活発な活動が展開される一方で，テラスは落ち着いて過ごすことができる〈やすらぎの場所〉としても活用されていた。そうした際には，保育室や園庭の喧噪から離れて安らかに過ごしている子どもや，テラスが自分たちだけのものであるかのように，個人や仲間内だけで静かに過ごしている子どもが見られるなど，躍動する姿や集団で過ごす姿が多く観察される幼稚園のなかにあって，特徴的な光景が展開されていた。テラスでのそうした子どもたちの姿は，主に，活動の合間や終わり際に見られた。

　〈やすらぎの場所〉としてのテラスの具体的な用途としては，第1に【くつろ

ぎ】があげられる。【くつろぎ】とは，テラスで座り込んだり，寝転がったりするといった静的で，落ち着いた活動を示しており，激しい屋外活動の合間や終了時，屋内活動への移行の際などに見られた（エピソード2-18, 2-17）。ただし，【くつろぎ】に至る背景や，その意図については，エピソード間でいくつかの差異が見られた。

　たとえば，以下のエピソード2-18は，屋外活動の合間に見られた【くつろぎ】の様子である。このなかでH男とI男は，一時間ばかり屋外を駆け回った後，水分補給と休憩のためにテラスを訪れている。テラスで過ごす際の2人は，それまでとは対照的に，終始落ち着いた様子であり，言葉数も少なく，リラックスしていることがうかがえる。しかし，しばらくすると，打って変わったように，また屋外での激しい活動のリズムを取り戻している。H男たちにとって，テラスでの【くつろぎ】は，活動のリズムに緩急を付けることにより，屋外での激しい活動を無理なく継続するための意味があったと考えられる。また，このエピソードに登場するように，A園のテラスには，水筒を置くための可動式ラックが設置されている。そのため，自由活動時間には，活動の合間に水分補給をしようと，多くの子どもがテラスへとやってくる。こうした【保育者による環境構成】も，子どもがテラスを【くつろぎ】の場所として用いる要因の1つであるといえるだろう。

■エピソード2-18

対象児：H男・I男（5歳児）　　　　　　　　　　**記録日：2011/5/9**

自由遊びが始まって一時間ほどたった頃，H男とI男が園庭からテラスにやってきた。2人は水筒置き場の前に座ると，向かい合ってお茶を飲み始めた。お茶を飲む際の2人は，声のトーンも小さくなり，かなり落ち着いているようだ。5分ほどかけて，ゆっくりと一杯のお茶を飲み干した2人は，丁寧に水筒を戻す。その直後，2人はまた屋外遊びモードに戻ったかのように勢いを取り戻し，テラスを走り抜けて，園庭に戻って行った。

　次のエピソード2-19では，屋外活動の終了時，あるいは屋内活動への移行時といえるタイミングで生じた，テラスでの【くつろぎ】の様子である。この

エピソードにおいて、他の子どもより少し遅れて外遊びを終えたI男は、園庭からテラスにたどり着くなり、仰向けで寝転がっている（写真2-11）。この時のテラスは、I男の他は誰もいなかった上、日が差し込んでいて暖かそうであった。同時期、他の4歳児たちは、既に保育室での設定活動に向けた準備をはじめており、指示を出す担任保育者の周囲に集まっていた。しかし、屋外での遊びを終えたばかりのI男にとって、そういった活動にすぐに合流することは、些か窮屈な移行であり、負担となると思われる。そうしたなかで、I男は、落ち着いた雰囲気のテラスを、保育室に移行する前に一息つくための場所として用いることで、自らの心身の状態を整え、次の活動への切り替えを行っていたと考えられる。こうした遊びの移行時の【くつろぎ】の姿は、先の【保育者による環境構成】の影響も相まってしばしば観察され、テラスが、屋外から屋内への移行の中継地点として、日常的に用いられていたということができる。

■ **エピソード2-19**

対象児：I男（4歳児）　　　　　　　　　　　　記録日：2011/3/3

遊び時間も終わり、ほとんどの子どもが保育室に入ってしまった頃、ようやく片付けを終えたI男がテラスへとやってきた。テラスにたどり着くなりI男は、身体を横に投げ出し、靴も脱がずに、床へと倒れ込んだ。この日、テラスには日が差し込んでおり、床はとても暖かそうである。I男はかぶっていた帽子をアイマスクのように顔に掛けると、仰向けで大の字になった。I男はぴくりとも動かず、眠ってしまったかのようである。しばらくすると、今度はうつぶせになり、

写真2-11　仰向けに寝転がるI男

寝転がりながら時折，園庭を通る年長児や保育室の様子を眺めている。そのうち，副担任保育者が，「（入室が）おそい！　おそいです！」といいながらやってくると，I男はそそくさと立ち上がり，靴を履き替えて保育室へと入っていった。

　以上のような【くつろぎ】に加えて，〈やすらぎの場所〉としてテラスは，仲間同士で集い，おしゃべりをする【語らい】の場所としても用いられる。このような【語らい】の多くは，テラスでお茶を飲んだり，座り込んだりといった【くつろぎ】と合わせて発生していた。また，【語らい】の内容は，トーンを落とした落ち着いた雰囲気のものから，大声や言葉遊びを伴うものまで，バラエティーに富んでいた。例として，エピソード2-20では，L男とU男がテラスでくつろいでいたところに，W男が合流することによって，静かな休憩の時間が，ある種の「ふざけ合い」による【語らい】の時間へと変化している。勢いづいたL男たちは，W男が去った後も，2人で言葉遊びのような，さらに活動的な【語らい】を続けている。しかし，大声を出しつつも，この活動は腰を下ろし，お互いの顔を見つめあった状態で行われ，それまでの屋外活動と比較して，落ち着いた雰囲気のなかで進行されている。こうしたテラスでの【語らい】は，鶴岡（2010）においても観察されており，その理由として，テラスが腰を下ろして落ちつける場であることがあげられている。一方で，A園の場合では，そうした腰を下ろせる場所であることに加えて，休憩場所を兼ねていること，屋外から屋内へという空間や活動の流れの中に位置すること，保育室や園庭に人が集中しやすいために，仲間内だけで独占できる時間が存在することなども，テラスでの【語らい】を促進する要因となっていると考えられる。

■エピソード2-20
対象児：L男・U男・W男（4歳児）　　　　　　　記録日：2010/9/16
屋外遊びを終えたL男とU男がテラスに戻ってくる。上履きを片付け終えた2人は水筒置き場でお茶を飲んでくつろぐ。特にU男は，茶道のたたずまいのように正座して両手でコップを持ち，ゆっくりとお茶を飲む。そこにW男がやってきた。3人になった集団は，座った状態でなにやら談笑を始めた。W男がおどけた表情で「ぶた？　ばかやろうのぶた？」といってみせると，他の2人は大

笑い。それに満足したのか，W男はここで保育室に入っていった。しかし，今度はU男とL男が「い〜〜，あーー！」と大声を出し始める。盛り上がった2人は「うしうしうしうしぶたぶたぶたばっかり〜」「だーっ！」など，リズムよく大声をだし，お互いに顔を見つめ合って大笑いする。しばらく2人は，テラスに腰を下ろしつつ，さまざまなフレーズの言葉をリズミカルに言い合って過ごしていた。

7. 猶予の場所

　A園のテラスには，活動場所ややすらぎを求めて集う子どもの他に，屋内外での活動や人間関係に不調和をきたした子どもや，没頭できる活動が見つからない子どもによっても利用されていた。そうした子どもたちは，テラスを仮の居場所とするなかで，気の進まない活動を回避しつつ，自分が納得して参加できる活動が見つかるまでの時間を過ごしたり，自分と周囲の関心や活動のリズムを調整したりすることを試みていた。このときのテラスは，子どもにとって，周囲の活動や一緒に活動する仲間について，考えたり，悩んだり，やり過ごしたりする間の時間を過ごすことのできる〈猶予の場所〉として機能していた。

　〈猶予の場所〉としてテラスが利用されるケースとして，まず，なんらかの理由により，周囲の【活動への隔意】を感じた子どもの，一時的な居場所となるといった場面があげられる。たとえば，以下のエピソード2-21のS子には，リレーという活動が提案されると同時に，落ち着きなくテラス周辺を歩き回るなど，活動に参加することに対する抵抗感が見られた。S子は，普段から特定の友だちと少人数で過ごしていることが多く，リレーのように多人数で行う活動に，積極的に参加する姿はあまり見られない。また，リレーの提案が，その特定の友だちと一時的に別行動をとっていた時であったことも合わせると，S子には，活動の内容や活動をともにする仲間との関係について，不安を感じる要素があったと考えられる。加えて，保育者から提案され，多くの子どもが参加したこのリレー活動は，事実上の設定保育と考えることでき，S子は，不安を感じる活動に参加しなければならないという圧力を感じていたと思われる。以上に鑑みると，S子の行動は，そうした自分を取り巻く不都合な状況に対して，テラスを拠点としながら抵抗を試みていたものと推察できる。このときのテラ

スは，活動を眼前にしながらも，参加せず距離をおくことができる場所であり，思い悩むことができる〈猶予の場所〉として機能しているということができるだろう。

■エピソード 2-21

対象児：S子（4歳児）　　　　　　　　　　　　　　　記録日：2011/2/21

遊び時間も中盤に差し掛かった頃，保育者は4歳児たちに園庭でリレーをしようと呼びかけた。それを受け，ほとんどの4歳児たちは，チームを分けるための赤白帽をかぶり，園庭へと向かっていた。そんななか，S子は，他の子どもたちのように園庭には向かわず，どうも落ち着かない様子でテラスの周りをうろうろしている。そのうち，S子は完全にテラスに座り込んでしまってしまった。ぼーっとした表情で座り込むS子だったが，テラスの机に置かれていた転園していった子どもへの手紙を眺めているN子たちの存在に気付くと，それに後ろから加わる。そこへ，保育者がやってき。保育者は，まず「手紙書いた？」と3人に声を掛け，続いて「何する？」と訪ねると，先に手紙を見ていた2人は「リレーする！」と答えた。それを受けた保育者は「よし！ いっといで！」と力強く2人を園庭に送り出した。1人テラスに残ったS子だったが，保育者に「何する？」と聞かれると，小さな声で「リレーする……」と答え，園庭へと向かっていった。

こうした【活動への隔意】を感じた際のテラスでの滞留は，さまざまな経緯や目的において見ることができた。たとえば，エピソード2-22のY子の場合は，いつも一緒に遊んでいるS子の欠席によって，孤立状態に陥ってしまったことからテラスにやってきている。このときの園庭や保育室では，既にさまざまな活動が繰り広げられていた。そのため，榎沢（2004）が，活動性に満ちた空間に，活動性に乏しい子どもが留まることは困難であると述べたように，目的や仲間が見つけられないY子にとっては，居心地が良くない空間と化していたと考えられる。結果的に，滞留して活動する子どもが少なかったテラスが，一人で過ごすことの不自然さや，手持ちぶさた感を軽減できる，Y子にとっての居場所であり，避難場所となっていたといえる。

第 3 節　A 園におけるテラスの機能　　61

■エピソード 2-22

対象児：Y子（4 歳児）　　　　　　　　　　　　　　　　　**記録日：2011/3/14**

ほとんどの 4 歳児たちが自由遊びに入った頃，Y 子が保育室からひょっこりとテラスにやってきた。Y 子は，手を後ろで組み，浮かない表情で保育室の前に立っている。この日は，仲良しの S 子が風邪で休んでしまっており，Y 子はひとりぼっちだった。このあと，一旦は保育室に入った Y 子だったが，何をするでもなく保育室をうろうろした後，再びテラスに戻ってくる。Y 子は，テラスの柱に寄りかかり，目の前を通る子どもたちを眺めている。しかし，一緒に遊ぼうと声をかけるような様子はなく，ただテラスに立ちつくしているといった感じである。そんな様子が 10 分以上も続いた Y 子だが，ついに外へ出てタイヤブランコで遊んでいる F 子たちに「交ぜて！」と声を掛けた。しかし，そこで保育者により屋外遊びの終了が言い渡されたため，Y 子は結局何もできずに，保育室へと戻ることになった。

写真 2-12　テラスで屋外の様子を眺める Y 子

一方で，このエピソードの Y 子においては，周囲の活動の様子を眺めるなど，どこかの活動や集団に参加したいという意志も読み取ることができる（写真 2-12）。Y 子は，テラスを避難場所としながらも，自分の関心や心情と合致した【目的の探索】を同時に行っていたのである。屋内外に連続性を有するテラスでは，居ながらにして屋内および屋外の様子をうかがうことができる。また，声や行動によって，双方の場所にはたらきかけることも可能である。このようなテラスの立地は，周囲の情報を収集するにあたって適していたといえるだろう。Y 子は，そうした周囲に開かれた避難場所のなかで，自己の関心と集

団の関心とをすり合わせ，勝手の異なる集団に参入する不安と孤立による不安との間で葛藤しながら，目的となり得るものを探し続けていたのである。この例に見られたように，テラスを【目的の探索】に利用する子どもは，隣接する双方の場所に目を配り，時には直接足を踏み入れながら，自分の関心と合致する活動を広範囲にわたって探し回っていた（エピソード2-23）。

■エピソード2-23

対象児：U男（4歳児）　　　　　　　　　　　記録日：2011/2/16

登園準備を一通り終えたはずのU男がテラスをうろうろしている。登園してくる他児や外で遊ぶ未就園児の様子を眺めながら，無表情に手をぶらぶらさせながらゆっくりと歩き回る。園庭からやってきたL男が「お〜い，U男〜」と声をかけると，一瞬笑みを浮かべたが，L男がコートを掛けるために離れてしまうと，また表情は曇り，ぶらぶらモードに。その後，そのまま何気なく保育室に入ったU男であったが，一分ほどするとまたテラスにやってきて，うろうろと歩き回る。口をぽかんと開けながら，ビオトープの方で遊ぶ3歳児の様子を眺めている。しかし，やはり保育室も気になるのか，保育室の方を向くこともあり，U男はこれを繰り返してくるくる回転するようにテラスを徘徊する。外へ走っていく5歳児がいると今度はそっちに向かってふらふら。だが，もう一度保育室をのぞいた後は，表情は変わらないまでもジャンパーを脱ぎはじめ，保育室に入り，まっすぐに遊戯室の大型積木で遊ぶ集団のもとへ向かっていった。

【活動への隔意】や【目的の探索】は，集団や活動に所属していない，または，できない子どもにおいて見られた。その一方で，既に目的的な活動をしている子どもや，集団から孤立しているわけではない子どもにおいても，活動や周囲に対する猶予の時間を過ごしていると見られる例があった。子どもが集団に身を置いて活動している場合であっても，その準備や一つ一つの活動をこなすペースの個人差などがきっかけとなり，一緒に活動を行う友だちや集団との間に，活動リズムのズレが生じてしまうケースが往々にして見られる。そうした周囲との間に生じたわずかな活動リズムのズレに対して，テラスで時間を潰したり，一時的に他の活動を行ったりといった【調整的活動】を展開することによって，

修正・調節を試みる姿がいくつか見られた。

　エピソード 2-24 は，L男，U男，T男の3人グループが，登園後，早々に屋外で遊ぶことを決め，それぞれ準備を始めている場面である。この3人グループは，一緒にいることの多い馴染みのグループでありながら，活発で活動の主導権を握るL男に対し，U男とT男はどちらかといえば消極的で，種々の行為が緩慢といったように特徴が分かれている。このときも，先に園庭に向かうための身支度を済ませたL男が，未だに入室準備も完了していないU男とT男を待つといった構図が生じている。こうした状態は，1人先行してしまったL男にとって，仲間との活動リズムの微妙な不一致を感じさせるものであり，動きたくても動けないというもどかしさともなり得ると考えられる。しかし，エピソードでのL男は，ただ黙って持つだけでなく，テラスを広く使った一人遊びを同時に行うことで，この間の時間を活用している。L男からは，次第に【調整的活動】に熱中していく様子も見られ，友だちの活動リズムとのズレによって生じた時間を有意義に過ごしつつ，ズレの調整を図っていたと推察できる。

■エピソード 2-24

対象児：L男（4歳児）　　　　　　　　　　　　　　　　記録日：2011/2/22

荷物を整理しているU男の周りで，L男が頭の上で両手を合わせた格好で「ちょんまげ～！」と大声を出して笑っている。早く一緒に園庭に遊びに行きたいL男は，時折「早く準備して」とU男を急かす。しばらくの間，L男は，U男の横に座り，U男が準備を終えるのを待っていた。しかし，ただ待っているのもつまらないと思ったのか，L男は立ち上がり，その場でジャンプしてみたり，片足ケンケンができる数を数えたりと一人遊びを始めた。L男はだんだんとケンケンに熱中し始め，はしゃぎながら息が上がるまでケンケンを続ける。それが一段落すると，今度は両手を広げぐるぐると回り始めた。そうしているうちに，U男が準備を終えL男のもとへやってきた。この後2人は，T男が来るまでおもちゃの話などをして過ごし，3人がそろうと，一目散に園庭に駆けていった。

　また，以下のエピソード 2-25 では，園庭から保育室への活動場所の移行過程で生じた集団との活動リズムのズレを，その境に位置するテラスで調整する姿

が見られる。この場合は，同じ【調整的活動】であっても，L男のように，待ち時間の活動に夢中になるH子と，そうした様子はなく，あくまで暇つぶしとして活動しているY子といったように，活動に向かう態度に違いが見られた。しかし，集団の活動リズムの側に，自己を適合させようとするのではなく，その間をつなぐ活動を展開することで，集団と合流するタイミングを待っているという点は共通している。A園のテラスは，屋内外に開かれた通路として，合流や待ち合わせの場所に用いられるというだけに留まらず，周囲との活動リズムのズレを無理なく調整できる場所として活用されている。

■エピソード 2-25

対象児：Y子・H子（4歳児）　　　　　　　　　　　記録日：2011/3/3

自由遊びの時間も終盤。保育者に部屋に入るよう促された子どもたちは，いままで使っていた遊具をてきぱきと片付けていた。そんな中，一足先に片付けを終えたY子は，テラスにやってくると，テラスの支柱を掴んでそれを軸にくるくるとまわりはじめた。ただし，楽しそうという表情ではなく，あくびをしつつ，みんなの様子をただ眺めているといった様子である。そこへ，園庭で暇を持て余していたH子がやってきた。H子は，Y子を見るやいなや，同じ支柱を掴み，自分もぐるぐると回り始めた。H子は笑みを浮かべながら，わざと立ち止まってY子のじゃまをしてみせる。一方，Y子は表情を変えず，H子が行ってしまった後も，外を眺めながら支柱の周りを回り続ける。しばらくして，保育者が「中に入るよ！」と他の子どもを促す声を聞くと，Y子は回転をやめ，靴を

写真 2-13　支柱の周りを回り始めるY子

履き替え，保育室へと入っていった。

第4節　A園におけるテラスの特質

　前節において，A幼稚園のテラスは，大きく6つの機能を有する場所であることが明らかとなった。これらの機能がテラスで成立する背景には，各種の用い方に適する，もしくは用い方を誘発する特質がその場所に存在していると考える必要がある。たとえば，〈やすらぎの場所〉や〈猶予の場所〉としての機能は，A園のテラスの配置や周囲に対する距離感といった要素と密接に関係すると考えられる。また，テラスで活動などが生起した場合，その先の展開は，やはりテラスという場所の特質に左右される。つまり，テラスの特質がその場所の利用を促し，さらに，テラスを利用した生活・活動は，テラスの特質の影響を受けながら展開され，方々に関係付くといった，場所の特質を中核とする機能間および周囲の環境との関係性の構造を想定することができる。

　そうしたA園のテラスの特質として位置づけられるものが，《園生活のジャンクション》，《あいまいな場所》という2つのコア・カテゴリーである（図2-2）。これらの特質（コア・カテゴリー）は，全機能（カテゴリー）およびそれに包括される用途（概念）の発生や展開に影響するとともに，複数の機能や周辺環境との間で，種々の関係性が形成される要因となる。本節では，これら2つの特質について，エピソードを交えながら検討し，A園のテラスが有する特質と，それが媒介する各種の関係性について明らかにする。

1．園生活のジャンクション

　A園のテラスの特質として，第一に《園生活のジャンクション》があげられる。テラスでは，屋内外の双方と強固な連続性を有するとともに，玄関や通路として日常的に人々が行き来し，周囲の環境を巻き込んだ多彩な物や情報のやりとりが交わされる。そして，そのような場所は，子どもを他者や活動などと引き合わせ，新たな活動や関係性を生み出すきっかけをもたらしていた。こうしたテラスの特質は，一部の子どもにも認識されており，子どもがテラスを滞留場所に選択する理由ともなっていた。まさに，A園のテラスは，子どもと

【活動とのつながり】、子どもと【他者とのつながり】、活動と活動のつながりによる【活動の融合】を生じさせ、それぞれの子どもの園生活を接合するジャンクションであるということができる。以下では、この《園生活のジャンクション》という場所の特質について、【活動とのつながり】、【他者とのつながり】、【活動の融合】という3つの観点から検討していく。

1）子どもと活動のジャンクション

周囲に開かれ、人や物が行き交うA園のテラスは、子どもとテラスの周辺で繰り広げられる活動とを引き合わせ、その活動への参加や関与といった【活動とのつながり】を生み出す。このような特質との関連は、明らかとなった6つの機能の全てにおいて見られ、これまでに考察してきたエピソードのなかでも、この特質の影響が散見された。たとえば、〈屋内と連続した場所〉としての機能の【屋内活動との接触】において紹介したエピソード2-8や、〈屋外と連続した場所〉としての【屋外活動とのつながり】の例としてあげたエピソード2-10である。これらのエピソードでは、当初は異なる目的でテラスにやってきた子どもが、保育室や園庭で行われる活動を目にしたり、耳にしたりすることで、その活動に関与して行く方向へと転換している。また、エピソード2-9は、テラスで【園生活の準備】をしていたT男が、B男が転がしたボールと偶然に接触したことから、活動とのつながりが生まれた例であるといえるだろう。このエピソードの場合は、それまで明確な目的を持っていなかった子どもが、他児がテラスの周りで展開する活動と接触したことをきっかけに、園生活に入り込んでいった点で特徴的である。

エピソード2-9のような、それまで目的が明確でなかった子どもと活動との接合は、〈猶予の場所〉としてのテラスに留まる子どもにも見られた。なかでも、エピソード2-22やエピソード2-23のように、周囲に忙しく目を配り、時には直接保育室に足を踏み入れることで【目的の探索】を行っている子どもは、テラスのジャンクションとしての特質を理解し、いち早く目的を見つけるために活用していると考えることができる。

また、【目的の探索】をしている子どもだけでなく、【活動への隔意】を感じてテラスに待避しているような子どもに対しても【活動とのつながり】はもたら

されていた。以下のエピソード2-26は，屋外遊びに対して消極的な態度を示していたＹ子が，雪合戦に合流していくまでのエピソードである。Ｙ子は，寒い冬が苦手なようで，冬休み明けあたりから，他児に比べて屋外に繰り出すタイミングが遅くなっていた。テラスに出てきてからも，「寒い」といいながらテラスで両手を合わせていたり，帽子を深々とかぶって立ちつくしていたりといった姿がよく見られ，積極的に活動に参入しようとはしなかった。そのようなＹ子に反して，仲良しのＳ子を含む他児は，積もった雪や氷で遊ぼうと屋外に繰り出すようになり，保育者もそうした「冬の遊び」を推奨していたため，Ｙ子は集団の活動から孤立することが多くなっていた。しかし，エピソード2-26では，そうしたＹ子に，園庭で楽しそうに雪合戦をする集団との接触という転機が訪れている。雪合戦をする集団と接触したことを契機に，それまで無表情だったＹ子の表情は一変し，屋外活動への身支度をスムーズにこなし，園庭へと歩を進めている。このＹ子の様子からは，屋外遊びに対するネガティブなイメージを払拭し，積極的にそれに働きかけていく興味と意欲が喚起されたと考えることができる。

■エピソード2-26

対象児：Ｙ子（4歳児）　　　　　　　　　　　　　　　**記録日：2011/1/31**

みんなが外へ雪遊びに出かけてしまったころ，少し遅れてＹ子が保育室からテラスへやってきた。寒くて気分がのらないといった感じのＹ子は，園庭で遊ぶみんなの様子を横目に，ゆっくりとジャンパーを手に取り，外遊びの準備を始める。視線が外へと向いているせいか，なかなかジャンパーのチャックがあげられない。ようやくジャンパーを来て，手袋も着け，遊びの準備が完了したＹ子だが，今度は外を見つめて手をもそもそと擦り合わせながら立ちつくす。5分ほどして，やっと靴をはく決心がついたようで，床へと座ったが，足を投げ出して横座りの体勢でぼーっとしている。そのままＹ子は，靴を履くのを途中でやめ，園庭側からテラスの真ん中まで後退すると，その場に座り込んで動かなくなってしまった。しかし，そこへ担任保育者と雪合戦をする子どもたちのグループが通りかかり，Ｙ子の前で大声を上げながら雪玉をぶつけ合った。それを見たＹ子は，にっこりと笑い，今度はしっかりと靴を履くと，ゆっくりと

その集団を追って外へと歩き出した。

　加えて，活動への合流に至らずとも，目の前で繰り広げられる活動に心を動かし，結びつきを持っている状態にあると考えられるエピソードも見られた。以下のエピソード2-27のK男は，登園準備中に，テラスの舗装床部分で行われる5歳児たちの飼育当番活動と接触し，その活動に対する観察を開始している（写真2-14）。この当番活動は，5歳児が担当しており，4歳児にとっては新鮮な光景であったと思われる。実際に，K男は前のめりになり，食い入るように5歳児たちの様子を見つめていたことからも，関心の高さがうかがえる。こうした活動を観察するという活動への没頭に関しても，テラスが，子どもをさまざまなかたちで活動へと引き合わせていることを示す例と考えることができるだろう。

■エピソード 2-27

対象児：K男（4歳児）　　　　　　　　　　　　　　　　　**記録日：2011/2/17**

連絡帳にシールを貼り終えたK男は，ジャンパーを掛けに保育室からテラスへと出てきた。そこでは，5歳児クラスの飼育当番たちが，ウサギの餌の野菜を包丁で切るという仕事していた。それをみたK男は，作業をしているすぐ側に駆け寄っていき，直立不動の体勢で真剣な表情で5歳児たちの手元をとのぞき込む。しかし，しばらくして登園してきたC子に挨拶をされると，今度は，C子とのおしゃべりに関心が移る。その後急いでジャンパーを掛けて保育室へと入

写真2-14　包丁を操る5歳児を見つめるK男

っていった。

　このような子どもと活動の接触および合流は、〈やすらぎの場所〉としてのテラスでくつろぐ子どもや、ただ通行していただけの子どもにも見ることができた。小川（1994）は、子どもが他児の活動を見ることを、主体的行動形成の出発点として重要視し、子どもの気持ちが「やってみよう」へと向かっていく最初の段階と位置づけている。また、佐藤・西出・髙橋（2004）は、遊び相手の姿を確認することが、子どもが遊びに興味を示し、その遊びに移行していくための条件であるとしている。周囲から豊富に活動の情報が流入してくるテラスは、意図的・無意図的の別にかかわらず、子どもが周囲の活動へと結びつく場所ということができる。

　ここまでは、テラスから屋内外へといった方向での、子どもと活動とのつながりについて検討してきた。他方、テラスから、保育室や園庭の様子が広く見渡せることと同様に、屋内外からも、テラスで繰り広げられる活動の様子を見聞きし、それに対して働きかけることが当然ながら可能である。そのため、保育室や園庭で過ごしていた子どもが、テラスでの【テラス活動】や【語らい】などに興味を示し、参入してくるといった方向での活動の接合の例も、いくつか見られた。加えて、テラスで過ごす子どもが、他児が同じテラスで展開する活動に参入するといった、テラスからテラスへといった活動の結びつきの例も散見された。

　そのことが明確に表れた例として、前節において【テラス活動】の際に示したエピソード2-14のその後の展開があげられる。当初、Y男とO男の2人で進められていたテラスでのカブトムシ観察と土いじりであるが、その後次々と人数が増えていき、最終的には6人に拡大している。注目すべきは、後から加わったメンバーの出所の多様さである。まず、最初に加わったM男は、登園準備を終えたものの目的が見つからず、テラスをうろうろしている間にY男たちと接近し、その後、保育者に仲介されるように活動へ合流している。つまり、M男の場合は、テラスからテラスへのつながりである。次に参入してきたのは、園庭で活動していたR男である。これは、園庭からテラスへといったつながりであるが、屋外とテラスを往復するためには、靴を履き替えなければな

らないため，屋内とテラスのように頻繁な行き来は見られない。ここでR男が，靴を脱いでまでこのテラスでの活動に参加していることを見ると，3人の活動に強い関心を抱いたことが予想される。さらに，N子が，そして，少し遅れてS太が活動に参入してくる。この2人は，4歳児保育室と5歳児保育室からの参入であり，テラスをのぞき込んだことによってこの活動を知り，そのまま活動に引き込まれている。このエピソードのように，A園のテラスは，テラス内はもちろん，周囲で過ごす子どもに対しても，テラス内で展開されている活動の情報を広くもたらすことで，子どもを【テラス活動】や【代替的活動】などの，テラスを拠点とした活動へ引き込むという特質を有しているといえるだろう。

■エピソード 2-14：後編 ─────────
対象児：Y男・O男・K男・R男・N子（4歳児）・S太（5歳児）

記録日：2010/7/8

　Y男とO男が，副担任と一緒に虫かごを持ってテラスにやってきた。［……］そのうち，登園後に保育室に入らずテラスをうろうろしていたM男が，2人の遊びを遠巻きに眺めはじめた。それに気付いた保育者は，M男に遊びに加わるよう促した。はじめは不安そうに遊びに参加したM男だったが，Y男たちに次第にとけ込んでいった。しばらくすると，今度は園庭で遊んでいたR男が3人の活動に興味を示す。R男は靴を脱ぐと，何も言わず自然と3人に加わった。ほぼ同時に，保育室からテラスに出てきたK子も，3人を発見するや自然と仲間に加わる。そして，5歳児クラスから出てきたS太もこの遊びに気付くと，少し遠巻きに見物し始める。はじめは見ていただけのS太だったが，Y男がカブトムシをひっくり返して押さえつけるのを見ると，「いけんよ，そんなことしたら。死ぬよ」と注意をする形で遊びに介入していった。続けざまにS太は，「どっちが早く餌のところまで上れるか競争したら？」と，遊びの提案を4歳児たちに行う。このS太の提案は結局聞き入れられなかったが，この6人での遊びはしばらく続けられた。

　これらに加えて，テラスが，園庭と保育室をつなぐ架け橋となることで，屋

内（屋外）で過ごす子どもを屋外（屋内）への活動に接合していく例も見られた。以下のエピソード2-28では，W男が，園庭から保育室にいる保育者に，活動の成果を伝えることを試みたことがきっかけとなり，テラスを介した情報のやりとりが生じ，保育室にいた子どもたちが園庭での活動へと移行していくといった子どもと活動のつながりが発生している。このときのテラスは，誇らしげに雪玉を見せるW男を囲んで，保育者や他の4歳児たちが大勢集まるといった，屋外遊びの内容を実演的に伝えるステージと化しており，屋内にいる子どもたちは直にW男の手にした雪玉に触れ，活動の情報を取得している。このようなつながり方は，他と比べて頻繁には見られなかったものの，子どもと活動とを多方向に結びつけるジャンクションとしてのA園のテラスの特質を示す一例であるといえよう。

■エピソード2-28

対象児：W男 他（4歳児）　　　　　　　　　　　記録日：2011/1/17

外で遊んでいたW男が大きな雪玉を抱えて，笑顔でテラスに向かってきた。「先生〜！」と室内にいる保育者を大声で呼び出すと，「作ったの！」と雪玉を誇らしげに見せつける。それを見た先生は「すご〜い！　自分で作ったの？」と大きく驚いてみせた。そして，保育者は保育室にいる子どもたちに「ねぇねぇみんな。あそこにすごい雪があるよ」と伝えた。この保育者の誘いで，子どもたちが次々と部屋からテラスへと出てきた。出てきた子どもたちに，W男は「みんな見て！　重たいよ！　触ってみんさい！」と興奮気味に呼びかけた。そのなかの一人のY男は「すっげぇね！」と，W男の差し出した雪に興味津々だった。そして，テラスに出てきた子どもたちは，自分たちも雪で遊ぼうと，コートを着込んで，次々に外へと飛び出していった。

2）子どもと他者のジャンクション

子どもと活動との接合が生起することに加えて，テラスは，子どもと【他者とのつながり】をもたらすジャンクションでもあった。他者との接合に関しても，全ての機能に関連しており，子どもによるテラスの用い方を方向付ける上で，大きな影響力を持つと考えられる特質である。テラスにおける子どもと他

者とのつながりの多くは，活動に伴って見られた。前項で取り上げた3エピソード（エピソード2-26，エピソード2-14，エピソード2-27）も，子どもと活動のつながりが，その後，活動を共有していくことによって生じる他者とのつながりに派生した例と考えることができる。いわば活動へのつながりの副産物として，子どもと他者とのつながりがもたらされた事例であり，その前提には，興味のある活動への参加という目的があるといえる。しかし，エピソードのなかには，こうした活動への関心が先行する例とは反対に，他者とのつながりという側面が主なモチベーションとなって，子どものテラス周辺での活動が展開されていると見られる場合もいくつか存在した。

　たとえば，以下のC男の事例があげられる。エピソード2-29でC男は，登園して来るなり，自宅でつくったペープサートを，保育者や近くにいたK男に披露している。こうした様子からは，登園してくる前から，自慢のおもちゃを誰かに見せたいという気持ちをC男が強く抱いていたことがわかる。そして，保育者らの関心を引けたことに気をよくしたC男は，テラスで延々とペープサートの実演をはじめる（写真2-15）。玄関を兼ねるA園のテラスは，登園してくる子どもや保護者が確実に訪れ，保育者もそれを出迎えるために常駐する場所であるため，エピソードの時間帯は常に賑わいを見せており，多くの人におもちゃを披露する上で最適である。また，登園してくる子どもは，C男のペープサートをはじめて目にする子どもたちであり，新鮮な反応が期待できることも，C男が実演の場としてテラスを選択したことや，この活動が長期にわたって継続したことの要因であるといえる。このようにC男は，他者とのつながりを持てるジャンクションとしてのテラスの特質を認識し，《テラス活動》を展開していたことが考えられる。

■エピソード 2-29
対象児：C男（4歳児）　　　　　　　　　　　　　　記録日：2010/11/15

登園してくるなり，C男は，TV番組の「わくわくさん」で紹介された自作のおもちゃ（裏表に絵が描かれ回すことで内容が変化するペープサート）をテラスにいたK男や保育者に見せびらかす。そのおもちゃに興味を示した保育者は，作った経緯などをC男に尋ねた。C男は，保育者とのやりとりを終えると一旦は

第4節　A園におけるテラスの特質　73

写真 2-15　登園してきた他児におもちゃを披露するC男

おもちゃの実演をやめ，保育室に入る準備に移る。しかし，帽子掛けに差し掛かったあたりで，今度はR男が保護者とともに登園してくる。C男はすぐさまR男の前におもちゃを持って移動し，目の前でおもちゃの実演をはじめる。そして，R男にもペープサートを回してみるように進めた。おもちゃを受け取ったR男はすぐにC男のようにくるくると回し絵柄の変化に注目する。そうやって喜ぶR男を見たC男は，満足したような表情でおもちゃを返してもらった。そのあとC男は，保育室に行ったかと思うとまたテラスに戻ってきて，おもちゃを回しながら辺りをうろうろする。そして，時折，登園してきた子どもの前でおもちゃの実演をしてみせる。保育者や保護者の話題ともなり，気をよくしたのかC男は次第に積極的になり，誰かが登園してくるやいなや，内履きで園庭にまで飛び出して笑顔でおもちゃの実演を行う。その後も，C男は気が済むまでテラスでおもちゃを披露し続けた。

　C男のように，テラスに他者とのつながりを求めてやってくる例は，これまで見てきたエピソードのなかにも含まれる。典型的な例としては，〈幼稚園の玄関口〉中の【顔合わせ】として示したエピソード2-4があげられる。このエピソードで，S美がテラスにやってきた動機は，Y美の登園を早く察知したい，Y美に対してかかわりを持ちたい，ということに集約されるといえるだろう。また，エピソード2-26のW男は，屋外活動での成果を保育室にいる保育者に知らせようと，保育室に対しても情報が届くテラスから語りかけている。このように，A園のテラスは，【他者とのつながり】を求める子どもが，屋内から

も屋外からも訪れる場所となっている。これまでのエピソードからも，この他者とのジャンクションとしての特質が，子どもがテラスで活動をすることの目的や発端となっているということがうかがえる。

　こうしたテラスにおける他者とのつながりにおいて，さらに特筆できる点は，つながりの対象が，同じクラスの子どもや保育者に留まらないという点である。玄関となるテラスは，登降園時には，保護者やそれに随伴する未就園の弟妹など，保育中に出会う機会の少ない他者も大勢集まる。また，保護者は，単純に我が子を送り迎えするというだけでなく，保育者との懇談や，他の保護者との談笑，さらには保護者活動のために，登園の時間帯から自由遊び時間の前半あたりまで，テラス周辺に滞在し続ける様子が日常的に見られる。これにより，A園のテラスは，子どもがそうした園外の他者とかかわりを持つことができる場所となっていた。

　そうした他者とのつながりとして，第1にあげられるのは，自分の家族，とりわけ保護者とのつながりである。〈園生活の玄関口〉における【園生活の準備】で見てきたように，登園場面におけるテラスは，保護者との数少ない接点であり，家庭での生活と園での生活を分かつ境界を内包している。そのため，エピソード2-1のように，保護者との分離に抵抗を示したり，エピソード2-2のように，最後の交流を求めたりする子どもの姿が頻繁に見られる。しかし，テラスでの保護者とのつながりは，分離時だけではない。テラスは，順調に登園後の身支度をこなし，既に保育室や園庭で活動を始めた子どもにとっても，保護者とのつながりが持てる場としてさまざまに用いられていた。

　たとえば，次のエピソード2-30では，一旦は母親のもとを離れ，保育室での縄跳び活動に向かっていったS子が，再びテラスに戻ってきて，母親に対して縄跳びを披露している。その際の表情には笑みが見られ，母親に活動を見てもらえることを嬉しく思っている様子がうかがえる。冬季には，4歳児クラスで縄跳び活動が活発になっており，練習に励む子どもの姿が至るところで見られ，回数を競う大会も繰り広げられていた。こうした縄跳びへの熱中は，S子も例外ではなく，さまざまな跳び方にチャレンジしたり，回数を記録したりする姿が見られた。エピソード前日の2月16日にも，登園してくるY子をテラスで待ちかまえ，「後ろ跳びができたんよ！」といってやってみせるという様子が

記録されている。これらを踏まえると，母親がずっとテラスに留まっていたこの日は，これまで打ち込んできた縄跳びを披露するには絶好のタイミングであったといえるだろう。活動自体は，保育室で行っていた縄跳びをテラスに持ち込んだ【屋内活動とのつながり】の一種であるが，遊びの領域や内容の拡大を目的としたエピソード2-6やエピソード2-7とは異なり，このエピソード2-30では，母親とのつながりという点が，その目的の大部分を占めているといえる。A園のテラスは，園生活での話題や活動を保護者と共有することができる，園と家庭とをつなぐジャンクションとしての側面を備えており，そのことが，子どもがテラスを利用する理由の1つになり得ることがわかる。

■エピソード2-30 ─────────────────────
対象児：S子（4歳児）　　　　　　　　　　記録日：2011/2/17
S子の母親は，見送り後も，他児の保護者と話しをするためにテラスに留まっている。そこへ，保育室から縄跳びを持ったS子がやってきた。母親の前に立ったS子は，「見よって！」と一言いい，その場で縄跳びの前跳びを始めた。母親はS子にいわれる通りに，その様子を見守る。このときのS子は，真剣に縄跳びに挑んではいるものの，口元はゆるんで笑顔になっており，母親に披露できるのがうれしくて仕方がないといった表情である。S子の縄跳びをしばらく見守ったと母親は「じゃあ，ばいばい」と帰っていくが，ちょうど登園してきたY子が「S子がんばれ！」と声を掛けると，S子はまた縄跳びを始めた。そのうちY子が，自分の登園準備に集中し出すと，S子も縄跳びをやめ，保育室へと入っていた。

さらに，テラスでは，他児の保護者や弟妹とのつながりも生じる。このことは，エピソード2-10における，テラス付近の花壇の手入れをする保護者とH男らの交流や，エピソード2-28において，C男が登園してくる他児や保護者に対して，手製のおもちゃを見せびらかす例からも明らかである。C男に関しては，他児の保護者に積極的におもちゃを見せに行くようなことはなかったものの，受容的な態度でC男に接する保護者らの存在は，C男のおもちゃに対する自信を一層高めていたと思われる。また，以下のエピソード2-31では，積極的

に未就園児に対して語りかけたり，微笑みかけたりするＨ美の姿が見られ，Ｈ美が園外の他者との交流に対し，高い関心を持っていることがうかがえる。

■ **エピソード 2-31**

対象児：Ｈ美・Ｋ美（5 歳児）　　　　　　　　　　　　　　　**記録日：2011/3/3**

保育室から縄跳びを持ってきたＫ美とＨ美は，テラスで2人並んで前跳びをはじめた。保育室内では，多くの子どもたちがけん玉遊びをしており，遊戯室は4歳児クラスが相撲で使っているため，2人はテラスで縄跳びをすることにしたようだ。その途中，Ｈ美は，隣接する職員室の前に集まっていた保護者らと未就園児に目をとめた。Ｈ美は，内履きのままそこへ向かっていき，未就園児の1人に話しかけた。そこに，Ｋ美もやってきて「上靴で来ちゃだめじゃん！」と，笑いながらもＨ美を注意した。しかし，Ｈ美は「いいもん！」と言い返し，未就園児と話を続ける。Ｋ美は，特にそれに反論しようとしたりはせず，テラスでの縄跳びを再開した。しかし，しばらくすると，1人での縄跳びに飽きてきたのか，「中にはいるよ！」とＨ美に声を掛けた。しかし，Ｈ美は未就園児とのおしゃべりをやめようとせず，Ｋ美はしばらく待ち続ける。Ｈ美がおしゃべりに満足したあと，ふたりは一緒に保育室へと入っていった。

同じクラスの他児や保育者以外の他者とのつながりという点において，もう1つ欠くことのできないものとして，年齢の異なる子どもとのつながりがあげられる。図2-1のように，Ａ園のテラスは，4歳児保育室と5歳児保育室で共有されており，領域を分ける遮蔽物なども一切ない。4歳児は園庭側から出入りし，5歳児は職員室前のタイル床スペース側から出入りするといったように，順路は区別されてはいるものの，テラスで活動する際には，事実上，異年齢で1つの空間を共有することになる。そうしたなかでは，異なる年齢の子どもが，互いの活動に興味を示し交流が生まれたり（エピソード2-14：後半），意志や知識などを伝えるためにかかわりを持ったりする例がしばしば観察された。

次のエピソード2-32では，コマにひもを巻くことに苦戦していたＹ子を見たＳ太が，巻き方を伝えるためにＹ子に接近している（写真2-16）。2人のかかわりは，短時間で終わっているものの，Ｙ子がＳ太の存在をＳ子に教えよ

うとしたり，その後保育者に報告したりしている様子からは，Y子にとって印象的な出来事であったことが予想される。また，子どもが年下の子どもとかかわることは，集団のなかでの存在感や自信につながることが知られており（塩路・佐々木，2005），S太にとっても，遊びの熟練者として年中児に接したことは，有意義なものであったと推測される。

■エピソード 2-32

対象児：Y子（4歳児）・S太（5歳児）　　　　記録日：2011/2/8

Y子がテラスに座り1人コマにひもを巻いていると，同じく1人でテラスにいたS太が寄ってきて，「やり方教えてあげようか？」と声を掛けた。顔を上げたY子に対して，S太は手をクイックイッと動かし，ひもを巻くまねをし，もっと強く巻くように指導する。Y子もその動作に合わせてひもを巻く。しばらくして，Y子は「S子ちゃーん，教えてくれる人がおるー！」と言いながら，一旦その場を離れ，4歳保育室にS子を呼びにいった。しかし，その間にS太は5歳保育室に帰って行ってしまった。S子を呼んできたものの，すでに「教えてくれる人」がいなくなっていたため，Y子は不思議そうな表情を見せていたが，そのうち2人はコマ遊びに没頭していった。だが，その後，保育者がやってくると，Y子は「年長さんが教えてくれた」と遊びながら報告した。

写真 2-16　ひもを巻くY子に話しかけるS太

このような異年齢間の交流は，それを求めてテラスに訪れるというよりも，偶然その場に居合わせたことをきっかけとして展開されていた。広大な敷地を

有するA園では，自由活動中に，一カ所に異なるクラスの子どもが密集するという光景はあまり見られない。そうしたなかでテラスは，4歳児，5歳児間で場が共有され，動線がある程度密集する異年齢の子ども同士の接近が起こりやすい状況にあると考えられ，交流を生み出す特質を持った場所であるといえるだろう。

3）活動と活動のジャンクション

これまで見てきたように，A園のテラスは，子どもと周囲の活動，子どもと周囲の他者とを接合するとともに，屋外活動の情報がテラスを通じて保育室に伝達されたり（エピソード2-28），屋内活動をテラスに持ち込むことで園庭にいる保護者に公開できたりするように（エピソード2-30），保育室と園庭という隣接していない場所の間でも，テラスを介した活動や物，情報のやりとりが発生する。

このために，屋内と屋外という別々の場所で行われていた活動が，テラスが媒介することで結びつき，新たな内容の活動，もしくは，双方の要素が反映された活動が発生するといった【活動の融合】が起こる。以下では，そうした活動と活動のジャンクションとしての特質について，2つのエピソードから検討していく。

まず，前節で【屋内活動とのつながり】として示した，R子たちのテラスでのお店屋さんごっこ（エピソード2-7：前半）のその後の展開となるエピソード2-7：後半である。ここでは，店員に扮したR子たちの園庭に向けた呼び込みに反応したS太とY太が，園庭からお客さんとしてテラスにやってきている（写真2-17）。その後は，園庭とテラスで売り買いのやりとりが続き，S太からもジュースという見立てを行うなど，お店屋さんごっこが共同で発展していく。こうした一連の活動は，保育室での工作活動と，S太たちの園庭を回遊しながらの活動が，テラスを介して結びつくことで成立したものということができる。事前のR子たちの周到な準備から考えると，こうした屋外活動との接合は，予め意図されていたといえる。したがって，テラスで活動を行うことで，屋外の他者や要素を取り込めるということが，子どもによってある程度認識されており，【活動の融合】が意図的に行われていることがうかがえる。また，そ

れまで園庭を歩き回りながらさまざまな活動を転々としていたS太やY太たちにとっても、「散歩中に店へ立ち寄った」のような独自の文脈があるとも考えられ、双方の思惑が合致することにより、エピソードのような円滑な活動のつながりがもたらされたことが推察される。

■エピソード2-7：後編

対象児：R子他5名（4歳児）・S太・Y太（5歳児）　　　記録日：2011/3/3

……R子たちは、机に対し、保育室側に陣取ると、テーブルをお店のカウンターに見立て、「いらっしゃいませー！」と園庭に向かって元気に呼び込みをはじめた。しばらくすると、ちょうど園庭を歩いていたS太とY太がR子たちに気付き、お店へとやってきた。R子は元気に「何がいいですかー！？」と大声で2人に応対する。2人はキャンディーを一本ずつ購入し、S太はさらにジュースを購入しようとしたが、手が滑ってコップを倒してしまう。するとS太と「ジュースこぼしちゃったー！」といい、笑いながらコップを戻す。その後、改めて購入されたS太のジュースをR子たちは丁寧に袋詰めし、手渡した。S太たちが、商品を手に園庭へと帰って行くと、R子、S子、F子は「毎度ありがとうございましたー！」と2人を見送った。

写真2-17　園庭からS太らが「お客さん」として参入

以上のエピソード2-7は、それぞれ異なる文脈のなかで行われてきた活動が、テラスで出会うことによって接合された例といえる。そのため、予めテラスでの【活動の融合】を意図していたR子たちも、具体的に誰の、どのような活動

とつながるかまでは予想しておらず，偶然的にR子たちを発見し，思惑が一致したS太たちの活動と融合している。その一方で，同じ集団内において，屋内で活動する者と屋外で活動する者とが予め分かれ，その上で，テラスで合流を図っていると見られるケースも観察された。

次のエピソード2-33では，保育室でのR男の「武器」作り活動と，園庭でのQ男たちの戦いごっこがテラスで合流している。観察時，4歳男児たちの間では，家庭から持ち寄られた食品用ラップの芯や牛乳パックなどの素材を用いて，剣や銃を作る「武器」作り活動と，それを携えて遊戯室や園庭を走り回るといった戦いごっこが盛んに行われていた。このエピソードでは，「武器」を作るという活動と，それを使って戦うという活動がメンバーのなかで分担され，保育室と園庭に分かれて同時並行的に展開されている。このなかでテラスは，そうした双方の場所で行われる活動を架橋し，活動を一体的に進行する上で用いられていた。「武器」作りを担当するR男がテラスに出て，園庭で活動するQ男たちを呼び止めると，Q男たちはすぐにテラスへとやってきて，R男に「武器」を手渡し，R男は無言でその改造をはじめている。その後，Q男たちは，R男による改造が終わるまで，お茶を飲んだり，おしゃべりをしたりしながらくつろいでいる。こうした様子からは，テラスが，工作が行われる保育室と戦いが行われる園庭との間で，「武器」の改造場兼休憩場という双方の活動内容を兼ね備えた場所となることで，離れて行われる活動につながりがもたらされていることがわかる。R男が工作道具を準備してテラスに出てきたことや，Q男たちがR男の呼びかけにすぐに反応したことから，両者は互いの活動の内容やテラスでの合流について，予め了解していたものと思われる。このように，子どもは，テラスの特質を利用した意図的な【活動の融合】を行うことで，限られた空間をより広く，より多層的に用いることが可能になっていた。

■ エピソード2-33

対象児：R男・Q男・V男（4歳児）　　　　　　　　記録日：2010/9/21

保育室で「武器」作りの工作活動をしていたR男は，その工作道具を手にテラスにやってきた。そして，その場で，園庭で戦いごっこをしているQ男を「おーい！」と呼びだした。R男は，Q男の持っていたラップの芯でできた「武器」

を受け取ると，テラスに座り込んで持ち込んだガムテープなどで「武器」の改造を始める。その間，Q男とV男も外履きを脱いでテラスに入り，R男の近くで座って改造が終わるのを待つ。そこへ，L男らのグループもお茶を飲みにやってきた。2つのグループは少し距離を置いて，それぞれ輪になって座り，おしゃべりをはじめた。時々，L男たちのグループは大声を出したり，たたき合ったりしてはしゃぐ姿が見られた。また，R男たちのグループをのぞき込むなど，他のグループを気にする様子も見られた。一方，R男たちのグループは，お茶を飲みつつ静かに過ごしている。しばらくして，R男の「武器」改造が終わると，Q男たちは徐々に水筒を片付け園庭に出る準備を始めた。L男グループは，今度は互いに帽子をかぶせ合ったり投げたりして盛り上がっていた。

2. あいまいな場所

A園のテラスは，《園生活のジャンクション》という特質により，多岐にわたって，子どもの園生活を周囲へと接合する場所であることが明らかとなった。他方で，独立した1つの場所でありながら複数の環境の要素が接近・混在し，多様な機能を担うテラスは，場所としての位置づけのあいまいさという特質も同時に帯びる。こうした《あいまいな場所》では，場所の境界やルールが不安定になったり，複数の場所や活動の要素が混在し，かつ，どこの場所にも属さないような活動が展開されたりするなど，そこで過ごす子どもに独特の過ごし方をもたらしていた。このような《あいまいな場所》という特質も，子どもがテラスを活動場所として選択する際の理由や要因となっている。本項でも，関連する【所属の混乱】と【つかず離れずの関係性】の2概念から，その詳細を読み解いていく。

1）所属の混乱

複数の場所と連続性を有するとともに，さまざまな人々が行き来し，幾多の要素が混在する活動が繰り広げられるテラスでは，時として，そこで過ごす子どもが，どの場所や活動，立場や規則の中に所属，または依拠しているのかがあいまいになる《所属の混乱》が起こる。こうしたテラスの特質は，子どもがテラスで展開する生活・活動を方向付けるとともに，テラスと周辺環境との関

係性に影響を及ぼしていた。以下では，【所属の混乱】が生じていると見られるいくつかのエピソードをもとに，テラスで発生する【所属の混乱】の内容と，子どもの生活・活動との具体的な関連性について明らかにしていく。

　子どもの園生活のなかで，こうした【所属の混乱】が見られた場面としては，第１に〈園生活の玄関口〉における【園生活の準備】の場面があげられる。以下のエピソード 2-34 は，H 男が母親とともに登園してきた場面である。しかし，H 男は，テラスに着いて早々に床に倒れ込んでしまい，本来自分で行うはずの保育室への入室準備の大半を母親に頼っている。H 男は，母親に任せることで，意欲が起きない活動を回避しようとしているものと思われる。このような，入室準備への母親の介入は，エピソード 2-2 でも見られた。エピソード 2-2 において T 男は，帽子掛けやシール貼りを行う際に，母親に手助けを求めており，最終的には，母親が準備の一部を援助している。分離への不安を抱えた T 男の場合では，ただ活動を回避しようというだけでなく，母親を園に繋ぎ止めるための方略という意味もあると考えられるが，両エピソードとも，子どもがテラスを母親からの直接的支援が期待できる場所として認識し，要請している点が共通する。Walsh（2000）は，日本の幼稚園の特徴として，玄関に，母親と教師，家庭と学校の境界がはっきりと存在していることをあげており，米国のように，保護者が園舎に上がり込むことは少ないと指摘する。しかしながら，A 園のテラスに関しては，必ずしもそうとはいえず，園舎の一部に入りつつも家庭のように保護者に甘える子どもの姿や，テラスに入り込んで我が子を直接支援する保護者の姿が見られるなど，家庭でのあり方と学校（幼稚園）でのあり方が混在する場所となっていた。テラスは，子どもに保護者をも巻き込んだ多様な【園生活の準備】のあり方を可能にすることで，登園場面をより複雑にしているのである。

■エピソード 2-34

対象児：H 男（4 歳児）　　　　　　　　　　　　　　　記録日：2010/9/27

　H 男が母親に連れられて登園してくる。H 男は，テラスにつくなり倒れ込むようにして横座りの体勢になる。母親はそうした H 男の代わりに靴を脱ぎテラスに入り込むと，手提げを下駄箱に入れるなど，入室準備を行う。それを終えた

第 4 節　A 園におけるテラスの特質　83

母親は，靴を履き「H 男，ばいばい。シール張っておいで」と，別れの挨拶と登園準備の促しを行う。しかし，動こうとしない H 男を見て母親は再び戻って，H 男のカバンを開けシールを貼る手帳を取り出す。そして，貼る箇所を指で指摘すると，H 男はしぶしぶと立ち上がり，シールを貼りに行った。その後，母親は再度カバンを片付けるよう促して帰って行った。最初は，H 男はだるそうにゆっくりとかばんを片付けていたが，L 男に「一緒に虫取り行こう！」と誘われてからは，てきぱきとカバンを片付け始めた。

　【所属の混乱】は，子どもが園生活に入り込み，それぞれの活動を展開するなかでも見られる。なかでも，頻繁に観察されたものとして，場所の区分やルールのあいまい化がある。これまで見てきたように，テラスは隣接する場所との間に高い連続性を有し，活動や情報を容易に共有できる。一方，そうしたなかにあっても，屋外とテラスの間には，靴の履き替えといった明確な場所の区分やルールが存在している。しかしながら，テラスで活動が行われる際には，そうした区分やルールの存在が薄まったり，無視されたりするなど，子どもの場所やルールに対する所属意識の混乱が生じる。
　エピソード 2-35 では，保育室で行われていたヒーローごっこが，テラス，さらには園庭へと段階的に移動している。このなかで H 助は，園庭にいる T 助を発見すると，靴を履き替えずに一目散に園庭へと飛び出していっている。エピソード中で保育者が指摘するように，本来こうした行動は，靴の区別を無視したルール違反である。保育者の注意によってすぐに靴を履き替えた様子から，H 助もそのルールを認識していたものと思われる。しかし，H 助が園庭に跳び出した際に関しては，そうしたルールの存在にも増して，T 助を遊びに巻き込むことが優先されている。こうした H 助の選択には，T 助の様子が手に取るようにわかり，すぐにでも働きかけることが可能であるという状況を前にして，場所の区分やルールに対する意識が希薄化した，もしくは，園庭とテラスの同一視が生じた可能性が考えられる。

■エピソード2-35

対象児：H助・K助（4歳児）　　　　　　　　　　記録日：2011/4/19

緑色のマントを身につけ，保育室でヒーローごっこをしていたK助であったが，保育室を走り回る勢いそのままにテラスへとやってきた。K助は，日に当てられまぶしそうな表情を浮かべながら，外の様子を探索する。そのうち，同じくヒーローごっこをしていたH助が，ファイティングポーズをとりながら，K助のいるテラスへやってきた。ここでK助が，近くで三輪車をこいでいたT助を指差すと，H助は跳ぶまねをして，勢いよく園庭のT助に向けて飛び出していった。しかし，それを保育者が真横で見ていたため，H助は「靴！ 靴！」と注意をされてしまう。すると，H助は思い出したかのように，小走りで飛び跳ねながらテラスの下駄箱に向かっていき，急いで靴を履く。そして，「靴履きOK!」と声をあげ，マントをつけたまま外へと走っていく。

　H助の場合では，ルールの逸脱が生じる際に，ルールの存在が事前に意識されていたかを判断することは困難である。そのため，逸脱がルールの希薄化によるものなのか，場所の同一視によるものなのかは定かではない。しかし，いくつかのエピソードにおいては，履物ルールや場所の区分がはっきりと意識された状態で，逸脱が行われる場合もあった。たとえば，次のエピソード2-36におけるS太の場合は，園庭を前に考え込んだ後，「上靴で行こう！」と宣言して，ルールの逸脱を行っている。これは，ルールや場所の区分が意識されつつ，利便性を考慮するなかで，ルールの逸脱が選択された例である。また，保育者に注意された後も，苦笑いを浮かべるなどしていることから，重大な違反としては捉えられていないことがうかがえる。S太のように，履物に関するルールの存在を知りつつ逸脱が行われたと考えられる例は他にも見られ，保育者に逸脱を宣言し，それに保育者が難色を示したにもかかわらず，目の前で逸脱が実行されるエピソードや，保育者が同伴した活動で，保育者とともに逸脱が行われるエピソードも見られた。これらに鑑みると，履物ルールおよびテラスと園庭の区分については，一定のルールは存在するものの，その重要度や有効性については保育者の対応も含めて流動的な部分があり，場合によっては，ルールよりも目先の目的や利便性が優先されるケースが往々にしてあるといえる。

第4節　A園におけるテラスの特質

■エピソード 2-36

対象児：S太（5歳児）　　　　　　　　　　　　　記録日：2011/2/21

　5歳児クラスの子どもたちは自分の鉢植えを保育室から園庭に持っていくという作業をしていた。S太も，他の子どもたちに続いて鉢植えを重そうに抱え，保育室からテラスにやってきた。そして，テラスの中程で一旦鉢をおいたS太は，しばらく考え込んだような表情を見せ，「上靴で行こう！」といい，再び鉢を持ち上げ，上履きのまま園庭に出て行った。S太は，「おりゃー！」と早足で鉢を運んでいく。しかし，鉢を置こうとした矢先「あっあっあっあっ！」と驚いたような声で保育者がS太を呼び止めた。「おまえだけだ。そんな上靴で出てきているのは！」と怒られたS太は，苦笑いを浮かべつつ「ちぇっ」と捨てぜりふを吐き，鉢を持って来た道をまた戻っていく。そして，保育者にいわれた通りに上履きの土を払い，外履きに履き替えた。

　そして，このような場所の区分やルールに関する【所属の混乱】は，子どもによるテラスの用い方にさまざまに反映されていた。たとえば，次のエピソード 2-37 では，【目的の探索】のためにテラスを訪れたと見られるW男とH男が，履物ルールを無視して上靴のまま園庭に繰り出し，テラスから離れて行われるF男たちの活動を観察し，参加を決定している。このエピソードでは，【所属の混乱】という特質が，テラスの用途と関連づけられることによって，子どもの目的の達成が促進されている。同様のケースは，テラスのさまざまな用途において見ることができた。たとえば，【テラス活動】として，テラスでコマ遊びが行われた際には，何人かの子どもが上履きのまま園庭側に出て行き，舗装床部分に置かれた台にコマを投げ入れるといった姿が見られた。こうすることによって，台の周囲を囲んで参加メンバーが陣取ることができ，窮屈せずにコマ遊びを行うことが可能となる。また，遊びの領域がテラス外に拡張されていくことにより，かかわりの対象や遊びのストーリーが拡大する例も見られた（エピソード 2-15）。加えて，【屋外活動とのつながり】を持った活動や【語らい】の際にも，こうした屋外への進出が見られ，興味の対象とより接近した状態でのやりとりが行われていた。場所への【所属の混乱】というテラスの特質は，そこで行われる活動に対し，周囲に向けた拡張性を付与することで，子どもの目

的の達成や活動の充実を促すことが考えられる。

■エピソード 2-37

対象児：W 男・H 男（4 歳児）　　　　　　　　　　　記録日：2011/3/14

何気なくテラスにでてきた W 男と H 男は，遠く離れた園庭でなにやら集まっているF 男たちを見つけた。2 人は「何しとる〜！？」といいながら，靴も履き替えずにテラスを飛び出し，F 男たちがいる場所まで走っていった。それに対してF 男は「縄跳び競争するよ」と答える。すると，W 男は「なら，縄跳び持ってこなきゃいけない！」といってH 男とともに，テラスに向かって走り出した。テラスについた2 人は，縄跳びを準備し終えると，帽子をかぶり，靴を履き替えて，もう一度，F 男らのところへと向かっていった。

写真 2-18　上履きのまま屋外の F 男たちのもとへ

　ここまで，屋外に向けてテラスを拡張するといった【所属の混乱】の例を見てきた。一方で，【所属の混乱】が，テラスに留まるために利用されていると見られる例も少ないながら記録された。そうした例は，【活動への隔意】を抱き，テラスを〈猶予の場所〉として用いている子どものエピソードから得られた。次にあげるエピソード 2-38 は，冬季の屋外遊びに気が向かない Y 子が，テラスに留まり続けているという内容である。このエピソードのなかで，Y 子と同じく，屋外遊びに消極的であった H 子が，Y 子を保育室に誘い入れようとしたとき，Y 子は「外に出ないと（保育者に）怒られる」という理由でそれを拒否している。A 園では，晴れた日は保育者によって屋外活動が推奨されることが

多く,冬季も,保育者が積極的にリレーや雪遊びを勧めるといった様子が見られた。このとき,保育室にいる子どもは,屋外に出るよう促される場合がある。つまり,このエピソードでY子は,そのように屋外遊びを促そうとする保育者を回避するために,保育室ではなく,屋外との線引きがあいまいなテラスで過ごしていたのである。この時のテラスとその周辺は,Y子にとって,保育者に怒られる保育室でもなければ,ネガティブな感情を持った屋外に所属しているわけでもないグレーゾーンとなっていた。実際に,テラスに留まることで,保育者の促しを回避できるかは定かではない。しかし,少なくともこのエピソードにおいては,屋内と屋外に近しく,かつ,そのどちらでもないという所属があいまいになる場所の存在が,周囲の活動や環境との間に隔意を感じた子どもに,自分が許容できる所属の仕方を選択できる居場所を生み出していたといえるだろう。

■エピソード2-38

対象児:Y子・H子(4歳児) 　　　　　　　　記録日:2011/1/17

　4歳児クラスのほとんどの子どもたちが外遊びに行った頃,Y子がひっそりと保育室からテラスに出てきた。出てくるなりY子は,「寒～い」と手を擦り合わせる。そして,面倒くさそうに,掛けてあった自分のコートを取りつつ羽織ると,テラスをうろうろし始めた。しばらくY子は,何をするでもなく,テラスのなかをゆっくり行ったり来たりと歩いている。そこへ,保育室にいたH子がドアの向こうから,中へおいで,とY子を手招きする。しかし,Y子はそれに×のジェスチャー(両手を交差)で応える。H子は少しドアを開け「どうして?」と誘いを断った理由を尋ねると,Y子は「だって外に出ないと怒られるけん……」と言った。それを聞いたH子も,納得したように「寒い～!」と言いながらテラスに出る。しかし,Y子と同様に,H子も気だるそうにテラスをうろつき,なかなかコートを着ようとしない。この後も,Y子とH子は,園舎から遠くに行こうとはせず,結局は,テラスの周辺で遊んでいた集団に加わった。

　これまで,家庭と幼稚園,屋内と屋外の間での所属の混乱について検討してきた。これらに加えて,テラスでは,活動への所属にも混乱が生じることがあ

る。《園生活のジャンクション》の検討の際に見てきたように，テラスで行われる活動には，周囲から，あらゆる年齢や関心を持った子どもが参入してくる。また，子どもと周囲の活動が出会い，活動と活動が融合される場合があるなど，子どもと活動の関係も錯綜したものとなる。このため，【テラス活動】が展開される際などには，子どもの活動への所属の仕方があいまいになるエピソードが観察された。

たとえば，以下のエピソード2-13：後編である。このなかでは【テラス活動】としてコマ遊びが行われているが，それに対する子どもの所属の仕方は多種多様である。遊びの当初から，真剣にコマ回しにチャレンジする子どもと，園庭で別の活動をしている友だちとかかわりながらコマを回す子どもが混在するなど，各自の活動への参加の仕方には差異が見られる。また，活動が継続されるに伴い，メンバーも次々と入れ替わっていき，それぞれが並行的に遊んでいたはずが，競争というW男を中心とした集団活動が行われ，また並行的な遊び方に戻るといったように，活動の主導権や内容も頻繁に変化している。さらに，S男やS子のように，他の活動との掛け持ちで参加してくる子どもも出現している。このようにして，この【テラス活動】は，終始，子どもがどの活動に，どの程度，どのような形態で所属しているのかが混乱した状態で展開された。こうした特徴は，別の日に行われたコマ遊びや，エピソード2-16の縄跳びなど，テラスを用いた他の活動についても見られた。以上から，テラスでは，子どもの活動への所属関係が混乱することにより，活動が周囲に対して開放的になったり，目的が複線的になったりするといった特質があることが考えられる。このことからは，こうしたテラスの《あいまいな場所》としての特質が，周囲に対してそこで行われる活動への門戸を開くことにより，【活動とのつながり】や【他者とのつながり】，さらには【活動の融合】をもたらすといった，《園生活のジャンクション》との一体的な関係性もあわせて示唆される。

■エピソード2-13：後編

対象児：H子 他（4歳児） 記録日：2011/2/7

保育者が，室内にあったコマ回しの台を「ほらっ外でするよ！」といいながら，テラスの舗装床においた。［……］ここから，いつ終わるともわからないコマ回

第 4 節　A 園におけるテラスの特質　　89

写真 2-19：さまざまな活動が入り交じるコマ遊びコーナー

し遊びが始まった。「行きます！」といい勢いよくコマにチャレンジする H 子，その後ろから笑顔でコマを投げ入れる B 男と F 男，園庭で遊んでいる他児と話しながらたまにコマを回す K 男など，それぞれが思い思いの方法でコマを回す。そのうち，B 男や F 男は他の遊びをするためにテラスを離れていったが，今度は W 男が園庭から参戦してくる。W 男は，「俺達人だから」「4 回した！」と，自分の腕前を披露し始め，テラスは回った時間を競い合うコマ大会のような雰囲気になる。しかし，その後は，再びメンバーが入れ替わり，工作で使う段ボール箱を持って参入してくる S 男や縄跳びを片手にやってくる S 子などの幼児も現れた。そして，遊び時間の終盤は，各自がおしゃべりをしながら交代でコマを投げるようになり，ゆったりとした時間が流れていた。

2）つかず離れずの関係性

《あいまいな場所》が，子どもにもたらすものとして，もう 1 つ【つかず離れずの関係性】があげられる。これまで見てきたように，A 園のテラスは，そこで過ごす子どもを，さまざまな活動や他者へと接合する。一方で，周囲とは引き戸や床面の材質により仕切られ，独自の役割や文脈を持った活動が展開されたりするなど，周囲との隔たりを残した場所でもある。したがって，A 園のテラスは，接合の要素も分離の要素も備えた両義的な特質を有している。こうしたテラスにとどまり続けることにより，子どもには，周囲の活動や集団もしくは場所に対して，離れつつも半分ないし一部は所属しているといった【つかず離れずの関係性】がもたらされる。具体的には，活動には完全に所属せずと

も様子をうかがっていたり，なんらかのかかわりを持っていたりする関係性や，周囲に対して閉じているようでありながら，情報がもたらされているような関係性である。このような中途半端ともいえるあり方が可能なことが，子どもの園生活に対して重要な意味を有していた。

【つかず離れずの関係性】と子どもの生活の関係性を示す例として，以下のエピソード 2-39 がある。この事例で I 男は，エピソード 2-19 のときと同じように，遊び時間の終盤にテラスを【くつろぎ】の場として用いている。このときのテラスは，それまで行動をともにしていた H 男や，同じく【くつろぎ】の状態にある U 男の他は誰もおらず，活動の後の片付けでごった返す周囲の喧噪から離れて，ゆっくりと一休みができる場所となっていた。また，エピソードの途中で他児から園庭への誘いを断っていることから，周囲からある程度距離をとって過ごそうとしていることがうかがえる。しかし，エピソードの後半で I 男は，B 男がテラスの周辺ではじめた活動に興味を示し，【くつろぎ】をやめてその活動に合流している。この合流からは，【くつろぎ】の途中であっても，周囲から情報が常に入り込んできていたことがわかる。つまり，ここでの I 男は，周囲に対して一定の距離を置きながらも，関係性は完全に絶たれているわけではなく，周囲から入ってくる情報を把握し，それを取捨選択していたといえる。こうした周囲との【つかず離れずの関係性】は，テラスで一人過ごす子どもが，必要に応じて周囲と合流することを容易にしており，安心して一人になれる状況を作り出していると考えられる。このようなケースは，他の【くつろぎ】や，エピソード 2-4 の【園生活の準備】，エピソード 2-22 の【活動への隔意】および【目的の探索】，エピソード 2-25 の【調整的活動】の際，さらには，一人や少人数で【テラス活動】を行う際にも同様に見られ，テラスを，自身の関心やリズムを優先できる場所として際立たせる特質となっている。

■エピソード 2-39

対象児：I 男（5 歳児）　　　　　　　　　　　　　　　記録日：2011/5/9

他のみんながお片付けに忙しくするなか，H 男とテラスでおしゃべりをしていた I 男は，うつぶせになり寝転がった。近くに他の幼児が通りかかっても，I 男は突っ伏したままで，全く動かない。そのうち，I 男は寝返り，今度は仰向けに

第4節 A園におけるテラスの特質

大の字になる。しばらくして，I男は急に立ち上がる。そして，下駄箱のほうに歩き始める。I男の視線の先には，同じく寝転がったU男がいた。I男はそのとき受けた他児からの園庭への誘いを断り，U男のもとへ行き，再び横になった。そのまま横になっていたI男だったが，ふと，テラスの下駄箱を挟んで園庭にいたB男に目をとめた。B男は，虫かごをテラスの下駄箱の上に置き，園庭側から中の毛虫を観察しているようだ。それに興味を示したI男は，B男に対して呼びかけると，すっと立ち上がり，B男と一緒に毛虫の観察を始めた。

また，こうした周囲との【つかず離れずの関係性】の別の応用例として，以下のエピソード2-40があげられる。エピソード2-40では，【活動への隔意】を感じたK男が，テラスを〈猶予の場所〉としながら，同時に【目的の探索】を行っている。活動を求め保育室に頻繁に出入りしていたK男にとって，保育室と【つかず離れずの関係性】にあるテラスは，意欲のわかないもしくは参加しづらい活動から距離をとりつつ，活動へ参入するきっかけを探索するにあたって都合のいい場所であったといえる。さらに，このエピソードにおいてK男は，テラスに留まりながらも，周囲の他児や保護者と会話をしたり，近くで行われていたW男たちの活動に参加したりするなど，テラスで一時的な他者とのかかわりや，活動への参与を行っている。こうした他者や活動は，継続的にかかわる対象として定着はしなかったものの，かかわる際のK男の表情には笑顔が見られたことなどから，一定の充実感をもたらすものであったことが考えられる。つまり，ここでのK男は，周囲の他者や活動と【つかず離れずの関係性】のなかで，楽しさや充足感を部分的に享受し，所属できる活動が見つからない不安や焦りが軽減されていたといえる。こうしたテラスの特質の用途への反映は，エピソード2-39の場合と共通して，周囲との部分的な接触を確保することで，生活・活動に安心感や柔軟さを得ようとしているものといえる。一方で，エピソード2-40では，より顕著なかたちで，テラス外の【他者とのつながり】や【活動とのつながり】がもたれており，部分的な外部との接触や交流が期待できることが，子どものテラス利用を後押ししていることがわかる。

■エピソード 2-40

対象児：K 男（4 歳児）　　　　　　　　　　　　記録日：2010/9/16

K 男が母親に手を引かれて登園してくれる。母親は，出迎えた担任と話を始め，K 男はテラスに入りその側で 2 人の話す様子を眺めている。保護者が話を終え帰って行くと，K 男も保護者を追ってテラスを移動し手を振り続ける。保護者を見送った K 男だったが，保育室にはなかなか入ろうとしない。そして，しばらく園庭の様子を見つめた後，保育室ドアの横に座り込んだ。近くに来た幼児や保護者に挨拶などをしながら，5 分ほど座り続けた後，ようやく立ち上がり保育室へ入っていった。しかし，何をするでもなく室内をうろつくと，またテラスに出て，保育者と話をしたり，テラス周辺で虫かごを見つめていた W 男たちに一時的に加わったりする。この後も，K 男は何度もテラスと保育室を行ったり来たりし続けた。しかし，結局どこの集団にも所属せず，遊び時間を終えることとなった。

以上のように，周囲に対し【つかず離れずの関係性】を構築できる A 園のテラスでは，個々の子どもが，他児や集団との距離感やリズムを微妙に調整しながら園生活を送っていく上で有用なものとなっており，テラスが〈独立した遊び場所〉や〈やすらぎの場所〉，〈猶予の場所〉などとして選択される要因となっていると考えられる。

第 5 節　小　　括

本章では，A 園のテラスの機能と特質について，それらの全体構造を捉えることと，エピソードの文脈や経過を考慮することに留意しつつ，M-GTA を用いて明らかにした。その成果は次のようにまとめることができる。

1. A 園のテラスの機能

先行研究では，予め対象と定めた機能に限った検討が行われてきたことに対して，本研究では，子どものエピソードからテラスの機能をボトムアップに抽出することで，その全容を捉えることを試みた。その結果，A 園のテラスには，

〈園生活の玄関口〉,〈屋内と連続した場所〉,〈屋外と連続した場所〉,〈独立した活動場所〉,〈やすらぎの場所〉,〈猶予の場所〉という性質の異なる6つの機能が併存し,子どもの生活全般にわたって用いられていることが明らかになった。

張ら(2003)や鶴岡(2010)をはじめとした先行研究の多くは,テラスの機能を「遊び場」としての側面から検討してきた。それに対して,本章の結果は,テラスが遊びに留まらず,子どもの生活の各場面で用いられる多機能な場であることを具体的に示した。登園の時間帯において,A園のテラスは,家から園へ移行のための準備場所となる(エピソード2-2,エピソード2-3,エピソード2-4)と同時に,仲間と真っ先に顔を合わせることができる出会いの場所ともなる(エピソード2-5)。また,遊びをはじめとしたそれぞれの活動が開始されてからは,激しい遊びの合間や活動の切り替わり際に,周囲の喧噪から離れ,落ち着いて一息つくことができる休憩場所(エピソード2-18,エピソード2-19,エピソード2-39)や憩いの場所(エピソード2-20)となることで,活動の流れにゆとりをもたらしていた。さらに,他児や活動から距離を取れる居場所ともなり,気が進まない活動を回避しつつ,別の目的を探索したり(エピソード2-22,エピソード2-23),周囲との間に生じた活動リズムのズレを調整したりすることが可能となっていた(エピソード2-24,エピソード2-25)。これらのテラスの用途および機能の多くは,遊びの前後や間の時間帯に見られるものであり,自己の状態を調整したり,周囲の活動や他者と折り合いをつけたりすることと関係する。こうした結果からは,子どもが円滑かつ快適に園での生活・活動を展開する上でのテラスの重要性が指摘できるとともに,ただ活発に活動を展開することに留まらない,子どもの園生活の全体像をうかがうことができる。

また,遊びに類する活動のためにテラスが用いられる際にも,ただの空間的な広がりとしてだけではなく,周囲とも関連した,独自の機能を帯びた場所として活用されていることがわかった。子どもがテラスで活動を展開する際には,人や物の往来が容易に行える屋内との間で,遊具を持ち込んだり(エピソード2-7),双方の空間にまたがって遊びの設定を巡らせたり(エピソード2-6),屋内の事象に関心を抱いて探索したり(エピソード2-8)といったかたちで,保育室などの屋内環境の要素がさまざまに反映される。また,屋外との間でも,園

庭の様子を探索したり（エピソード2-10），異なる役割を付与できる場所として使い分けられたりといったかたちで（エピソード2-11），子どもの活動との関連性が見られた。さらに，屋内とも屋外とも異なるもう1つの場所として，独自に活動を展開することもでき，他の場所と同様に活動を受け入れるほか（エピソード2-16），テラスの空間的特徴を反映した活動（エピソード2-15）や，移動の過程で発生する小規模な活動（エピソード2-17）などが生じていた。

　以上のように，本章では，A園のテラスが，遊びなどの活動に留まらず，子どもの生活のさまざまな側面において機能を有すること，遊びのために利用される際にも，場所の配置や特徴が反映された独自の意味をもたらすことが明らかとなった。先行研究では，テラスの奥行きを拡大させること（張ら，2003）や，テラスと周囲の連続性を高めること（鶴岡，2010）などが，子どもの遊びをより活発にし，テラスの機能を広げるための環境構成の方法として提案されてきた。しかし，本章の結果では，テラスの諸機能のなかには，むしろ空間的な狭さや周囲との隔たりとの関連によって成立すると考えられるものが存在することがわかった。A園から得られた成果は，保育環境におけるテラスの機能やそれに対する実践的な介入を，より多様な側面から問い直す必要性を示しているといえる。

2．A園のテラスの特質

　さらに，以上の機能を成立させるA園のテラスの特質として，《園生活のジャンクション》と《あいまいな場所》が明らかとなった。これらの特質は，テラスと周囲の場所の関係性を説明するとともに，子どもが他でもないテラスを活動場所として選択する理由と関連していた。

　A園のテラスは，異なる場所や文脈にある要素の関係性を接合する（ジャンクション）という特質を持つ。そのため，そこで過ごす子どもを周囲のさまざまな他者や活動と巡り合わせる（エピソード2-26，エピソード2-27）。また，周囲に対しても，テラス内の情報を広く開示することで，参入や注目を促す（エピソード2-14）。加えて，屋内外で展開される活動を仲介することで，双方の活動の間につながりや発展を生じさせていた（エピソード2-7，エピソード2-33）。これらの特質は，意図の有無にかかわらず，テラスで行われる生活や活動に，独自の付加価値を与えるものであるが，とりわけ，仲間と合流した

い，誰かに活動を披露したい，より良い活動に参加したい，遊びの範囲や内容を拡大したいといった子どもの思惑と合致し，各種の機能においてテラスが重宝される要因となっていた。

そして，A園のテラスが有するもう1つの重要な特質として，周囲に対する境界や規則などがぼやけた，あいまいさを付与する特質がある。この特質により，そこでの生活・活動は，柔軟性や拡張性を有することになり，使用する領域の拡大や高い開放性を帯びる場合が生じる（エピソード2-13）。また，周囲の場所や活動に対して，完全な分離とも連続とも異なる【つかず離れずの関係性】を作り出すことで，子どもに両義的なあり方を許容し，余裕や安心感をもたらしていた（エピソード2-39，エピソード2-40）。これらの特質は，周囲から距離を取りたいが孤立はしたくない，一時的・部分的にだけ活動に参加したいといった，個々の子どもが抱える切実で複雑な要求に応え得る場所としての懐の深さとなっており，休息や目的探しの場所としてテラスが選択される理由となっていた。

3．本章の意義と課題

本章では，1つのテラスに備わる機能を具体的なエピソードから抽出し，生活と活動の双方の面において，テラスが幅広く用いられていることを明らかにした。また，テラスと周囲の環境との関係性および子どもがテラスを用いるに至る背景や文脈について，2つの特質を明らかにすることで説明した。こうした成果は，本章第1節で述べた先行研究の2つの課題に対する回答であるとともに，子どもにとってのテラスという場所を捉える，または，子どもにとっての保育環境を，テラスという場所を含み込んで理解する視座を示すという点で，有意義であるといえる。

他方，A園という1事例に対する詳細な検討を重視した本章の成果は，直接的に応用できる範囲が限られる。当然ながら，テラスの形態は施設によってさまざまである。また，A園のテラスの機能や特質は，A園が有する独自性と不可分であると考えられる。保育環境におけるテラスの機能と特質を明らかにする上では，こうした施設による共通性と独自性を踏まえる必要がある。次章からは，こうした課題を踏まえた検討を行う。

第3章

テラスの多様性を踏まえるために

■ 第1節　本章の目的

　前章では，A園のテラスの機能と特質を明らかにした。ただし，課題としても述べたように，その成果はA園の独自性と不可分であり，さまざまな施設のテラスにおいて，全く同様の機能や特質が見られるとは考えにくい。保育者の実践知が，施設の広さやスケジュール，保育者の人数などによって異なることが既に明らかにされているように（砂上・秋田・増田・箕輪・安見, 2009），子どもの生活に対するテラスの機能や特質についても，施設ごとの環境や保育の状況に応じて異なることが考えられる。ともすれば，A園においては顕在化しなかったテラスの側面や，反対にA園の独自性のなかで顕在化した側面が存在する可能性があるといえる。保育環境におけるテラスという場所が持ち得る機能や特質をより広く捉えるため，また，多様な施設におけるテラスの機能や特質を予測し，保育環境に関する研究や実践のなかで応用可能な知見を得るためには，さらに対象園を追加し，A園も含めて，相互の共通性や独自性を捉えるための研究が必要となる。

　本章では，そうしたテラスの多様性を捉えるための研究の前段階として，A園で得られた成果を踏まえながら，より効果的に，知見の応用可能な範囲を拡げるとともに，相互の共通性や独自性を解明する上で有効なサンプリングの方法を検討する。次に，検討した方法に基づいて得られた新たな対象園の情報を整理する。

■ 第2節　理論的サンプリング

　本章では，新たな対象園を選定する際の方法として，理論的サンプリングに

依拠する。理論的サンプリングとは，浮上してきた理論を，さらに発展させることを目的とした質的研究のサンプリング方法であり，既に収集したデータの分析結果を基点としながら，そのデータと類似もしくは対極の関係にあるデータを追加していくことで，理論の多様性や応用可能性を高めていく手法である (Glaser, B. and Strauss, A. L., 1967)。この方法に依拠することにより，これまでの研究対象や得られた成果を手がかりとしながら，研究にさらなる妥当性や多様性を与えるために必要な対象を，効率的に選択していくことが可能になる。ただし，オリジナル版 (Glaser, B. and Strauss, A. L., 1967) の理論的サンプリングについては，対象を選定する方法が明確にされておらず，「とりあえず始める」式のデータ収集が採用されているため，対象となる人や施設の協力を得る上での困難が指摘されること（木下, 2003），前章の研究が M-GTA の手順に依拠していることを踏まえて，本研究では，手順の明確化が図られた木下（2003）による M-GTA 版の理論的サンプリングを採用する。

　M-GTA 版の理論的サンプリングにおいては，最初にまとめて収集した「ベース・データ」の分析を開始し，その状況に応じて「追加データ」の収集を行っていく。したがって，「ベース・データ」の選定は重要であり，研究テーマに応じて理論的に収集するとともに，それがいかなる対象であるのかを明確にすることが求められる。その後は，「ベース・データ」を基点としながら，それと類似する，あるいは対極の特徴を持った対象を新たに追加していくことで，対象とする現象の多様な側面を明らかにしていくと同時に，理論としての確度を高めていくのである。こうした手順の具体例としては，教育実習生の内省レポート作成に関する体験を明らかにする際に，レポートに対して肯定的・否定的・その中間の評価を持った対象者を選定していくことで，さまざまな体験の側面をバランス良く踏まえた理論の生成を目指した研究などが見られる（西條, 2008）。

■ 第3節　本研究におけるサンプリングの諸視点

　本研究における「ベース・データ」は，必然的に，A 園およびそのテラスから得られたデータである。したがって，A 園と類似する条件の施設や対極の

条件にあたる施設を対象に追加し，テラスの機能や特質に関する理論枠組みを，相補的に生成していくことを目指す。前章第2節で述べたように，A園のテラスは，半屋外空間としては一般的な形態である（張ら, 2003）と同時に，利用の自由度が高いなどの特徴を有していた。また，M-GTAを用いた分析により，6つの機能と2つの特質を有することがわかった（第2章）。これらに，先行研究の指摘も加えると，有効な「追加データ」を得るためのサンプリングの視点を，次のように整理することができる。

1．テラスの奥行きの大きさ

　サンプリングの視点として，まず，テラスの奥行きの大きさがあげられる。A園のテラスは，〈独立した活動場所〉としての機能を有しており，そこに複数人が参加することができる活動コーナーを設置したり（エピソード2-13），縄跳びなどの動的な活動を移転させたりすることが可能である（エピソード2-16）。また，大の字になって寝転んだり（エピソード2-19），グループで輪になって座り，会話を楽しんだりすることができる〈やすらぎの場所〉ともなる（エピソード2-20）。このようにテラスを用いようとする場合には，その場所があいまいさなどの特質を持つか否かという以前に，活動や人数を受け入れるための空間的な広さが必要である。

　テラスの空間的な広さとそこで見られる子どもの活動の関連性は，先行研究が既に指摘しており，なかでも，テラスの奥行きの影響について具体的な言及が見られる。張ら（2003）および仙田（2013）は，テラスの奥行きが3m以上になる場合では，その場所に滞留した状態での遊びなどが増加する一方で，2mを下回る場合では，通路として移動しながらの利用が中心になることを明らかにしている。A園のテラスを見てみると，保育室に向けた陥入部分（図2-1）以外の奥行きは2.25mであるが，陥入部分では4.25mと，先行研究における滞留した状態での活動が発生しやすい条件を満たしている。また，園庭との間の舗装床部分を含めると，活動を展開できる範囲はさらに増す。したがって，より奥行きが小さいテラスにおいては，そこで展開される生活・活動の様相が異なる可能性が考えられる。

　加えて，《園生活のジャンクション》や《あいまいな場所》というA園のテ

ラスの特質は，周囲の場所との密接な関係性を意味するものであるが，テラスの奥行きは，テラスと周囲の場所との間の距離の長さとも同義である。この点からも，テラスの奥行きの大小が，その機能および特質に及ぼす影響は少なくないと考えられる。

2. 利用の自由度

　第2の視点として，子どもが一日のうちで，どの程度テラスを自由に利用できるかということ，いわば利用の自由度があげられる。A園では，午前の自由活動が約2時間と比較的長く設けられており，この間においては，子どもがある程度自由に過ごす場所や取り組む活動を選択することができる。その際，テラスも選択肢の1つとなり，〈独立した活動場所〉として活動を展開することや，〈やすらぎの場所〉や〈猶予の場所〉のように，一時的な居場所とすることが可能である。こうした機能が顕在化する過程において，A園の活動選択に関する自由度が無関係であるとは考えにくい。保育施設のなかには，A園とは異なるタイプの実践を行う施設も多々あり，クラスごとに厳密にスケジュールが設定され，決められた場所で決められた活動を行うことが重視される場合も少なくない（Holloway, 2000）。そのような施設においては，当然ながら，テラスを主体的に用いることができる機会の頻度，用いる際の文脈などが異なってくることが予想される。

　また，規則による行動の制限なども，子どもの生活・活動の自由度と直結することが示唆される（Walsh, 2000）。A園では，テラスから園庭に出る場合には靴を履き替えること，屋外遊びが推奨されていること以外に，テラスやその周囲の利用を制限する明示的な規則は見られなかった。しかし，仮により多くの行動にかかる規則などが設定されている場合は，そこで観察される用途や機能が変化することが考えられる。

3. 周囲との隣接状況

　既に述べたように，A園のテラスは周囲と密接な関係にあり，〈屋内と連続した場所〉や〈屋外と連続した場所〉としての機能を有している。そのため，周囲の場所との隣接状況は，その機能や特質と関連することが考えられる。既に，

張ら（2003）や佐藤・佐藤（2012）においては，半屋外空間と保育室の間の出入り口の数や大きさなどが，そこでの遊びの頻度や内容に影響することが指摘されていることからも，有効なサンプリングの視点の1つとして位置づけられる。

A園のテラスは，各1室の4歳児および5歳児保育室と引き戸を挟んで連続するほか，園庭に対しては，水道や下駄箱が設置された面を除いてどこからでも出入りが可能である。これに対して，隣接する場所の数や年齢の幅，接地面の広さや高さなどが増減した場合，テラスの機能や特質はどのように変容し得るのだろうか。

次節では，主に以上の3視点に留意しながら，新たな対象施設のサンプリングを行うとともに，対象に加えた施設のプロフィールを示す。

■ 第4節　追加した対象施設のプロフィール

サンプリングでは，まずA園を，奥行きが大きく，テラスを利用する際の自由度が高い施設と位置づけた上で，奥行きが大きいがテラスの利用に制限がある施設，奥行きが小さくテラスの利用にも制限がある施設，奥行きが小さくテラス利用の自由度が高い施設という，相互に対極の特徴を持つ対象の組み合わせを検討した。その後，予備観察と施設資料の分析により，周囲との隣接状況や保育の特徴を考慮し，最終的にB園，C園，D園の3園を対象として新たに追加した（表3-1）。以下では，各対象園の特徴と本研究における位置づけについて順に述べる。

1．B園のプロフィール

私立保育所であるB園には，テラスと呼称されるL字型の場所が存在する（図3-1，写真3-1）。このテラスは，A園のように片側の全面が園庭に隣接してはおらず，園舎の2階に位置する点では，バルコニーやベランダと呼ばれる場所に近い構造である。しかし，図3-1の右端部分は，せり上がった敷地に設置された園庭に対して，同一フロア上で接続している（写真3-2）。また，2階にある全ての屋内空間とは引き戸を挟んで連続しており，靴の履き替えを伴わず

102　第 3 章　テラスの多様性を踏まえるために

表 3-1　4 対象園のテラス周辺の配置と基本情報

		A 園	B 園	C 園	D 園
テラスおよび周辺の配置					
テラスの形態・保育スケジュールなど	園庭とのつながり	段差なし	橋を挟んで接続	段差あり	段差あり
	隣接する屋内空間	保育室×2　トイレ	保育室×7　ホール	保育室×4または2　内廊下　トイレ	保育室×2　職員室　遊戯室
	屋内とのつながり	引き戸	引き戸　カーテン	引き戸	引き戸
	奥行き	2.25m（陥入部は 4.25m）	2.30m（膨らみ部は 3.20m）	1.70m（段差部含め 2.00m）	1m
	共有する年齢	4、5 歳児	3、4、5 歳児	4、5 歳児	2、3、4、5 歳児
	施設定員	90 名	250 名	210 名	63 名
	午前中の保育の流れ（日により多少前後あり）	8:50　順次登園 9:10　自由活動（11 時前後まで継続の場合あり） 10:30　設定保育 12:00　昼食	7:00　順次登園 9:00　自由活動（活動場所はクラス毎に設定） 10:30　設定保育 12:00　昼食	8:30　順次登園 9:00　朝の集まり 9:30　設定保育 10:30　自由活動 11:30　片付け・昼食	7:30　順次登園 9:30　クラス活動（他施設で「自由活動」とされる内容も含む） 12:00　昼食
	備考	玄関兼用	場所移動に一定の制限	玄関兼用・通園バスあり	環境全体が手狭
観察状況	観察期間	2010 年 7 月〜2011 年 7 月	2013 年 4 月〜2014 年 3 月	2013 年 6 月〜2014 年 6 月	2013 年 7 月〜2014 年 5 月
	時間帯（多少前後あり）	8:50〜11:00	8:00〜11:00	8:30〜11:30	9:00〜11:00
	実施日数	36 日	22 日	16 日	18 日
	エピソードの総数	83	80	56	59

第4節　追加した対象施設のプロフィール　　103

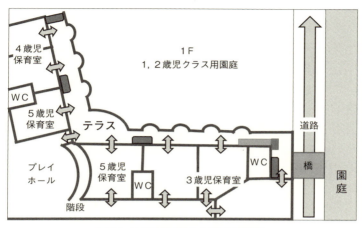

図3-1　B園のテラスおよび周辺の配置

写真3-1　B園のテラスの配置

写真3-2　園庭との接続部分

に行き来することが可能である。計4箇所の水道設備があるほか、靴を収める下駄箱、植物のプランター、イーゼルや酒樽などの大型物品が置かれている。

　テラスの奥行きは、最短部分は2.30mであるが、ポーチ状に膨らんだ部分では最大3.20mに達し、プレイホールと接続する中心部分は大きく開けている。全体的には、子どもの滞留を促す条件といわれる奥行き3m以上を満たしたテラスといえるだろう。他方で、定員が250名とA園を大きく上回り、園庭を含む同一フロアを7クラスで共有するため、円滑な施設利用や安全管理などの観点から、クラス毎に、園庭やテラスを利用できる時間が予め設定されており、

それ以外の時間は，基本的に保育室内で活動することになっている。また，テラスを用いる際には，「あるこう！（はしりません）」，「おもちゃをもってでない」という「やくそく」があり，一部の保育室の壁に貼り出されている。基本的に，B園では，子どもの自由な生活と活動を重んじる保育理念が共有さている。ただし，定員や設備の関係から，上記のような制限もまた必要となっており，結果的に，A園と比較して，利用時間や行動に関する制限の大きい施設となっている。総じて，B園は，テラスの奥行きは大きいが，利用の自由度は低い対象園と位置づけられる。

周囲の場所とテラスの隣接状況を見ると，園庭との出入りが可能な部分は図3-1右端の一箇所のみであり，全面が園庭と接続したA園とは対照的である。こうした特徴のため，クラスによっては，保育室から園庭までの移動距離がかなり長くなっており，機能や特質に与える影響に留意する必要があるだろう。また，B園のテラスは，全7室の3〜5歳児保育室とプレイホールに面し，屋内に対しては多様な動線が描けるとともに，そこに集う人数や年齢の幅もA園より大きい。さらに，階下に未満児用園庭を見下ろすことができ，その場所を巻き込んだ活動等が発生することも考えられる。

2．C園のプロフィール

公立幼稚園のC園は，2つの細長い園舎棟を並列した構造を持ち，園舎棟の園庭側にそれぞれテラスがある（図3-2，写真3-3）。図3-2の手前側のテラスは，4つの保育室に面しており，全幅はA園の倍程度を有する。奥側は，2つの保育室に面しており，規模はA園と類似する。設備に関しては，水道，下駄箱，支柱といったA園と共通するものが多く見られるほか，図手前側のテラスの中央部には，大きな足洗い場が設置されている（写真3-4）。また，A園と同じく玄関を兼ねており，登園・降園時には，送り迎えの保護者や子どもで賑わいを見せている。なお，登降園に関して，一部の子どもは通園バスを利用している。

テラスの奥行きは1.70mであり，2mを下回ることから，滞留行動が起こりにくい小さいテラスに分類できる。また，設定保育が中心であり，9時になると全園児が保育室に入り，30分程度の集会の後，約1時間に及ぶクラス活動を

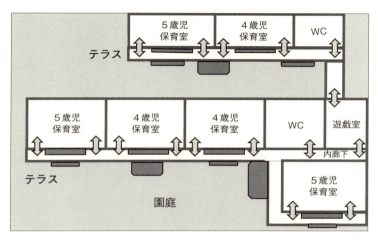

図 3-2　C 園のテラスおよび周辺の配置

写真 3-3　B 園のテラスの配置

写真 3-4　中央の足洗い場付近

行うのが日課である．そのため，テラスを任意の目的・タイミングで使用できる時間帯は，登園してから集会がはじまる9時までの間，10時半から11時前後までの自由活動の間にほぼ限られる．この点は，登園から約2時間，自由にテラスを用いる機会があるA園とは対照的である．そのほか，利用に関するルールなどは，時々走らないよう促しがある以外，明示的な形では見られない．総じて，奥行きが小さく，テラス利用の自由度も低い対象園である．

　園庭や保育室との位置関係や基本的な動線は，A園と類似しており，隣接する保育室数が全6室とA園より多いものの，30〜35名からなる4〜5歳児ク

ラスが,テラスを共有して隣り合うといった状況は共通している。ただし,園庭との間には,階段状の段差が設けられており,平面的に接続するA園やB園とは異なるといえる(写真3-4)。

3. D園のプロフィール

第4の対象園は,公立保育所のD園である。D園では,3保育室および1遊戯室と園庭の間にテラスを有している(図3-3,写真3-5)。首都圏にあり,四方をビルに囲まれたD園は,保育者が園の特徴としてあげるほど環境全体が手狭であり,園庭の奥行きは約6mである(写真3-6)。テラスの奥行きも,1mと全対象施設のなかで最小であり,子ども1人が座れば道を塞いでしまうほどの大きさである。なお,テラスは玄関の役割を兼ねてはおらず,園庭や各室の間の通路としての利用が基本となる。

こうした空間的な制約のため,D園ではB園と同様,クラスごとに園庭や遊戯室の使用時間を割り当てて順番に用いており,それらの場所を使用する以外の時間帯は,基本的に各保育室での活動が中心となるよう計画される。ただし,テラスが保育室活動の際に取り入れられたり,第6章で後述するように,子どもが自由に空間を行き来することが許容されたりしているため,時間による場

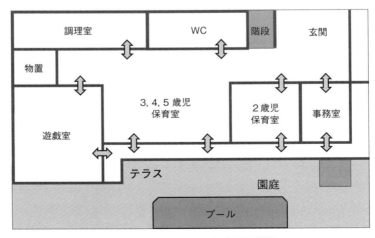

図3-3 D園のテラスおよび周辺の配置

第 4 節　追加した対象施設のプロフィール

写真 3-5　D 園のテラスの配置

写真 3-6　園庭の全景

所利用の制限はそれほど厳格なものにはなっていない。また，他園と同様に，外履きでテラスに入らない，走らないという約束事があるが，保育者は逸脱に対して寛容な姿勢をとっている。先述の点と合わせると，D 園は，テラスの奥行きが小さく，利用の自由度が高い園として位置づけられる。

テラスと周囲の場所の隣接状況としては，一続きの 3, 4, 5 歳児保育室に加えて，2 歳児保育室とも面しており，先のような限られた空間を約 60 名が共有するという点が特徴的といえる。また，園庭に対して，10cm 程度の段差が設けられているほか，その手狭さのために他園と比較して際立って近接しているという特徴が見られる（写真 3-6）。

次章以降では，以上に A 園を加えた 4 園を対象に，テラスの機能と特質に関する共通性と独自性を捉えるための検討を行う。

第4章

4園に見るテラスの機能と特質の共通性と独自性

■ 第1節　本章の目的

　本章では，第2章で検討したA園に，第3章で選定した3園を加えた計4園を対象に，保育環境におけるテラスの機能と特質の共通性と独自性を明らかにする。具体的な課題および意義は次の通りである。

　第1の課題は，園による差異を超えて存在する，テラスの機能と特質の共通性を明らかにすることである。第2章の検討により，A園のテラスは，静動を入り交じった多様な機能を持ち，子どもと周囲の環境の関係性を形成し，また，園での生活・活動に，ゆとりや柔軟性をもたらす特質を有することが明らかになった。しかし，当然ながら，大きさや形状といったテラスの物理的条件は，保育施設によってさまざまである。また，一日の保育の流れや生活上の規則なども，同様に異なると考えるべきだろう。既に，半屋外空間の奥行きが大きい幼稚園ほど，そこでの滞留行動の発生数が増加することがわかっているように（張ら，2003），テラスの特質や機能は，園庭と保育室の境に存在してさえいれば一様であるとは考えにくい。しかし，そうしたなかで，種々の特徴の異なる園であっても，テラスに共通して存在する機能や特質を明らかにすることができれば，保育環境におけるテラスという場所を理解するための理論枠組みの骨子となり，研究や実践のなかに，テラスという場所の存在を明確に位置づけるための一助になり得ると考える。

　第2の課題は，園の特徴に応じたテラスの機能と特質の独自性を明らかにすることである。幅広い保育施設のテラスについて予測や説明が可能な知見を得るためには，上記の共通性に加えて，施設ごとの独自性とそれらが発生する要因を捉える必要がある。こうした独自性とその発生要因を特定することができれば，多様な施設のテラスにおける子どもの動きを予想する際の指標となり得

るとともに，テラスの環境の構成を行う際の根拠としても有効であると考える。また，第2章で明らかになった通り，テラスの機能や特質は，子どもの生活・活動と密接に結びついている。そのため，A園と生活の様相が異なる施設では，A園では目立たなかったテラスの側面が際立って見られることも考えられることから，テラスという場所に潜在する機能や特質を網羅的に抽出する上でも，独自性に対するアプローチは有意義であるといえる。

　以上を踏まえ，本章では，3園について新たに観察を実施し，子どもがテラスを利用した際のエピソードを収集する。その後，4園のエピソードを合わせて，M-GTAを主軸とした方法で相互に比較を行いながら分析し，対象園間でのテラスの機能と特質の共通性と独自性を明らかにする。

第2節　対象と方法

1. 対象園の概要

　対象は，A園，B園，C園，D園の4園である。前章の検討および表3-1の通り，4園は，テラスの奥行きや利用の自由度において相互に異なる特徴を有するほか，周辺の場所との隣接状況にも個性が見られる。概して，テラスの奥行きが大きく利用の自由度が高いA園，テラスの奥行きが大きく利用に制限があるB園，テラスの奥行きが小さく利用に制限があるC園，テラスの奥行きが小さく利用の自由度が高いD園として位置づけられる。また，玄関を兼ね，全面が園庭に接したA園とC園，玄関を兼ねず一部のみが園庭に接したB園，玄関を兼ねず園庭と極めて近接するD園としても特徴が整理できる。これらの園を比較しつつ検討することで，テラスや園全体の大きさや保育の特徴の違いを踏まえた上で，テラスの機能と特質の共通性と独自性が明らかにできると考えられる。

　なお，分析の際は，4園で得られたエピソードの全てを対象とするが，A園のエピソードは，第2章で収集・分析したものをそのまま引き継ぐため，改めて以下の手順による観察を行うことはしない。

2. 観察とエピソード作成の方法

　B園，C園，D園において，それぞれ観察を実施した。実施期間（合計日数）は，B園は2013年4月から2014年3月（計22日間），C園は2013年6月から2014年6月（計16日間），D園は2013年7月から2014年5月（計18日間）である。実施時期や日数は異なるが，季節や行事に伴う保育の変化を考慮し，概ね1年間の観察を行った。時間帯は，子どもの登園時間から午前中の保育時間を目安に設定した。3園ともに，この時間帯は，子どもが各場所を行き来したり，活発に活動を展開したりする機会が集中していることから，エピソードが豊富に得られるとともに，相互に比較が可能であると考えた。観察の期間や日数，エピソード数の一覧は，前章の表3-1にまとめて掲載する。観察の実施にあたっては，事前に対象園の園長および保育者に，本研究の趣旨を説明し，調査協力への承諾を得た。また，園内研修等の機会を通して，エピソードや研究成果を報告することとした。

　観察方法は，A園で行った形式を踏襲し，テラスおよびその周辺に子どもの姿が確認できる場合に，フィールドノーツおよびビデオカメラによってその様子を記録した。その記録から，子どもがテラスでただ通り過ぎる以外の過ごし方をしている場面を抽出し，エピソードを作成した。エピソードを作成する際は，A園のエピソードと合わせて分析することを考慮し，子どもがテラスを利用する直前から，利用を終えるまでの一連の言動を文字に起こしたものという同様の定義を用いるとともに，記述形式などに齟齬がないよう留意した。最終的に得られたエピソードの総数は，B園80，C園56，D園59であった。

3. 分析の方法

　本章では，第2章と同じくM-GTA（木下，2003）を用いてエピソードを分析する。エピソードからテラスの機能と特質を明らかにする際に，M-GTAを用いる理由は，第2章で述べた通りである。ただし，本章では，新たに3園のエピソードを加えるとともに，機能と特質の共通性と独自性を探ることを目的とする。そのため，本項では，まず，第2章の成果と本章の検討の関連性，共通性と独自性を捉えるためのM-GTAの応用方法について述べた後，具体的な分析手順を示す。

1）第2章との関連性および本章における M-GTA の応用

本章では，第2章でA園において収集した83エピソードに，3園で新たに収集した195エピソードを加えた全278エピソードを分析対象とする。理論的サンプリングの考え方に基づけば，「ベース・データ」としてのA園に，「追加データ」としての3園を加えることで，第2章で得られた知見の拡大と精緻化を図るものである。そのため，後述するように，第2章で作成されたテラスの用途を意味する「概念」および分析ワークシートを引き継ぎ，それに新たなエピソードを加えていくという形で，その成果の発展を目指す。ただし，機能を意味する「カテゴリー」および特質を意味する「コア・カテゴリー」，それらの全体構造（図2-2）については，新たな「カテゴリー」等を生成する際の参考としつつも一旦は解体し，追加分のデータを含めた「概念」の生成作業に基づいて，改めて4園の事象を説明する上で相応しいものを作成する。

また，本章では，4園における機能と特質の共通性を明らかにするだけでなく，施設ごとの独自性を明らかにする。そのためには，たとえば，ある機能に各園のエピソードがいくつ当てはまるのか，その園においてある機能が発揮されることの意味とは何か，といった施設別の傾向を合わせて捉える必要がある。しかしながら，木下（2003）による M-GTA では，明らかとなった機能や特質を第2章の図2-2のような構造として描き出すために，各機能に含まれるエピソードの量的・質的な差異が明示化されにくい（そもそも明示化が目的とされていない）。したがって，本章においては，分析によって得られた機能や特質を整理する際に，目的に照らした描出方法の変更が必要である。

上記のような性質を踏まえた M-GTA の応用例は既にいくつかが見られる。西條（2008）では，3名に対するインタビューデータから，本書における図2-2のような形式の構造モデルを作成する際に，各「概念」に何名分の語りが含まれているかを区別するために，ラベルの外枠を太線（3名），実線（2名），点線（1名）と描き分けている。これにより，インタビューの対象者全員に共通する体験と，特定の人物に限定された体験とを明示化している。西條（2008）の試みは，以上と合わせて，M-GTA の手続きを，研究者の関心と相関的に修正することの妥当性を明らかにしている点でも，大いに参考にすることができる。また，本章と同じく，保育施設間の共通性と独自性を捉えることを目指した砂上

ら（2009）では，構造モデルを作成するという方法ではなく，「概念」および「カテゴリー」に該当する「ヴァリエーション」（保育者の語り）の数を記した一覧表を作成し，その数量的・質的な差異を検討することで，保育者の実践知に見られる3園間の共通性と独自性を明らかにしている。これらを本章の目的に照らすと，前者の場合では，広く一般的な「概念」と例外的な「概念」の区別はできるものの，対象ごとの独自性を明示する上では適さない。したがって，本章では，各「概念」に対する対象別の傾向が捉えられる砂上ら（2009）の応用例を参考に，エピソードの分析を行うものとする。以下に，その手順を示す。

2）分析の手順

第2章と同じく，M-GTAの手続き（木下，2003）に依拠し，「概念」などを生成した。ただし，先述した通り，対象園間で見られる共通性と独自性を捉えるという本章の目的に照らして，生成した「概念」等は，構造モデルを描くという従来の方法ではなく，砂上ら（2009）を参考に，該当する施設ごとのエピソード数などを示した一覧表として整理した。

①「分析テーマ」の設定

本章においても，各園のエピソードから，機能と特質を抽出することを第一とするため，第2章と同じく，「それぞれの園のテラスは，子どもによってどのように用いられているか」というテーマを設定した。

②「概念」の生成

新たに得られたすべてのエピソードから，分析テーマに関連すると考えられる文脈を含む箇所を抜き出し，「概念」を生成した。「概念」の生成に際しては，分析ワークシート（表2-1）を合わせて作成し，各「概念」の定義やヴァリエーションを管理した。また，第2章で作成された「概念」と分析ワークシート（表2-1）を引き継ぎ，新たに収集したエピソードから第2章で生成した「概念」に該当するものが得られた場合は，その「概念」のヴァリエーションとして，それが得られた施設の別を明記した上で，既存の分析ワークシートに追加していった。ただし，作業を進めるなかで，ヴァリエーションの内容から別々の「概念」に分割する必要があると判断した場合は，もとの「概念」を解体し，よりそれぞれの意味に適したものに改めた。たとえば，第2章における【園生活の

準備】は，最終的に【家から園の移行】,【移行の拒否】,【移行の保留】,【周囲参加の動機・タイミングの模索】というより細かな「概念」に分割された。他方で，【屋内とのつながり】（第2章では【屋内活動のつながり】と【屋内環境との接触】）などのような類似する「概念」の統合や，【くつろぎ】（第2章）から【合間のくつろぎ】のような，文脈的な意味を補強する語句の追加なども合わせて行った。

　③「カテゴリー」および「コア・カテゴリー」の生成

　「概念」の生成作業がある程度進んだ段階で，複数の「概念」を包括的に説明する「カテゴリー」を生成した。その後,「カテゴリー」間の関連性や類似性を検討した上で，最上位の分析単位となる「コア・カテゴリー」を生成した。なお，本章でも，それぞれを引用する場合は,「コア・カテゴリー」には《》,「カテゴリー」には〈〉,「概念」には【】を付して示す。

　④分析結果の一覧表の作成

　ここまでの分析結果を踏まえて,「概念」,「カテゴリー」,「コア・カテゴリー」の対応関係を示すとともに，それぞれの「概念」のヴァリエーションとなるエピソードが各対象園から何件ずつ得られたのかが一覧できる表を作成した。

■ 第3節　4園に共通するテラスの機能と特質

　分析の結果，30「概念」と9「カテゴリー」，4「コア・カテゴリー」が生成された。「概念」の定義,「カテゴリー」および「コア・カテゴリー」との対応，各「概念」に対する対象施設別のヴァリエーション数は表4-1の通りである。第2章の結果と同じく,「概念」は，主に子どもによるテラスの具体的な用途に関するもの,「カテゴリー」は，そうした用途を整理したテラスの機能,「コア・カテゴリー」は，用途や機能が成立する前提としての場所の特質を意味している。以下では，まず，表4-1をもとにしながら，分析結果全体の概要を示す。その後，4園間での共通性，独自性の検討を行う。

1. 分析結果の概要

　分析により，テラスの具体的な用途（「概念」）は，9つの機能（「カテゴリ

ー」）に整理され、さらに《生活・活動のジャンクション》、《つかず離れずの関係性》、《柔軟な生活・活動場所》、《生活・活動の周縁》という4つの特質（「コア・カテゴリー」）に集約された（表4-1）。

　表右側の数字は、園ごとに、各「概念」に該当するエピソードが得られた数を表している。「概念」単位で各園のエピソード数を比較すると、園によるテラスの用いられ方の差異を見いだすことができる。たとえば、【家から園の移行】については、D園から該当するエピソードが1例も得られておらず、反対に、【周縁的活動参加】については、B園が0例であるのに対して、D園が12例と突出して多いことがわかる。このような結果からは、子どもによるテラスの用い方に、各園の建築的あるいは実践的な特徴が反映されている可能性が考えられる。もっとも、本章で扱うデータは、園ごとの観察回数や実施期間が大きく異なるため、単純な数量比較による分析に適するものではない。そのため、「概念」数の比較は仮説生成の手段として位置づけ、共通性および独自性の最終的な検討は、対象園の情報やエピソードの内容を根拠とする質的な方法によって行った。それによって、各園の独自性が反映されていると判断された表4-1中の箇所を網掛けで示している。

　このように、各「概念」の単位においては、園ごとに細かな差異が見られた。他方、表4-1からは、「カテゴリー」以上の分析単位では、おおよそ全ての園から、各「カテゴリー」に該当するエピソードが得られていることがわかる。このことは、「カテゴリー」としての全9機能は、多かれ少なかれ4園全てにおいて見られ、「コア・カテゴリー」としての4特質の存在については、よりはっきりと全対象園で確認されたことを意味している。そこで、以下本節では、これらを4園のテラスに共通するテラスの基本的な機能と特質と位置づけた上で、より細かな用途のレベルにおいて、園ごとの差異がどのように見られたのかを、「コア・カテゴリー」別に検討していく。その後、次節において、そうした差異を整理し、各園のテラスが有する独自性を描出する。なお、新たに追加した3園のエピソードを引用する際の子どもの呼称は、5歳男児＝○太・女児＝○美、4歳男児＝○男・女児＝○子、3歳男児＝○助・女児＝○代とする（A園の場合は2章の条件を引き継ぐ）。また、既に第2章にて示したA園のエピソードについては、再掲せず第2章を参照されたい。

表 4-1　生成された「概念」等の対応関係

コア・カテゴリー （特質）	カテゴリー （機能）	概念 （用途）
生活・活動のジャンクション （子どもを異なる生活・活動の文脈，あるいは人や集団との関係性へと接合する。）	移行の渦中	家から園の移行
		移行の拒否
		移行の保留
	移行の緩衝	周囲参加の動機・タイミングの模索
		周縁的活動参加
		活動に向けた調整・確認
		周囲への勧誘
		活動のつなぎ
	安定した通路	相手との合流
		通行人の取り込み
		移動の活動化
つかず離れずの関係性 （周囲に対するつながりと分離が両義的に成立する。）	周囲とのつながり	屋外とのつながり
		異質な生活集団との交流
		屋内とのつながり
		非参与観察
	周囲からの分離	遮蔽・仕切りの活用
		集団生活からの離脱
		保育者の回避
柔軟な生活・活動場所 （各園の状況に応じて，各種の制限や領域区分にとらわれない用い方ができる。）	異質な場所	寄り道的活動
		設置物による活動
		活動の持ち込みと転換
		場所への見立て
	開放された場所	活動範囲の延長
		縦横無尽な活動
		汚れ・濡れの解禁
生活・活動の周縁 （いずれの「主要」にも場所に完全に属さず，規範や雰囲気とも距離をおく。）	隠れ家的な場所	独占的空間
		グレーな活動
	生活・活動の止まり木	おしゃべり活動
		合間のくつろぎ
		合間の立ち寄り

第3節　4園に共通するテラスの機能と特質　117

および園ごとの該当エピソード数の一覧

概念の定義	A園	B園	C園	D園	合計
保護者とともに登園してきた状態から園で生活・活動するための状態になること。	11	11	6	0	28
生活・活動に関する移行に対して，泣く，怒るなどの抵抗を示してテラスに留まること。	6	4	1	1	12
強い抵抗は示さないが，テラスに留まり，生活・活動に関する移行を完了しないこと。	12	2	10	2	26
周囲で展開される集団生活・活動に参入するためのきっかけをテラスで模索すること。	10	6	5	6	27
周囲で展開される活動に対して，テラスから何らかの関与をすること。	5	0	3	12	20
テラスで周囲の場所で行う活動のための打ち合わせやメンバー調整などを行うこと。	7	3	2	10	22
テラスにいる際に保育者や他児から周囲の場所での活動に明示的に誘われること。	6	1	1	2	10
活動と活動の間に生じたズレや空白を調整する目的でテラスに留まり過ごすこと。	6	4	9	4	23
登園してくる，もしくは，通行してくる他児と接触するためにテラスで待ち構えること。	7	1	5	3	16
テラスを通行する，もしくは，テラスにいる他者を自身の活動に取り込むこと。	13	10	6	5	34
テラスを通行することに，何らかの意味を付加して1つの活動とすること。	2	8	7	2	19
テラスにいながら屋外（園庭等）の他者・活動・環境・情報などとかかわること。	19	18	5	14	56
異年齢児や保護者など，異なる領域で生活している他者とテラスで交流すること。	9	16	3	5	33
テラスにいながら屋内（保育室等）の他者・活動・環境・情報などとかかわること。	4	8	2	6	20
周囲の活動などに対してテラスから不参加を前提にした観察を行うこと。	6	10	4	8	28
ドアや壁などによる周囲からの分離状態をテラスでの生活・活動に活用すること。	5	9	3	2	19
園庭や保育室での主立った生活・活動の文脈に属さずにテラスで過ごすこと。	6	5	3	4	18
テラスで過ごすことによって保育者の課すルールや活動から逃れること。	2	3	0	0	5
意図していた移動や活動を中断しテラスで一時的に別の活動を展開すること。	6	4	3	3	16
テラスの設備や設置物の使用を意図した活動，もしくは，取り入れた活動のこと。	14	5	11	4	34
周囲で展開されていた活動がテラスに持ち込まれると同時に内容的な変化が生じること。	13	6	11	12	42
テラスの空間的特徴などが見立てとして活動に反映されること。	4	2	2	3	11
周囲（テラス）の活動が大きく変質せずにテラス（周囲）にまで延長されること。	11	5	4	14	34
投げる，走りまわる，飛び跳ねるといった大きな動作や移動を伴う活動を展開すること。	1	12	4	1	18
床や設備が泥や水に接するような活動を展開すること。	1	6	2	2	11
特定の内容やメンバーで閉じられた活動を展開するためにテラスを選択すること。	5	2	0	3	10
保育者などに発見された際に，制止や変更が求められる可能性がある活動を展開すること。	9	10	1	3	23
他者との会話を目的とする活動を展開すること。	6	10	5	7	28
生活・活動の空白や転換期にテラスに留まって落ち着いて過ごす，休息をとること。	8	3	7	5	23
生活・活動の合間にテラスを訪れ，一時的に別の活動を行うこと。	2	7	3	11	23

2. 生活・活動のジャンクション

　保育室と園庭という特に重要な生活拠点をつなぐ4園のテラスには，子どもを異なる生活・活動の文脈，あるいは人や集団との関係性へとつなぐジャンクションとしての特質が共通して見られた。そうしたテラスは，子どもが生活・活動場面の移行に伴うさまざまな出来事や感情体験を経験する〈移行の渦中〉になると同時に，個々の事情に応じて，あるいは結果的に，そうした移行を支援する〈移行の緩衝〉場所としても機能していた。また，日常的に使用される〈安定した通路〉として機能することで，予測に裏打ちされた過ごし方や生活のなかで「定番」化した活動などが発生していた。以下では，これらの機能の詳細と用途の単位で見られた差異について検討していく。

1）移行の渦中

　園生活のなかで，子どもは数々の文脈移行を経験する。たとえば，登園時には，家での生活の文脈から園での生活の文脈への移行を経験し，それ以降のスケジュールのなかでは，屋内（外）活動から屋外（内）活動への移行，自由活動から集団活動やクラス活動への移行，動的活動から静的活動への移行などがあげられる。このような文脈移行の多くは，園庭と保育室をはじめとした生活・活動拠点の移動を伴っており，結果的に，それらをつなぐテラスが，子どもが移行に相対する〈移行の渦中〉となっていた。テラスで経験される移行のなかでも，子どもの感情表出が特に著しい例が，保護者から離れ，園での生活・活動に適合するといった【家から園の移行】である。【家から園の移行】は，子どもによっては大きな不安を伴うものであり（相川，2000），第2章のエピソード2-1やエピソード2-3，以下のB園におけるエピソード4-1のような，泣く，怒るなどの手段による【移行の拒否】や，保育室に入る準備を開始しないなどの【移行の保留】の例も見られた。

■エピソード4-1 ────────────

　対象児：S代（3歳）　　　　　　　　記録日：2013/8/29（B園）

　S代は母親に手をひかれ3歳児保育室からテラスに出てきた。促されるまま外履を手にしたS代だったが，「帰っちゃやだ」と母親を見つめながら泣き声を

上げる。母親は，厳しい表情で「いつまでもいっしょにいれないよ！」と言い聞かせ，先に登所した他の3歳児が遊ぶ園庭にむけて背中を押す。しかし，それでも橋の上で，母親の袖をつかんで離れないS代に対し「ここまでって約束だよ！」と言う。S代はそのまま母親を園庭に引っ張ろうとするが，母親はテラスから一歩も動かない。2人はそのまま膠着状態となり，その間，S代はずっとすすり泣いている。そこへ，その様子に気づいた保育者がやってきた。保育者は，S代の横にしゃがみ込むと，「一緒にお外行こうよ。ここで行ってきますしよう」とS代を説得する。S代は泣きやみかけてはいるものの，動こうとしない。とうとう母親が折れ「じゃあ行くよ」とS代に手をひかれるまま，2人で園庭に向けて歩き出す。しかし，橋と園庭を隔てる門をくぐったあたりで，2人の手はあっけなく離れた。そして，S代は1人で園庭のさらに奥へと歩き出していった。

ただし，こうした【家から園の移行】，それに伴って生じる場合の多い【移行の拒否】，【移行の保留】については，4園間で該当するエピソードの数や内容について差異が見られた。A園とC園のテラスは，園舎への玄関を兼ねており，保護者との分離もテラスで行われる。このような園では，テラスが家から園の生活文脈の分岐点となる機会も当然ながら増える。また，B園では，A園とC園のように玄関を兼ねてはおらず，保護者との分離が行われる場所は，保育室の手前をはじめとしてさまざまであるが，諸々の身支度を終えた子どもを園庭へと送り出すようにして，保護者が園を後にする光景もしばしば見られる。この場合では，A園やC園と同様に，子どもはテラスで【家から園の移行】を経験することになり，時には【移行の拒否】が生じる例も散見された。ただし，エピソード4-1でも見られるように，保護者は子どもが園庭に向かったことや，保育者や友だちと合流したことを見届けてから園を去るため，A園におけるエピソード2-3のように，保護者が帰った後も，子どもがテラスに留まり続けるような例は少なく，A園やB園と比較すると，【移行の保留】のエピソード数は少ない。一方で，テラスが玄関を兼ねず，保護者との分離も屋内の渡り廊下で行われるD園では，【家から園の移行】が1例も見られず，全ての【移行の拒否】と【移行の保留】は，後述する屋外活動から屋内活動へという移行の文

脈において生じたものであった。

　他方で，【移行の拒否】や【移行の保留】は，活動から次の活動に移行する際にも見られた。その顕著な例として，次のエピソード4-2があげられる。このエピソードのなかでM太は，近隣の小学校への散歩の後，保育室活動への移行を保留し，テラスに留まり続けている。C園から小学校への距離は，大人の足で5分少々と短いものであるが，クラスで整列して大きな道路や歩道橋を超えて往復する活動は，多少なりとも疲れが伴うのかもしれない。また，その間は，園で活動するよりも集団行動を強く求められるため，M太が不自由さや集団疲れを感じていたことも考えられる。このエピソードのように，異なる活動が切れ目なく連続する場合や，激しい活動や集団での活動が続く場合などにおいてテラスは，しばしその場に留まることで，生活・活動の流れに対抗し得る場所となっていた。

■ エピソード4-2

対象児：M太（5歳）　　　　　　　　　　記録日：2013/6/25（C園）

近隣の小学校への散歩から帰ってきた5歳児たちは，テラスの段差に腰掛けて靴を脱ぎ中へとあがる。そんな中，M太は段差に座ったままぼうっと道路の方向を見て固まっている。しばらくして，それに気付いた保育者が後ろから肩を叩くと，M太は靴を脱いでけだるそうに立ち上がる。そうして，外履きを収め，内履きを手にしたM太だったが，上履きを持ったままテラスに座り込んで動こうとしない。保育者に「中に入るよ！」と言われても，顔を背けるようなそぶりを見せて動かない。再度声を掛けられたM太はようやく重い腰をあげ，上履きを履いて保育室へと向かう。だが，保育室とテラスの間の引き戸付近でまたしても座り込む。通り道に足を伸ばす恰好となったため，通行する何人かはM太の足をまたぐ。それにM太は足をぴたりと閉じて「またいで！」というかのように応じる。しかし，最後はやってきた保育者に手を引かれて自分の椅子の場所に移動していった。

2）移行の緩衝

　《生活・活動のジャンクション》としてのテラスにおいて，特筆すべき点は，

単に移行を生じるだけに留まったり，子どもと周囲とを闇雲につなげたりするのではなく，個々人の移行をさまざまに支援する〈移行の緩衝〉機能を同時に有することである。テラスでは，次に述べる《つかず離れずの関係性》としての特質を有するなど，周囲の場所と密接かつ独特な関係性を構築している。こうした周囲に対する関係性を利用することで，生活・活動の移行が，円滑化・弾力化されていると見られるエピソードが全園において見られた。

〈移行の緩衝〉機能として，第1に【周囲参加の動機・タイミングの模索】がある。第2章のA園の分析では，テラスから園庭などの様子を観察し，参加する活動を探したり，参加のタイミングをうかがったりするエピソードが見られた（エピソード2-22，エピソード2-37）。こうした例は，他の3園でも同様に見られ，園庭とテラスの設置面が小さく，橋で接続されたB園においても，橋の手前で座り込みながら園庭の様子を観察し，他児の接近をきっかけに活動に合流するといった場面（エピソード4-3）などが観察された。

■ エピソード4-3 ─────────

対象児：H助（3歳）　　　　　　　　　　　記録日：2013/4/22（B園）

3歳児の大半が園庭で過ごすなか，H助はテラスの橋付近で園庭に向かって体育座りでいる。観察者が接近すると，H助は立ち上がり「何してるの？」と話しかけてくる。観察者と言葉を交わした後，H助はくつ下姿で，テラスと3歳児保育室付近をゆっくりと往復しつつ，各保育室内の様子やテラスから見える園庭の様子を眺める。橋の所まで戻ってきたH助は，再び園庭に向かって体育座りをする。そのとき，園庭から他児が橋の中間あたりまでやってきて，また園庭へと戻っていった。H助は，立ち上がって側に置かれた靴を履くと，その他児に続くように園庭へと歩いていく。

また，テラスから園庭や保育室で展開される活動に関与する【周縁的活動参加】によって，場所の移動を伴わずに，活動の文脈を移行させるという例も見られた。こうしたテラスの用い方は，D園で特に見られた。D園は，他の3園に比べて環境全体が手狭であり，テラスと園庭の活動が近接するという特徴を有する。そのため，園庭との間で道具や情報を共有したり，言葉を交わしたり

することが容易である。たとえば，以下のエピソード 4-4 で K 太は，園庭からテラスに転がり込んでくるボールを追いかけるとともに，園庭の他児やボールの動きと同調し，まるで同じ場に属しているかのように活動に参加することができている。こうした参加の仕方が可能であることは，仲間入りや外遊びの準備といった移行に伴うハードルを緩和することで，子どもの活動への合流を柔軟化していると考えられる。この用途は，園庭とテラスの設置面が小さく，橋を介する B 園では 1 件も見られなかったことから，テラスと周囲との隣接状況や距離による影響が大きいと考えられる。

■エピソード 4-4

対象児：K 太（5 歳児）　　　　　　　　　　記録日：2014/3/7（D 園）

D 男，H 男，J 男の 3 人は，プールの前に広がってサッカーボールを蹴り合っている。K 太は，保育室から出てきてから，ずっとその様子をテラスから眺めている。そのうち，遊戯室方向に勢いよく蹴られたボールが，テラスまで転がってきた。K 太は，それを走って追いかけると，テラスから 3 人のいる方向へ蹴り返した。ボールを受けた D 男は，H 男たちのいる方向へとボールを蹴り，再び 3 人でのボールの蹴り合いがはじまり，K 太は蹴り返した位置から動かずに，3 人の様子を見つめている。その後も，受け損なったボールが何度もテラスへと転がってきた。K 太は，そのたびに，ボールを蹴り返そうと，テラスを激しく動き回る。K 太の動きは次第に激しくなり，D 男たちがボールを蹴るタイミングに合わせて，その場で回し蹴りのように足を振り上げはじめる。しばらくして，そんな様子を見た園庭の保育者が「一緒にやったら？　今日はそんなに寒くないよ？」と声をかけた。しかし，K 太はその場に立ち止まったまま，回答を濁す。その後も，K 男はボールを追ってテラスを走りまわっていた。

さらに，テラスが【活動に向けた調整・確認】の場所となることで，活動への移行が円滑化されていると考えられるエピソードも各園で見られた。靴の履き替えや防寒着の着脱などを行うテラスは，子どもが新しい場所で新しい活動を始めるまでの間の時間を過ごす場所となる。こうしたわずかな滞留の間に，遊びの内容や成員の役割が話し合われる場合がある。例として，以下のエピソー

ド 4-5 では,テラスで靴を履き替えるまでの間に,遊びのリーダーが決定されている。また,園庭とテラスが近接するD園においては,テラスと園庭との間でも言葉による【活動に向けた調整・確認】が容易であり,エピソード 4-6 のように,子どもが園庭活動への参加を決定する前に,テラスから活動の内容や参加した場合の役割を確認するといった例が合わせて見られた。

■エピソード 4-5 ─────
対象児:T太・D太・S太・K太・M太(5歳児)　記録日:2014/3/7(C園)
外遊びの時間になると,T太・D太・S太・K太・M太の5人は,帽子をかぶってさっそくテラスへとやってきた。5人は,テラスの段差に並んで座り,急いで靴を履きかえる。その途中,「俺がリーダーよ!」「違う,S太がリーダーよ」と,口々に園庭での遊びの役割について話し合っている。全員が靴を履き終わるのとほぼ同時に,S太がリーダーということに落ち着いた。5人は走って園庭を横断し,遊びの基地となる集合型遊具に陣取った。

■エピソード 4-6 ─────
対象児:F太(5歳児)　記録日:2013/10/23(D園)
保育室を散策していたF太は,テラスへと足を伸ばしてきた。一人でテラスへと出たF太は,砂場を掘って棒状の工作物を埋め込んでいる3名の5歳児たちに目をとめた。しばらく様子を見た後,F太は「何やってるの?」と切り出した。砂場の男児たちが「こびと捕まえてる」「昨日の穴で捕まえてる」と口々に応える。F太は,「捕まえるの?」と確認するかのように質問を重ねた。しかし,男児たちは「こびと探し」に目が向いており,F太の質問は届いていない。F太は,黙って下駄箱から外履きを取り出すと,歩いて砂場へと向かい,「こびと探し」に加わった。

このほか,テラスでは,【移行の保留】や【周囲参加の動機・タイミングの模索】の状態にある子どもに対して,保育室や園庭で過ごす保育者や他児などから,【周囲への勧誘】がもたらされる場合もあり(エピソード 2-34),移行のきっかけが受動的にもたらされる例も散見された。加えて,次の活動との間に

生じた時間的空白や，他児との時間的なズレを調整する【活動のつなぎ】の場所として用いられるというかたちの〈移行の緩衝〉も見られらた。こうした用途は，登園してから朝の会が始まる9時までの間で空白の時間が生じやすいC園において頻繁に見られ，テラスで遅れて登園してくる他児の様子を眺めたり，支柱にしがみついて周りを回ったりといった，「つなぎ」としての意味を持った活動が日常的に観察された（エピソード4-7）。

■エピソード4-7

対象児：Y美・K太・H太（5歳児）　　　　　記録日：2013/9/10（C園）

保育者が登園してくる子どもや保護者への対応に忙しくする中，テラスをうろうろしていたY美とH太が，2つの保育室の間あたりの柱の前で足を止めた。そこへ，K太も近づいてくる。Y美が真っ先に柱を両手で抱えるように抱きつくと，H太とK太も隙間を見つけて柱に両腕を回す。3人は柱を軸にして，互いにうまく間隔をとってぐるぐると回る。しかし，その矢先，「みんな時計見るよ！」という保育者の声がかかった。3人はすぐに柱から離れると，互いの腕をつかみ合いながら保育室へと移動していった。

3）安定した通路

　子どもが人や活動とつながるジャンクションとしての特質は，生活・活動のなかで確実にその場所を通る，または，誰かが必ずその場所を訪れるといった，テラスの通路としての安定性をも意味している。各園の観察においては，こうした〈安定した通路〉としての機能を応用したと考えられる用途も見いだされた。

　そうした用途として，まず【相手との合流】があげられる。第2章で【待ち合わせ】の例としてあげたエピソード2-5などに明確なように，テラスが玄関を兼ねる園では，登園時や屋外活動からの帰還時に必ず通る場所となるために，目当ての相手と確実に合流しようとする場合に適している。そのため，A園と同様に，テラスが玄関を兼ねるC園においては，友だちの登園や通園バスの到着を待つ子どもの様子が見られた。他方で，玄関を兼ねないB園やD園においては，そうした姿はあまり見られず，テラスから見下ろせる駐車場にやって

くる保護者を待つ子どものエピソード（B園），テラスから近隣の道路を眺めて他児の登園する様子をうかがうエピソード（D園）などに留まった。

次に，【通行人の取り込み】である。通路となるテラスで活動を行うことで，そこを通る他児や保育者を活動に巻き込み，活動を発展させることが可能になる。たとえば，以下のB園のエピソード4-8では，カメラに模したおもちゃで遊ぶM子とI子が，通りかかった保育者や観察者をモデルとして次々に遊びに巻き込んでいる。さらに，R男の場合では，偶然モデルにされたことをきっかけに，その後，I子に代わって遊びの主導権を握るに至っている。こうした用途は，全対象園において同様に見られ，テラスが，不特定多数の参加者の獲得が見込める活動場所として，子どもに用いられているとともに，偶然的に活動の転換や拡大が生じやすい場所であることがわかる（エピソード2-14）。

■ エピソード4-8 ─────────────────────────

対象児：I子・M子・R男（4歳児）　　　　　記録日：2013/8/29（B園）

カメラ型の玩具を持ったI子は，近くにいたM子に呼び掛け，一緒にテラスへと移動する。I子は，M子をテラスのフェンスにもたれるように立たせると，「はい，チーズ」と言ってI子にポーズをとらせる。I子は，ピースのポーズをとるM子にカメラを向け，サイトを覗きこむ。そのあと，I子は側にいた観察者や保育者を呼び込み，園庭を背にポーズをとらせると，同じようにカメラを向けて撮影する真似をする。通りかかったR男も，自然とM子たちの横に並び，I子に言われるままピースのポーズをとり，撮影される。そのあと，R男はI子に近づいていき，カメラの玩具に手をのばす。I子は何も言わずにカメラをR男に渡す。かわってカメラを持ったR男は，被写体を探すためか保育室へと移動していき，I子たちもそれを追って保育室へと入っていった。

最後に【移動の活動化】があげられる。日常的にテラスを通行するなかで，その移動に活動としての意味が付与される場合がある。こうした【移動の活動化】は，屋内活動から屋外活動への移行時や，集会などの前にトイレへと向かう際に見られたことから，決まったタイミング・目的で生じる移動から派生しやすいことが考えられる。このことは，他2園と比較して日々のスケジュール

が明確なB園とC園において、該当するエピソードが多くに見られたことからも裏付けられる。B園の場合は、クラスごとに、園庭が使用できる時間帯が決められているため、その時間帯になると、体調が芳しくない子どもなどを除いたクラスのほぼ全員が一斉に園庭へと移動する。そうした移動に対して、子どもが競争や探検といった意味を付与する例が見られた。さらに、C園の場合は、活動場所がクラス単位で設定されていることに加えて、9時からのクラス集会前や設定活動への移行時には、各保育室からテラスを通ってトイレに行くことが日課とされている。その際には、エピソード4-9に見られるようなスキップや競争を盛り込む例をはじめとした、多彩な日常の【移動の活動化】が見られた。このような【移動の活動化】は、子どもを活動や他者へとつなげる《園生活のジャンクション》に関連する用途としてはやや異質であるが、単純な活動間の移動を、遊びに変質させることで、広い意味では、活動と活動の間をつなげる用途ともいえるだろう。

■エピソード4-9

対象児：S美 他（5歳児）　　　　　記録日：2013/10/21（C園）

設定保育の前に一斉にトイレへと向かったつき組。子どもたちは、順番にトイレを済ませると、各自保育室へと戻っていく。保育室までの移動方法は、歩くのはもちろん、スキップや全力疾走と多彩である。そんななか、トイレから出てきたS美は、しばらく出入り口付近で、トイレの中の様子をうかがうようにしながら留まっている。そこへ、K美がトイレから出てきた。すると、S美は前傾しつつ「よーい……」と言った。K美はそれに応じて、つま先の位置をS美と合わせる。そして「どん！」のかけ声と同時に、2人は保育室へと直線のテラスを駆けていった。

3. つかず離れずの関係性

同じく4園に共通して見られたテラスの特質として、《つかず離れずの関係性》がある。これは、第2章で得られた【つかず離れずの関係性】と同義であり、周囲との接合と周囲との分離が両義的に成立するという特質である。このようなテラスでは、そこに居ながらにして、すなわち完全な移行を伴わずに、保育

室や園庭などを対象とした〈周囲とのつながり〉を持つことができ，他者との交流や活動への参与が可能である。一方で，周囲と一定のつながりを保ちながら，〈周囲からの分離〉状態を得ることも可能であり，そうした要素を巧みに取り入れた活動を展開したり，集団生活から一時的に離脱したりすることができる場所としても用いられる。このように，周囲に対するつながりと分離が両立するテラスでは，状況に応じて周囲との関係性の度合いを調整し，個々の子どもにとって適当な立ち位置を創出できるという特徴がある。このことは，前述の〈移行の緩衝〉機能とも深く関係しており，《生活・活動のジャンクション》であることと合わせて，【周辺的活動参加】や【周囲参加の動機・タイミングの模索】がテラスで生起する要因として考えられる。また，後述する《柔軟な生活・活動場所》と《生活・活動の周縁》に属する機能の成立についても，【つかず離れずの関係性】という特質との関連性が見られる。したがって，テラスの4つの特質とは，個別的にではなく，複合的に各種の機能や用途を成立させていることが指摘できるが，詳細は小括にて述べる。

1）周囲とのつながり

まず，テラスに居ながらにして得ることができる，〈周囲とのつながり〉について見ていきたい。第2章でA園のテラスについて検討するなかでは，〈屋内と連続した場所〉や〈屋外と連続した場所〉などの機能として，園庭や保育室の環境との結びつきが見られた。本章の検討でも，そうしたテラスと屋内外との関係性が全対象園において見られるとともに，各園の形状や保育と関連した特徴が見られることが明らかとなった。

先に，【屋外とのつながり】について検討する。テラスから園庭で活動する保護者との会話が行われたエピソード2-10や，屋外から入り込んできた虫をテラスで観察するエピソード2-12のように，各園のテラスでは，屋外に存在する人や物に対して接触を図ったり，流入してきた物や情報を用いた活動を展開したりすることが可能である。ただし，活動の内容に目を向けると，各園の特徴が次のように明らかになった。

A園では，先にあげた2つのエピソードのほか，園庭で行われる活動をテラスから観察し参加を試みる例（エピソード2-22）や，園庭で活動する他児をテ

ラスでの活動に取り込む例（エピソード2-7）といった，園庭での活動と連動した用い方が多岐にわたって見られた。A園では，テラスの片側全面が園庭に面しており，相互に様子を把握したり，働きかけたりすることが容易である。また，エピソード2-13における「外でするよ」という保育者の誘導や，エピソード2-38の「外に出ないと怒られる」というY子の発言からも裏付けられるように，A園では，屋外での活動が積極的に推奨される傾向が見て取れる。そのため，自由活動時間では，園庭側に活動や人が集中しやすく，テラスで過ごす場合であっても，屋外活動への合流が暗に方向付けられていたことが考えられる。このことは，【屋外とのつながり】に比べて，【屋内とのつながり】を示すエピソードが少数であることとも無関係ではないだろう。総じて，A園において，テラスと園庭との密な関係性が見られる背景には，これらの諸特徴があると考えられる。一方で，同じくテラスと園庭が広く接するC園においては，A園のように，際立った園庭とのつながりは見られなかった。C園では，A園に比べて自由活動の時間が短く，自由活動時間になると，子どもは一斉に園庭の遊具や活動場所に向かう光景が日常的になっている。そのため，テラスから園庭の様子をじっくりと観察したり，テラスと園庭に子どもが分散して活動したりする機会が少ないことが理由として考えられる。

　B園では，該当エピソード数がA園に続いて多いものの，18エピソード中16エピソードが【異質な生活集団との交流】と重複するという特徴が見られた。つまり，B園における，テラスにいながらにしての【屋外とのつながり】とは，ほとんどが，階下に広がる未満児用園庭と関連したエピソードである。B園のテラスでは，移動や休息の合間に，柵の間から階下の様子を見下ろす子どもの姿が頻繁に観察された。また，エピソード4-10のL子のように，階下の保育者や子どもに声をかけたり，遊びの指示を出したりする場合も見られた。こうした階下との交流が豊かに見られた一方で，同一階の幼児用園庭とのつながりを示すエピソードは，先に示したエピソード4-3を含む4例に留まり（うち2例は【異質な生活集団との交流】と重複），A園のエピソード2-7のような，相互の場所での活動のつながりがうかがえるエピソードは1例に留まった。このことは，テラスと園庭との接地面が少なく，橋を介するというB園のテラスの特徴が反映されていると考えることができるだろう。

■エピソード 4-10
対象児：L子・S子・N子（4歳児）　　　記録日：2013/5/23（B園）
テラスへと出てきたL子たちは，会話をしながら保育室前のテラスのふくらみ部分に集まった。そして，全員で柵を握って，未満児用園庭を見ながらおしゃべりをする。L子は，未満児クラスの保育者が接近してきた際には上から「せんせーい！」と大きな声で呼びかけ，柵を叩いて気付かせようとする。また，N子は下で遊ぶ未満児の様子を見て，その場で手をバタバタさせてまねをしてみせる。その様子を見て，他のふたりもにっこりと笑みを浮かべる。しばらくすると，今度はL子が「Tちゃ〜ん！」と呼びかけはじめた。「誰？」と尋ねる2人に，L子は「オレンジのくつの子」と指をさして教える。見上げるTちゃんに，L子は「何やってるの〜？」と呼びかけを続ける。そのうち，保育者から入室を促す声があり，3人は保育室へと戻った。

写真 4-1　階下を見下ろす3人

その一方で，園庭とテラスが近接するD園の場合では，【活動に向けた調整・確認】の例として示したエピソード4-6のように，園庭の最も奥側に位置する砂場との間でも，テラスからの会話や情報の取得が可能である。また，テラスを移動することで，園庭のどこで展開されている活動に対しても，約6m以内の距離まで接近することができる。たとえば，以下エピソード4-11のK太は，興味のある活動ができるだけ近くで観察できる位置までテラス内を移動し，最終的に活動への参加を決めている。さらに，このエピソードでは，一日保育士体験中の他児の父親の方も，そうしたK太の存在に気づき，園庭から声

をかけている。このように，D園のテラスと園庭との間では，まるで同じ場所にいるかのような距離感で，子どもと他者，子どもと活動が関係性を持つことができ，D園にて，テラスと園庭との密接な結びつきが生じる理由の1つであると考えられる。

■エピソード4-11

対象児：K太（5歳児）　　　　　　　　**記録日：2013/11/25（D園）**

保育室で製作活動の机の回りをうろうろしていたK太はテラスへとやってきた。保育室の引き戸の目の前では，数名の5歳児たちが木の上の鳥小屋の穴をめがけて小石を投げている。K太は，テラスにつなげられたすのこを渡って彼らに近づき「何やってるの？」と声をかけた。しかし，男児らからの返事はない。そのとき，職員室の前あたりから一日保育士のお父さんと，一緒になって遊ぶ子どもたちの大きな声が聞こえてきた。K太はそちらに視線を移すと，ほぼ同時に靴を手に持ってテラスを横断し，その集団の前にくると段差に座る。お父さんと子どもたちは走り回って鬼ごっこをしていた。その様子を座ったまましばらく観察するK太。それに気付いたお父さんは「なにやっとるん？」とK太に声をかけた。すると，K太は手に持っていた靴を履き，その一団へと合流していった。

次に，【異質な生活集団との交流】について検討する。異年齢の子どもや保護者，未就園児など，さまざまな属性の人間との接触ができることも，複数の場

写真4-2　鬼ごっこへの参加を決めたK太

所を跨ぐ共有空間であるテラスの特徴である。こうした用途においては，B園に際立った特徴が見られた。他の3園では，テラスで過ごす子どもの交流の相手が，登園などで居合わせた保護者やその同伴者，偶然に通りかかった異年齢児などにほぼ限られていた。それに対して，B園では，階下に未満児用園庭が広がるため，そこで過ごす他児や保育者とも交流が可能である。なかには，エピソード4-10のL子のように，顔見知りの保育者や未満児と言葉を交わしたり，未満児クラス時代の担任保育者や弟妹に声をかけたりする例も見られ，同園における子どもの人間関係に，多様性や継続性をもたらしていることが考えられる。

　以上のような，テラスと園庭側との間での人や活動のつながりと比べると，テラスと【屋内とのつながり】のエピソードは，4園ともに少数であり，また，その大半が，A園のエピソード2-8（第2章，〈屋内と連続した場所〉）のように，引き戸越しに保育室の中の様子をうかがうといったものであり，多様性についてもやや乏しい。テラスと屋内との間では，靴の履き替えなどが不要であり，遊具や家具の互換性も高いため，屋内の活動をそのままテラスに持ち込む，テラスと屋内とを行き来する活動の展開などが可能である（後の【活動の持ち込み・転換】で詳述）。他方で，テラスに居ながらにしてつながりを持とうとする場合では，引き戸や壁という遮蔽物があり，屋外に対する場合と比べて制限があると考えられる。そのため，活動を持ち込みやすいという点では，鶴岡（2010）でも指摘されるように，テラスは屋内とより密な連続性を有するとも考えられるが，場所を跨いでのやりとりという点においては，隔たりもあるといえる。これは，B園の【屋内とのつながり】を示すエピソードの8例のうちの6例が，後述する【遮蔽・仕切りの活用】に関連した，隠れる・隠す要素を伴う内容であったことからも明らかである。

　ただし，上記のことは，単にテラスと屋内の断絶を意味するのではなく，隔たりを利用したつながり方をもたらすものとして考える必要がある。それによって生じる用途の1つが，【非参与観察】である。テラスで過ごす子どもと〈周囲とのつながり〉の特徴は，興味の対象に対して，距離感や生活文脈の違いをある程度保持したまま，その様子をうかがうという関係性にある。時には，テラスの側から壁や窓越しに，一方的に相手を観察するということも起こり得る。

その例としては，ガラス戸越しに年長児クラスの活動を観察するA助を捉えたエピソード2-8や，M助が一方的に階下の未満児を見下ろす以下のエピソード4-12があげられる。こうした半ば一方的なつながり方の場合は，自身が場所や生活文脈の移行を迫られたり，なんらかの役割を求められたりすることがないという安心感があると考えられ，移動や活動の合間などに，気軽に周囲に関心を向けることを許容し，〈移行の渦中〉にいる子どもや，【活動のつなぎ】のためにテラスを用いる子どもにとって，つかの間の楽しみともなり得るだろう。

■エピソード4-12

対象児：M助（3歳児）　　　　　　　　　　記録日：2013/6/13（B園）

トイレに行くためM助は保育室へと戻っていた。その帰り，テラスへと出てきたM助は，テラスの柵に頭をもたげ，直立姿勢のまま階下の様子を見下ろす。M助の下には，保育者に手伝ってもらいながらテラスで靴を履き替える2歳児たちの様子や，ひさしの影が風で揺らめいているのが見える。M助は，無表情のまましばらく下を見続ける。そのあと，内履きを下駄箱に戻し，園庭へと向かっていった。

2）周囲からの分離

以上のような柔軟な〈周囲とのつながり〉のあり方が見られると同時に，テラスは〈周囲からの分離〉の機能も有している。こうしたつながりと分離の両立が，《つかず離れずの関係性》という場所の特質の本質であり，そのために，〈移行の緩衝〉機能や多用な〈周囲とのつながり〉方が成立する。また，〈周囲との分離〉というテラスの機能を意図的に活用することで，他の場所とは異なる生活・活動の展開も可能になる。以下では，そうした用い方の典型的な例として，関連する3つの用途を検討する。

〈周囲からの分離〉の機能に関する用途として，まず，【遮蔽・仕切りの活用】があげられる。4園のテラスには，共通して屋内との間に，壁や引き戸という遮蔽物や可動式の仕切りが存在する。テラスでは，こうした遮蔽物や仕切りを積極的に活用することで，さまざまな活動が創造されていた。なかでも，テラ

スから保育室にいる他児のところへ近づいて驚かせる（エピソード 4-13），保育室にいる友だちから見えないようにテラスに物を隠す（エピソード 4-14）といった，かくれんぼや宝探し，鬼ごっこなどと類似した活動が多く見られた。テラスをヒーローへの変身場所として用いる A 園のエピソード 2-6 も，そうした閉鎖性，隠蔽性を応用した用い方であると考えられる。こうしたエピソードは，B 園において特によく見られた。クラスごとに活動場所が指定された B 園では，屋内活動の時間帯は常に保育室内が混雑するため，引き戸の周辺まで屋内活動が展開される。また，同じ理由で，混雑する保育室から，保育者の目を盗んで開放的なテラスに抜け出してくる子どもが散見される。そうした子どもたちが，窓越しに屋内で活動する他児の様子をうかがうことで，両者の間には覗き，覗かれという関係が生起し，かくれんぼのようなやりとりが発生する。加えて，B 園では，同年齢のクラスが並列して複数存在するため，お互いの様子をテラスから窓越しに偵察するような活動も生じる。こうした理由から，B 園は，テラスと引き戸を挟んだ交流が発生しやすい条件にあり，エピソード 4-14 のような，意図的な宝探し遊びなどに発展する可能性も高いものと考えられる。また，この【遮蔽・仕切りの活用】においては，エピソード 4-13 で曲がり角の壁（写真 3-2）が隠れるために使用されたり，D 園の事務室右側のくぼみの空間（図 3-3）が隠れ場所として使用されたりするといったように，各園の園舎の形状が反映されることも示唆された。

■ エピソード 4-13

対象児：Y 太・T 太・H 太（5 歳児）　　　　記録日：2013/11/26（C 園）

つき組の Y 太は，テラスを走って横断し，保育室 2 つを挟んだにじ組の前までやってきた。にじ組では，T 太と H 太が，保育室とテラスを行き来しながら追いかけっこをしている。Y 太は，曲がり角の壁から顔を半分だけだし，その様子を隠れて見る。T 太たちも，それに気付いているようで，にやにやとした表情を浮かべながら，壁の方向を気にする。T 太が保育室に入った後，Y 太は壁から出て保育室の入り口付近に近づく，そこでは，T 太がしゃがんで待ち構えていた。T 太は，猛犬のように勢いよく Y 太に向かって飛び上がって立ち上がる。Y 太は「きゃー！」と言いながら，テラスを逆方向に逃げる。しかし，少し逃げた

あたりで，Y太は隠れていた壁へと戻り，T太もまた保育室へと戻り，番犬のように入り口にしゃがんだ。Y太は，再度保育室へと忍び寄る。そして，入り口に顔を覗かせた瞬間，T太が「がー！」と吠えながら飛びかかる。2人は，そのままにじ組側面の水道のあたりまで追いかけっこをする。その後は，T太はにじ組，Y太はつき組へと戻っていった。

■エピソード4-14

対象児：T太・G太・K太（5歳児）　　　　　記録日：2013/6/13（B園）

水の入ったデザートカップを持ってきたT男は，テラスの壁に寄せておいてあるイーゼルのポケット部分にそれを置くと，「いいよー！」と保育室に向かって叫んだ。するとK男とG男がやってきて，テラスを見渡す。すぐに，イーゼルなどが置いてある物置場に目を向けると，K男は「見つけ！」といってカップを手に取った。このあと，3人はカップを持ったまま保育室へと移動していった。

こうした周囲からの隔たりは，子どもが一時的に【集団生活から離脱】する場合にも活用される。第2章の検討でも明らかになったように，テラスの周囲に対する《つかず離れずの関係性》は，周囲との関係性を最低限保ったまま，自分の状態や関心を優先した過ごし方を許容する（たとえば，エピソード2-38，2-39）。そうしたテラスの側面は，A園のみならず，対象とした全園において見られた。また，そうしたエピソードは，活動の長時間化や他児とのトラブルなどによって，保育室や園庭での活動の継続が困難になった場合（たとえば，下記エピソード4-15では，近くで鬼ごっこを始めたS太たちによって縄跳びを阻害されたR美が，活動を一時的に中断し，テラスに座り込んでいる），屋内（屋外）から屋外（屋内）の活動への移行時に【移行の保留】と関連して見られる場合（たとえば，エピソード4-2）の2通りが見られることも，4園で共通していた。「主要な場所」につながると同時に，〈周囲からの分離〉の機能も有するテラスは，4園における個々の子どもの生活・活動に対し，猶予やゆとりをもたらす場所となっていることがうかがえる。

■エピソード 4-15

対象児：R美（5歳児）　　　　　　　　　記録日：2013/12/4（D園）

最近前跳びができるようになったというR美は，園庭の中央あたりで一人前跳びにチャレンジしている。そこへ，追いかけっこを始めたS太たちが，「ぐーるぐるー！　ぐーるぐる！」といいながらすぐ側まで近づいてきた。それにR美は，「ちょっと！　邪魔なんだけど！」と強い口調で言った。しかし，S太たちは追いかけっこをやめようとしない。R美は，手に縄を構えた姿勢のまま，その様子をにらみつける。そのうち，R美は縄跳びをやめて，テラスへとやってきて段差に腰かけた。そして，園庭の様子をぼーっと見つめる。しばらくすると，R美は何やら向かい合って話している保育者と5歳児の一団に目をとめた。R美は立ち上がると，そのそばに接近し様子をうかがう。

　以上に加えて，【遮蔽・仕切りの活用】や【集団からの離脱】のなかには，【保育者の回避】を特に意図したといえるものが存在した。そうしたテラスの使用法は，A園とB園にのみ見られ，頻度としても多いとはいえない。ただし，A園の場合では，全てのエピソードが，エピソード2-22のY子のように，テラスが有する屋内か屋外かがあいまいな特質を利用して，保育者が促す屋外活動を回避するために，テラスに留まるといったかたちで見られたのに対し，B園の場合では，以下のエピソード4-16のように，保育者の目を盗んで，テラスの使用が許可されていない時間帯にテラスを使用したり，保育者が禁止している活動を密かに展開したりするといったかたちのものが主であった。したがって，B園の場合では，テラスの有する周囲に対する分離の機能が，子どもによって明確に意識されており，同園で生活・活動を展開する上で生じるルールや空間的な制限に対抗する目的で，テラスが用いられているという特徴が見えてくる。この点については，後述する【縦横無尽な活動】や【グレーな活動】において，改めて考察することとする。

■エピソード 4-16

対象児：R男・G男（4歳児）　　　　　　記録日：2013/11/21（B園）

室内遊びの時間中，カーテンが閉められた保育室からR男とG男が，ゆっくり

とした動きでテラスへと出てきた。2人は少しの間その場をうろうろとした後、すぐに持っていた広告で作った剣で戦いごっこをはじめる。「しゃきーん」「しゃきーん」と声を上げながら、2人は互いに剣で斬りかかったり、パンチを打ったりする。途中、G男は激しい鍔迫り合いに、剣の状態を気にする様子を見せる。しかし、R男はお構いなしに攻撃を続ける。R男は、剣の刀身を触って曲がり具合を確かめているG男の後ろへと回り、「後ろから怪獣が〜」といいながら、加減したパンチを背中に打ち込む。そうこうしていると、保育者がカーテンから顔を出してきて、「中で遊ぶよ」と声をかけた。2人はすぐに保育室の中へと戻っていった。

4. 柔軟な生活・活動場所

　以上に加えて、テラスは、《柔軟な生活・活動場所》としての特質も有している。テラスが、子どもの生活や活動の拠点となり得ることは、既に先行研究（横山, 1992；張ら, 2003）で明らかにされている。また、第2章では、屋内とも屋外とも異なる〈独立した活動場所〉として、テラスならではの遊びが見られる可能性が示唆された。本章の検討では、そうした独自の活動場所としての側面が、全対象園に共通して見られるとともに、テラスの形態や保育の特徴と関連した園ごとの傾向が見られることがわかった。いわば、柔軟と形容される特質が、テラスの形態や保育の特徴、規則などに対してどのように順応し、どのような子どもの生活・活動として顕在化しているのかが明らかとなった。以下では、機能別にその具体について検討する。また、他の特質との関連性についても合わせて示していく。

1) 異質な場所

　テラスは、保育室や園庭から道具や活動を持ち込み、その場で活動を展開できるマルチスペース、オルタナティヴスペースとしての柔軟性を有する。同時に、活動にテラスという場所の形状や状況を反映し、周囲とは異なる要素が付加できることで、活動の内容を多様化させ得るという意味での柔軟性も有している。生活・活動場所としてのテラスは、つながりと分離の要素が両義的に成立する《つかず離れずの関係性》の場合のように、周囲と類似・連続しつつも、

第 3 節　4 園に共通するテラスの機能と特質　　137

独自の要素を持った〈異質な場所〉として両義的に作用することで，子どもの活動に対して，規模的・内容的な発展をもたらしていた。

　〈異質な場所〉としてのテラスの機能は，まず，上述のような【活動の持ち込みと転換】というかたちで顕在化していた。テラスは，周囲の活動やそのための道具を持ち込むことができるとともに，テラスに持ち込んだことによる活動の転換をも生じさせる。たとえば，第 2 章で，〈屋内と連続した場所〉などの例として示したエピソード 2-7（保育室で制作した作品と机をテラスに持ち込み，お店屋さんごっこを展開する例）のように，活動の目的に応じて複数の場所を使い分けたり，活動の文脈を切り替える演出としたりすることなどが可能になる。4 園の子どもは，そうした持ち込みと転換による効果を，意図的・無意図的の双方で享受しながら，日々の活動においてテラスを用いていた。こうした活動の転換については，次のように各園の特徴が見られた。

　A 園においては，保育室で作成したジュースなどを模した作品を，テラスに持ち込むことでお店屋さんごっこへと転換させたエピソード 2-7，園庭での虫取りの途中にテラスに立ち寄り，落ち着いて観察する場所として用いたエピソード 2-11，園庭の戦いごっこと保育室での武器作りがテラスで融合したエピソード 2-33，このほかにも，縄跳び（エピソード 2-13），コマ遊び（エピソード 2-16）と多彩な活動が持ち込まれ，テラスという場所を反映した内容の転換がなされている。ただし，A 園のテラスに持ち込まれる物や活動の多くは，屋内に関連したものであった。反対に，屋外と関連した物や活動の持ち込みは，上記の 2 例（エピソード 2-11，エピソード 2-33）を含む 3 例に留まり，その全てが，激しい活動から休息や観察に切り替わるような，動的な活動から静的な活動への転換であった。こうした傾向は，B 園および C 園においても同様であり，屋内からテラスに活動が持ち込まれる場合は，保育室とテラスを移動しながらコマ遊びを続ける下記エピソード 4-17 のような，動的活動を動的活動のまま持ち込む，あるいは転換させる事例や，おもちゃの制作場所としての保育室に対し，そのおもちゃで遊ぶ場所としてテラスを使用しているエピソード 4-18 のように，静的活動から動的活動といった方向の持ち込み・転換の事例が見られたのに対し，屋外からテラスへの持ち込み・転換については，動から静へといった方向の事例のみであった。A 園，B 園，C 園は，園庭とテラスの隣接状

況がそれぞれ異なるが，テラスと屋外の移動には靴の履き替えを伴うこと，テラスと屋外の間で遊具や家具などの互換性が低いこと，園庭がテラスに対して圧倒的に広いことなどの共通した特徴がある。これらの特徴のために，テラスに，園庭と同規模の活動や園庭と密に連続した活動を持ち込むことは，実質的には困難であると考えられる。その反面，園庭の中央部などでは実施しにくい落ち着いた活動を展開するために，屋外活動の途中に立ち寄る場所としての利用が際立つ結果となっている。

■エピソード 4-17

対象児：R男・M男・Y男（4歳児）　　　　　　記録日：2014/2/25（C園）

自由遊び時間，4歳児たちは内と外に分かれて，それぞれが活動を展開していた。R男，M男，Y男の3人は，保育室内で手回しコマで遊んでいたが，そのうちR男を先頭に，あたりを散策するかのようにコマを手にテラスへとやってきた。R男は，両手をこすって軸を回したコマを，テラスの床に向かって放り投げた。コマは勢いよく弾んで倒れる。その横で，M男は下駄箱の上面でコマを回し，下駄箱から落ちずにまわり続けるコマを見つめて「すげー」と声を上げる。それを見たR男とY男も，下駄箱に近づき，片膝をついてしゃがみ，下駄箱の中でコマを回す。コマが止まっては回すというように，2人はこの回し方をしばらく続ける。そのうち，M男が下駄箱から離れてうろうろとテラスを歩き出し，保育室へと歩き出した。R男たちもすぐにM男を追っていった

■エピソード 4-18

対象児：G太・H太・Q太（5歳児）　　　　　　記録日：2013/5/30（B園）

G太たちは，まるめた新聞紙にひもをつけた手作り遊具を携えてテラスへやってきた。3人は，遊具のひも部分を握り，勢いよく新聞紙部分を振り回しながらテラスを歩く。ホールへの入り口付近で留まった3人は，縦方向に大きく振り回すほか，お互いの新聞紙部分をぶつけ合うようにしたり，頭上で横方向に回したりする。そうしているうちに，H太の新聞紙部分がひもから外れてとんでいってしまった。H太は，笑いながら新聞紙を拾い上げると，「壊れた～」といいながら保育室へと直しに向かう。ほかの2人は周囲をうかがったり，談笑し

たりしつつしばらくひもを回し続けていたが，そのうち，H太のいる保育室の工作コーナーへと戻っていった。

そうしたなかで，D園では，園庭での動的な活動と関連した【活動の持ち込み・転換】のエピソードが散見された。たとえば，以下のエピソード4-19のなかでは，段差のあるテラスに，鬼ごっこの鬼が入れない安全地帯としての役割が与えられ，勢いよくテラスに飛び乗る，規定の秒数が経過した後は鬼の横を縫うようにしてテラスから脱出する，という動作が繰り返されている。こうした屋外とテラスの頻繁な行き来や，動的活動と密に関連した役割の付与は，他の3園では見られず，後述する【活動範囲の延長】と合わせて，D園のテラスが，園庭と一体的に用いられていることがわかる。D園では，テラスの床目に，緑色の塗装がなされているが，職員室前から建物右側のくぼみにかけての部分（写真4-3奥側）と，園庭側の数センチの部分はコンクリート地のままであり，外履きでの進入が慣習的に許されている（その結果，その周囲数歩分の領域も暗黙的に進入が許容される）。そのため，部分的にではあるが，園庭とテラスの行き来が他3園に比べて容易になっている。また，先述の通り，園庭全体が手狭であるため，限られた空間を補うため，あるいは周囲を巻き込むようなかたちで，テラスが園庭の一部として積極的に屋外活動に取り入れられている。そうした活動の際に，テラスの段差や材質違いによる異質さが反映されることで，鬼ごっこの安全地帯をはじめとした，場所の使い分けや新たなルールの発生へとつながっているのである。

写真4-3　鬼ごっこの「安全地帯」としての利用

■エピソード4-19

対象児：A子・S子他（4歳児）　　　　記録日：2014/1/29（D園）

A子たち5人は，鉄棒のところに集まり，隠れ鬼の鬼を決めるためのじゃんけんをしている。鬼が決まると，A子たちは少しずつ鬼から離れ，「もういいかい？」と鬼のS子がいうと，「もういいよ」と返す。「もういいよ」のあと，A子たちは一斉にテラスへと走り，段差に登る（写真4-3）。鬼のS子はそれに詰め寄ってくるが，テラスは安全地帯のようで，そこから先には踏み込もうとしない。時折，A子は鬼を挑発するかのように段差から出る。そして，鬼が迫ってくるとティックルゾーン（小石など足裏の感覚を刺激する素材が散りばめられた小区画）の周囲を周るように逃げ，またテラスの段差へとのぼる。しばらくして，S子は「1, 2, 3, 4……」と数を数え始めた。10秒になると，段差に登っていた幼児は段差から飛び降り，急いで鬼から逃げる。鬼ごっこは，このあとも人数を増やしつつ展開された。

このような〈異質な場所〉としての側面は，遊びのなかでの【場所への見立て】としても見ることができた。そうした例として，まず，エピソード2-15（第2章，〈独立した活動場所〉）の「洞窟」という見立てのように，屋根や周囲の場所との接し方から，類似した特徴を持つ空間を連想するものがあげられる。しかし，より単純に，半屋外的なテラスを「屋外」として見立てる例も散見された。そうした「屋外」としての見立ては，園庭を使用できる時間が限られたB園，C園，D園で特に見られ，保育室からテラスに出ることに，「お出かけ」や「探検」の意味が付与されていた。たとえば，D園においては，保育室から出発する「遠足ごっこ」の目的地，お弁当を食べる場所としてテラスが用いられることで，園庭が使えない時間においても，どこかに外出するという遊びの雰囲気を作りだしていた（エピソード4-20）。

■エピソード4-20

対象児：S助・C助・K代他（3歳児）　　　　記録日：2014/3/7（D園）

3歳児クラスでは，来週の遠足に備え，遠足ごっこが行われていた。3歳児たちは，保育室に椅子を並べて作ったバスに乗り，手には空き箱で作ったお弁当や

おやつを携え，リュックを背負っている。そのうち，最前列に座った運転手のS男が「つきましたー」というと，3歳児たちはバスから降りて，テラスへと出て行った。テラスに出た3歳児たちは，保育室の間の壁際や，ティックルゾーンに腰を下ろして，お弁当に見立てた空き箱を広げる。ティックルゾーンにC助とともにしゃがんだH助は，リュックから画用紙でできた大きなおにぎりを取り出し，ほおばるまねをする。そのうち，保育室から顔を出したK代が「出発するよー！」と叫んだ。すると，テラスに出ていた幼児たちは，お弁当を片付けて，保育室のバスへと戻っていく。しかし，目的地に到着すると，3歳児たちは再びテラスにやってきて，遊戯室の前やティックルゾーンなどに座り込み，リュックに詰めた食べ物や本などを広げ始める。

2）開放された場所

〈異質な場所〉に加えて，テラスの《柔軟な生活・活動場所》としての特質が表れた機能として，〈開放された場所〉があげられる。この開放には，空間的な制約からの開放と，規則やスケジュールからの開放という2つの意味があり，各園で子どもが活動を展開する上での自由度と関連している。

そうした機能に属する用途として，【活動範囲の延長】があげられる。これは，先のテラスへの【活動の持ち込みと転換】とはやや異なり，周囲（またはテラス）の活動が，ほぼ変質せずにテラス（または周囲）に延長されるというものであり，テラスを含めて活動場所の一体化や拡大を図る用い方である。このような用い方は，A園とD園において特に記録され，それぞれ異なる傾向が見られた。A園の場合では，第2章における【所属の混乱】であげたエピソード2-35，エピソード2-36，エピソード2-37のような，テラスから園庭へと領域を拡張していくエピソードが全11件中の9件を占めていた。前述の【活動の持ち込みと転換】の際に考察した通り，A園の場合は，園庭からテラスに対して，規模や動きを維持したまま活動を持ち込むことが困難である。また，自由活動時間においては，特に屋外活動が推奨され，屋外に活動や人が集中する。そのため，【活動範囲の延長】が，テラスで行う活動の範囲を拡張したり，屋外の他者や活動に対して接近したりする目的に偏ったことが考えられる。反対に，D園においては，園庭の活動をテラスに延長するというエピソードがその大半を

占めていた。たとえば，下記のエピソード 4-21 では，園庭での鬼ごっこが，テラスの一部まで拡張されており，大勢の子どもがテラスに乗る，段差を蹴るという動作によって巧みに方向転換を行い，限られた園庭の空間を存分に駆け回っている。このように，D 園においては，テラスが園庭の一部として一体的に活用されることで，限りある空間における活動の展開が補助される結果となっていた。

■エピソード 4-21
対象児：H 子・S 男・K 男・M 子（4 歳児）　　　記録日：2014/1/29（D 園）

3 人の 4 歳児たちが，園庭で鬼ごっこをはじめた。H 子が鬼となり，S 男たちほか 3 人は，園庭中央で展開されるドッジボールの周囲や，砂場のあたりを「きゃー！」と叫び声をあげながら逃げる。そのうち，4 人はテラスにそって職員室側へと走ってきた。逃げる側は，職員室の前まで来ると，テラスの段差に片足だけを乗せ，それを足場にして蹴るように園庭側へと方向転換をする。4 歳児たちが蹴っているテラスの中の場所は，他の多くのスペースとは塗装が異なり，外履きで通る箇所とされている。3 人は，ここを切り替えし点とし，ティックルゾーンの周りをぐるぐると逃げる，あるいは，追いかける。途中，K 男が，園庭からこの一団に何も言わずに加わったが，K 男も，他の 3 人と同様に，テラスの段差を使ってティックルゾーンの周りを走り回った。

B 園と C 園においては，【活動範囲の延長】に関連する全エピソードが，保育室やホールなどの屋内との連続を示すものであった。それぞれ理由として，B 園では，園庭との接触面が小さく，橋を介するために，テラス（または園庭）から園庭（またはテラス）に向けた活動の拡張が難しい点，反面，屋内とは全 7 室の保育室やホールとつながっており，循環する動線が得られるなどの高い連続性と選択肢を有する点が考えられる。また，C 園では，園庭での活動時間が限られているために，自由活動時間中にテラスと園庭を行き来する機会や必要性が少ないこと，B 園と同様に，複数の保育室とつながり，循環動線が得られることがあげられる。

テラスと周囲の場所とが結びついての【活動範囲の延長】に対して，テラス

という場所単独で，ものを投げる，走り回る，飛び跳ねるといった【縦横無尽な活動】が展開される場合もあった。こうしたテラスの用い方は，B園において特に顕著であった。B園のテラスは，奥行きが2.3mから3.2mとA園に次いで大きく，7保育室とホールを横切るため，対象園中最長の長さを有する。そのため，エピソード4-22のような，駆け抜けるための直線的な空間を要する活動や，複数人での戦いごっこ（たとえば，エピソード4-16）や，モノを振り回したり，投げたりする活動（たとえば，エピソード4-18）に用いやすい。反対に，長さが短いA園のテラスや，奥行きが短いC園およびD園のテラスでは，同様の活動を展開することは難しいと言わざるを得ないだろう。

■ エピソード4-22

対象児：A子・H子（4歳児）　　　　　　　記録日：2013/5/9（B園）

螺旋状に切った紙の先端に紐を付けたおもちゃを持って，A子とH子はテラスにやってきた。A子は紐を指つまんで勢いよくテラスを園庭方向に走る。すると紙は風をうけてくるくると回転する。紐を垂らして回転させていたH子も，A子が走り出したのを見て駆けだす。テラスの端からホールの前までやってきた2人は，その場に座り込みねじれた紐を直しながらしばらくおしゃべりをする。しばらくすると，2人はまた立ち上がり，今度は逆方向に向かって走り出す。壁までいくと，間髪入れずにまたホールの前まで走る。2人は，このおもちゃを持ち，走ったり垂らしたりして回す遊びをしばらく継続した。

写真4-4　テラスを駆け抜けるA子ら

また，B園のテラスで【縦横無尽な活動】が多く見られるもう1つの理由として，子どもが自由に使用できる場所の制限があげられる。第3章で概説した通り，B園では，園庭やホールの利用時間がクラスごとに決められており，それらの利用時間外では，基本的にクラス全員が保育室で活動する。そのときの保育室は，約半分がお絵かきや制作などの卓上活動，もう半分がままごとや積み木活動，その他に割り当てられる。こうした状況のために，激しい動きを伴う活動が制限され，遊具の使用や大人数での活動が満足に展開できない場合が生じる。そうした際に，保育室と隣接するテラスが，手近なオープンスペースとして活用されていることが考えられる。例として，以下のエピソード4-23におけるR太は，保育室で作った凧を，園庭の使用可能時間まで飛ばせないという制限を受けている（保育者の「ホールいっていったの？　続きは外でやろう」より）。そして，保育室からテラスにこっそりと抜け出して，凧の飛び具合を試すという行動に至っている。結果的に，R太の行動は，ルール違反として保育者に咎められてはいるものの，B園のテラスが，各種の活動の制限がある環境にあって，各々がやりたい活動を実行するための手段として取り入れられていることがわかる。

■エピソード4-23

対象児：R太（5歳児）　　　　　　　　　　　　**記録日：2014/1/16（B園）**

R太は，保育室で作った凧を持ってテラスへと出てきた。R太は，凧の糸の先端を持ち，ホール前の広めの空間を駆け抜け，隣のクラスのドア前あたりまで，凧を引っ張る。凧は，R太が走ると，すぐに長方形にピンと張り，舞う。R太は，方向を転換し，開け放たれた自分のクラスのドアに向け，一気に突っ込んでいく。そして，ドアまで来ると，またUターンし，隣のクラスへ走る。R太は，まるで凧の出来を確かめるかのように，保育室間をさらに3度往復した。そのあと，R太はホールへと向かい，同じように広い空間を確保しては，凧を飛ばすために走って往復する。しかし，そこへ保育者がやってきて「ホールいっていったの？　続きは外でやろう」と言われると，R太はいったん保育室へと帰っていった。

規則や制限からの〈開放的な場所〉としての機能には、泥や水を用いた活動が展開されるという【汚れ・濡れの解禁】も含まれる。ただし、こうした活動の可否はあいまいであり、エピソード2-13（第2章、〈独立した活動場所〉）のように、保育者によって積極的に持ち込まれる場合もある一方で、子どもが履物ルールを違反したり、水でテラスを濡らしたりした際には注意される場合も度々あるなど、明確ではない。安全面、衛生面などを考慮すると、こうした活動の解禁は保育者が特例的に認めるものであり、子どもが自主的に行うものは基本的に、咎められる可能性のある【グレーな活動】として考えることが妥当といえる。

5. 生活・活動の周縁

最後に、《生活・活動の周縁》としての特質について検討する。テラスは、《生活・活動のジャンクション》として子どもと環境を接合し、《柔軟な生活・活動場所》として種々の活動の展開が可能である。しかし、《つかず離れずの関係性》という特質に見て取れるように、保育室や園庭といった「主要な場所」に完全に属することはなく、いずれの規範や雰囲気とも距離を置いた場所としての側面も常に有している。そうした側面は、これまでの〈移行の緩衝〉や〈周囲からの分離〉の検討からも明らかであるとともに、テラスが周囲の場所と一体的に使用されるような場合であっても、〈異質な場所〉として、使い分けや活動の転換を生じさせ得ることがわかっている。このように、テラスという場所は、保育環境全体のなかで、中心に対する周縁の場所として位置づけることができ、中心では得がたい過ごし方、承認されない活動が展開できる場所、あるいは、それらが慣習的に認められている場所ということができる。こうした特質が特に反映された機能として、以下の〈隠れ家的な場所〉と〈生活・活動の止まり木〉がある。

1) 隠れ家的な場所

〈隠れ家的な場所〉の具体としては、まず、特定のメンバーや活動のための【独占的空間】としての用途があげられる。テラスは、これまで見てきたように、活動や通行で賑わう場合があるものの、基本的には、保育室や園庭のよう

に,「主要な場所」として活動が割り当てられることが少なく,4園ともに閑散とする時間帯も少なくない。そうしたタイミングでテラスを使用することで,その場所は,仲間内だけで共有できる「個室」や,特定の活動に集中できる場所となるのである。たとえば,A園におけるエピソード2-15では,テラスがごっこ遊びの場所としてメンバーに独占された上で,場所全体が見立てによって意味づけられ,活用されている。また,以下のエピソード4-24のように,保育者も一緒になって無人のテラスに活動を移動させ,その活動に専念できる環境を作るといった例も見られた。ただし,C園については,こうした用途に該当するエピソードが得られなかった。理由として,C園では,一日の活動の場所や内容がクラス単位で決められている場合が多いため,A園やC園の場合のように,すき間を縫うようにして,活動場所を選択する機会が生じにくいことなどが考えられる。

■エピソード4-24

対象児:Y美・R美・K美・K太(5歳児)　　　記録日:2014/3/7(D園)

5歳児たちが発表会の舞台準備に励む中,Y美,R美,K美,K太の4人は,保育者と連れだってテラスへとやってきた。4人は,保育者に手伝ってもらいながら,テラスのすのこの上にブルーシートをちょうどよい大きさに折り曲げて敷いた。その後,4人はその上に,鉛筆で下書きがされた大きなクラフト紙を置くと,いったん保育室に戻り,マジックを携えて戻ってきた。それは発表の大道具のようで,4人はそれにペン入れをするつもりのようだ。4人でクラフト紙を囲んで陣取ったあと,K美がいち早くテラスにしゃがみ込み,ペンを入れ始めた。

次に,【グレーな活動】の展開があげられる。〈周囲からの分離〉における【遮蔽・仕切りの活用】についての検討の際も触れたように,4園のテラスは,屋内に対しては壁や引き戸のような遮蔽物を有し,屋外に対しても,履物による隔たりのほか,園によって下駄箱やフェンス,支柱などの遮蔽物となるものが存在する。そうした場所では,園庭や保育室にいる保育者や集団に対して秘匿された場所となり,発見された場合には制止されたり,注意を受けたりする可能性のある活動を密かに展開できる。こうした【グレーな活動】は,A園と

第3節　4園に共通するテラスの機能と特質

B園に偏って見られた。また，エピソードの内容に目を向けると，A園，C園，D園のエピソードのほとんどが，内履きのまま屋外に出る，外履きでテラスに上がる，といった【活動範囲の延長】と関連した履物ルールの逸脱であり，明確に保育者などの目を避けようという意図が読み取れるものは少なかった。他方で，B園の場合では，凧を飛ばすために無断でテラスに出てきたエピソード4-23のR太をはじめとして，テラスに保育室で作った紙製の剣を持ち出し，激しくチャンバラを行うエピソード4-25や，テラスに置かれたイーゼルのポケットに水をまき，保育者に注意を受けるエピソード4-26など，保育者などに発見されにくいことを意識した上で，注意を受けるリスクを冒している活動が複数観察された。先述のように，活動場所が予め限定された上で自由活動が行われるB園では，空間的な制限などにより，子どもがやりたい活動が必ずしも展開できない場合がある。そうした環境への対抗策として，テラスでの【グレーな活動】が立ち現れると考えられる。

■エピソード4-25

対象児：G太・K太・M太（5歳児）　　　　記録日：2013/11/21（B園）

広告を丸めた剣を握りしめたG太は，保育室からテラスへとやってくると，一目散に観察者を切りつけにかかる。しかし，その後すぐにK太とM太も同じように剣を持ってテラスへやってきた。K太はG太の横へ移動し，M太と2人で向き合うような位置関係を作ると「バトルだ！」とかけ声をあげた。K太とM太は互いの距離を一気に詰めると，激しく剣を交える。何度も剣と剣をぶつけ合う2人を，G太はやや離れて見つめる。そして，2人が迫ってくると「逃げろ！」と距離をとる。その後すぐ，少し距離を詰めたかと思えば，「やっぱり逃げろ！」と再び背を向けて走る。脇腹あたりを何度も斬られたK太は，苦痛と怒りの表情を浮かべながら「いたい！　いたいって！」と叫ぶ。すると，2人は少しずつ交代していき，その間には自然と距離ができた。K太はホールの入り口，M太は5歳児保育室の入り口あたりまで交代し，互いに窓に隠れるようにして対峙し合う……

■エピソード4-26

対象児：T男・W子（4歳児）　　　　　　　記録日：2013/6/13（B園）

K男たちと別れたT男は，水の入ったデザートカップを持って再びイーゼルの付近へとやってきた。T男は，先ほどT男たちに隠して見せたようにイーゼルのポケットにカップを近づける。しかし，今度は置くだけに留まらず，そこにカップの水をまいた。そのとき，同じようなカップに水を汲んでいたW子も近づいてきた。T男の様子を見たW子は，自分もとばかりにイーゼルのポケットに水を注ぎ込む。注ぎ終えると，W子は水を汲みに行き，今度はイーゼルの横に置いてある酒樽やグリーンシートに少しずつ水をかける。その間，T男は水場にあったペットボトルに水を汲んでいる。しかし，そこへ保育者がやってきた。保育者は「そこはそんなんして遊ぶ場所じゃないよ」と2人を呼び寄せて注意する。

2）生活・活動の止まり木

　次に〈生活・活動の止まり木〉としての機能である。保育室や園庭などの「主要な場所」は，常に多くの子どもたちと活動によって賑わっている。そのため，そこで足を止めて過ごすことや，無目的に過ごすことが考えにくい場合がある。また，子どもが展開する生活・活動には，静かな空間や人気の少ない空間が適するものもある。そうした際に，周囲から適度に距離をおいたテラスは，〈生活・活動の止まり木〉として，【おしゃべり活動】や休息をとりたい子どもを受け入れるとともに，一時的に目的を失った子どもが気軽に立ち寄れる場所して用いられていた。

　まず，第2章における〈安らぎの場所〉や【語らい】に関する検討でも明らかなように，〈生活・活動の止まり木〉としてのテラスは，仲間同士で落ち着いて【おしゃべり活動】ができる場所として用いられていた。こうした活動は4園に共通して見られたが，活動が発生するタイミングについては，いくつかの差異が見られた。まず，もっとも多くのエピソードが得られたB園においては，前掲のエピソード4-10のように，保育室活動の時間帯に保育室から数人のグループが抜け出して，テラスのポーチ部分に座り込んだり，フェンスに寄りかかったりしながら会話を楽しむといった場面が主に見られた。既に述べた通

り，クラスの全員が保育室で活動をする時間帯があるB園では，室内が混雑し，活動の種類によってはその展開が阻害される場合がある。滞留して相手との会話を楽しむ【おしゃべり活動】もそうした活動の1つといえ，テラスがそれを実行するための選択肢として立ち現れると考えられる。また，B園では，エピソード4-10のように，階下の未満児用園庭の様子が話題となることも多く，まるでBGMやテレビが流れるように，語らいを盛り上げこそすれど妨げない空間を作り出していた。一方で，園庭での活動が中心となりやすいA園では，エピソード2-20のように，屋外活動の合間や園庭から保育室への移動時に，【おしゃべり活動】が発生していた。A園のテラスは，園庭から気軽に立ち寄ることができる配置であることに加え，下駄箱や休憩のための水筒置き場が設置してあり，屋外活動の合間や終盤に，足を止めて留まる活動が発生しやすい。そうした状況が，子どもたちの【おしゃべり活動】のあり方にも反映されているものと考えられる。同様に，C園とD園においても，園庭活動と連続した【おしゃべり活動】が多く見られた。両園はA園やB園とは異なり，テラスと園庭との間に段差が設けられている。そのため，園庭側に足を出して，テラスにベンチのように腰掛ける姿が見られた（エピソード4-27）。加えて，D園では，事務室（職員室）とも近接するため，中にいる園長や主任の保育者に声をかける例も見られた。

■エピソード4-27
対象児：Y子・H子（4歳児）　　　　　記録日：2014/2/25（C園）
お片付けの時間となり，園庭で縄跳びをしていたY子とH子がテラスへと戻ってきた。2人は，テラスの段差に腰かけて，おしゃべりをしながら膝の上で縄跳びを束ねていく。しかし，そのまま結んで片付けようとはせず，また縄を延ばしたり，小さく振ったりしながら，2人は小声でおしゃべりを続けている。そのうち，Y子は後方にごろんと体を倒し大の字になり，少し笑みを浮かべて体を起こす。しかし，体を起こしてすぐに「うわ～」と言いながらまた大の字に寝転がり「ふふふふ」と笑い声をあげる……

テラスで見られる足を止めての落ち着いた活動として，もう1つ，【合間の

くつろぎ】がある。【おしゃべり活動】に適するような，静かさや穏やかさを帯びた場所は，活動の合間に座り込んだり，お茶を飲んだりしながらくつろぐ場所としても有用である。この【合間のくつろぎ】のほとんどは，屋外活動の最中や，屋外での活動を終えて保育室へと戻る際に観察されており，激しい活動や消耗する活動の合間の休息としての意味合いが大きい。テラスに水筒置き場が設置されるなど，保育者によって意図的に休息の場所として構成されたＡ園においては，エピソード 2-33 をはじめとして，屋外活動を支援する前線基地として子どもにも広く認識され，用いられていることがわかる。一方，そうでないＣ園やＤ園においては，エピソードの多くが，園庭活動から保育室活動への【移行の保留】や【おしゃべり活動】から派生する形で観察された。また，Ｂ園においては，他３園と比較して，活動の合間にテラスでくつろぐという姿があまり見られなかった。Ｂ園は，他３園とはテラスと園庭との隣接状況が異なり，【合間のくつろぎ】が発生しやすい屋外活動の際に，頻繁に行き来したり，くつろぎながら園庭の様子を把握したりすることが難しい。また，クラスごとに活動場所が割り振られていることの関係で，保育室から園庭への移動は，基本的にクラスで整列し，足並みをそろえて行われるため，移行時に一人テラスに留まりくつろぐことも生じにくい。これらの理由から，Ｂ園のテラスは屋外活動と連続しにくく，他３園と比べて，屋外活動の【合間のくつろぎ】にも適さないことが考えられる。ただし，お茶を飲む際に，保育室からテラスに水筒を持ち出してきて，ポーチ部分に座って飲むというエピソード 4-28 なども見られたことから，くつろぐという行為自体とは，親和性を有した場所ともいえる。

■エピソード 4-28
対象児：Ｔ男・Ｒ男（４歳児）　　　　　　記録日：2013/5/30（Ｂ園）
保育室のＴ男とＲ男は，水筒を手に取ると，それを持ってテラスへとやってきた。２人は，４歳児保育室前のふくらみ部分へと移動すると，未満児用園庭を背にして座り込んだ。ひそひそと特撮ヒーローの話をしながらお茶をコップに汲むと，２人はそれをゆっくりと飲む。汲んだお茶を飲み終えると，２人はコップを戻して立ち上がり，再び保育室へと戻っていった。

最後に,【合間の立ち寄り】という用途を検討する。子どもが活動の合間にテラスにやってくる理由は,その場所で休憩をとったり,特定の相手とおしゃべりをしたりするといったことに限らない。なかには,他の活動を展開する途中にテラスを訪れ,一時的に異なる活動を展開したり,目的を持たない子どもが,テラスにふらりと立ち寄って周囲の様子を眺めたりするといった用い方も見られた。子どもが生活や活動を展開する際には,時として,手持ちぶさたになったり,内容が停滞したりすることがある。そうした際に,子どもは一時的にテラスに立ち寄り,気分転換や暇つぶしを行っているものと考えられる。ここでは,それらを総称して,生活・活動の【合間の立ち寄り】として扱う。A園,B園,C園の場合では,主に保育室で過ごす合間にテラスにふらりとやってきて,外の様子を眺めたり,うろうろと歩き回ったりするエピソードが見られた。たとえば,以下のエピソード4-29のF太らは,給食が配膳されるまでの間の手持ちぶさた感を埋めるためにテラスを訪れ,【おしゃべり活動】に至っていることが考えられる。テラスと保育室は,靴の履き替えを伴わずに移動でき,距離的にも近いため,目的がなく放浪している子どもの回遊コースになったり,一時的な居場所として選択されたりする場合があるといえる。

■ エピソード4-29 ─────────────────────

対象児:F太・M太（5歳児）　　　　　記録日:2014/2/25（C園）
すべての子どもが室内に入り,給食配膳が進められていた。F太とM太も,いったんは保育室に入っていた。しかし,しばらくして,2人はまたふらりとテラスへとやってきた。そして,M太は園庭に足を出すようにして段差に座り,F太は柱に抱き付くように持たれている。F太は,その体勢のままM太の方向を向き,「知ってる？　マリオって最初はキノコの町なんよ！」と大声で話しかける。M太は座ったままF太の方向に顔を向け,微笑み返す。この直後,F太は柱を離れ,M太の隣に立つ位置に移動した。そして「ぼう！　ぼう！」と高い声で叫びながら,スキップをするかのように保育室へと入っていった。すぐにM太も立ち上がり,急ぎ足でF太の後を追った。

　一方で,D園の場合では,屋外活動の合間にテラスに立ち寄る姿が,複数に

わたって見られた。以下のエピソード4-30では、「ロンドン橋落ちたゲーム」が話し合いのために中断された際に、そのゲームに参加していたN子とR子が集団を抜け出してテラスに座り込み、ゲームが再開されるまでの間を過ごすという姿が見られる。園庭の奥行きが小さいD園では、屋外での活動の様子を把握しながら、もしくは、参加を維持しながら、テラスで過ごすことも可能である。そのため、なんらかの理由で屋外活動が停滞・中断した際などには、再開までの時間をのんびりと過ごせる場所としてテラスが気軽に活用されていた。

■ エピソード 4-30

対象児：N子・R子（4歳児）　　　　　　　記録日：2014/1/29（D園）

園庭の真ん中あたりで、数名の4歳児と保育者が手をつないで輪になり、「ロンドン橋おちたゲーム」をしている。その途中、歌の早さや並び順の話し合いのため、少しの間遊びが中断した。N子とR子は、その一団から抜け出て、テラスに脱ぎ捨てたジャンパーのところへとやってくる。まず、R子が、自分のジャンパーが置いてある手前の段差に座り込んだ。そして、ポケットから、いくつかの小石を取り出した。N子もその隣へと腰を下ろし、N子の手の中の小石をのぞき込む。しばらくして、N子は小石をポケットへと戻し、顔を上げて話し合う一団の様子をうかがう。そのあとは、2人が正面を向きながら、ぼそぼそとおしゃべりをする。なおも話し合いが続く中、2人は立ち上がり、「ロンドン橋落ちたゲーム」の一団へと戻った。

■ 第4節　4園に見るテラスの用途の独自性

ここまでの検討により、4園のテラスには、4つの特質と9つの機能が共通して存在し得ることが明らかになった。一方で、エピソードの数や内容を詳細に比較すると、用途ごとの単位においては、園ごとにテラスの形状や周囲との位置関係、保育スケジュールの違いなどに応じた差異が見られることがわかった。本節では、前節で明らかとなった園のごとの特徴を整理し、各園の保育環境におけるテラスの用途の独自性を捉える。まず、A園に比べて、テラスの奥

第4節　4園に見るテラスの用途の独自性　153

行きおよび利用に制限があるB園，C園，D園の順に独自性を明らかにし，その後，そうした制限の小さい園として位置づけられるA園について，改めて検討を行う。

1．B園におけるテラスの用途の独自性

　B園のテラスは，A園と同様に奥行きが大きく，通路としては，4園のなかで最も長い距離を有するといった，空間的なゆとりがある。そのため，テラス内を駆け回る【縦横無尽な活動】が，他3園と比較して幅広く見られるなど，活発な活動の展開に適したオープンスペースとして用いられる側面が際立って見られた。他方で，周囲との隣接状況については，屋内の各部屋との間では，他3園と同じく引き戸を挟んで連続性を有するのに対して，園庭との設置面は小さく，間に橋を挟んでいる。そのため，テラスと園庭との連続性は弱く，【周囲参加の動機・タイミングの模索】の際には，テラスから園庭の様子をうかがう姿などがわずかに見られたものの，【周縁的活動参加】や【活動の持ち込みと転換】，【活動範囲の延長】といった，テラスと園庭を一体的に活用する用途を含むエピソードはほとんど観察できなかった。

　また，他3園のような，屋外活動の【合間のくつろぎ】のためにテラスを訪れる例も少なく，テラスと園庭との間で，生活・活動のつながりが生じにくいことがわかる。反対に，保育室やホールとの間では，保育室で作ったおもちゃをテラスで使用するエピソード4-18やエピソード4-23，テラスと複数の屋内空間に跨がった活動を展開するエピソード4-25をはじめとして，テラスと屋内とが一体的・連続的に使用されていることが確認された。ただし，【遮蔽・仕切りの活用】による活動（たとえば，エピソード4-14）や，秘匿性を前提とした【グレーな活動】（たとえば，エピソード4-26）なども他園より多く見られ，屋内からも分離した場所として用いられる側面もしばしば見られた。総じて，B園のテラスは，周囲の場所からやや独立した側面を強く有するといえる。

　このように，周囲の場所から独立したテラスは，クラス単位で時間ごとの活動場所が設定されたB園の保育のなかにおいて，設定された場所やルールの枠では収まらない生活・活動が実現できる場所として，子どもに活用されているといえる。保育室活動の際に，こっそりとテラスに抜け出すことで，他児や家

具で混雑した保育室では難しい【縦横無尽な活動】や【おしゃべり活動】が可能になる（たとえば，エピソード4-23）。また，保育者や他児に発見されると咎められる可能性がある【グレーな活動】であっても，保育室に隣接しながら，引き戸やカーテンによって遮蔽され，園庭とは距離が離れたテラスならば，手軽かつ安全に展開できる。つまり，B園においては，秘密裏にテラスを用いることで，希望の場所が使用可能になる時間や保育者の承認といった過程をすり抜けて，いち早く，自分が関心を向ける活動や希望する過ごし方を実行することができるのである。第3章で概説したように，B園のテラスには，走らない等のルールが設けられている。しかし，保育室活動などの際は，保育者の目も室内に向けられるため，多少の違反は見逃される傾向にあるのが現状である。

こうした点も相まって，B園のテラスは，予め場所が規定されることによる生活・活動の不自由さや閉塞感を緩和できる場所として，子どもの生活や活動のなかに意味付いている面がある。

2．C園におけるテラスの用途の独自性

第3章では，C園のテラスの特徴を，奥行きが小さく，テラスを利用できる機会が限られていることとして整理した。このうち，後者の特徴については，用途との顕著な関連性が見られた。子どもによるC園のテラスの用い方や用いるタイミングは，クラス単位の設定保育を核とした同園の保育の流れと密接に結びついていた。既述の通り，C園の保育は，多くの時間が集会や設定保育に当てられているため，自由活動の時間になると，子どもたちは一斉に遊具や活動コーナーへと向かい，時間いっぱい活動に打ち込む。そのため，一日を通して，子どもが屋内外に広く分散する状況が少なく，テラスが【屋外とのつながり】や，【屋内とのつながり】をもたらす場所として顕在化する例があまり見られなかった。また，多様な選択肢のなかから，取り組む活動や所属集団を選択する機会も少ないため，テラスで【活動に向けた調整・確認】や，【周囲への勧誘】が行われるエピソードも，他園と比較して得られなかった。

A園やD園の傾向が示す通り，子どもは，かかわろうとする活動や相手を探索する場合や，現状の活動に閉塞感や不満感を感じた場合に，以上のような用途でテラスを用いる。そのため，予め活動の場所や内容が設定され，自由活動

の時間が短いC園では，そうした用途は生じにくいことが考えられる。加えて，奥行きの小ささとも相まって，【活動範囲の延長】や【縦横無尽な活動】といった〈開放された場所〉としても，頻繁に用いられているとはいえない。

　C園のテラスの用途については，以上のような比較的自由な時間帯ではなく，むしろ，集会や設定活動の前後や合間などにおいてその独自性が見られた。クラスのスケジュールに沿って全体の生活・活動が進行される場合，他の子どもよりも先行した子どもや，これといって役割がない子どもは，後続の子どもや次の指示を待つために，手持ちぶさたな状態で時を過ごさざるを得ない状況が発生する。こうしたC園では，登園してから集会がはじまる9時までの時間をテラスで過ごす子どもの姿が日常的に見られるなど（エピソード4-7），テラスが【活動のつなぎ】の時間を過ごしたり，活動の【合間の立ち寄り】場所となったりすることで，そうした子どもを受け入れている側面が見て取れた。

　また，クラス単位の生活・活動においては，時として，自身の関心や活動のリズムを，集団に合わせることが求められる。そのような状況のなかで，C園のテラスは，活動から次の活動への移行時などに，しばらくの間その場に留まり，一息付ける場所として用いられるほか（【移行の保留】）（エピソード4-2），園庭や保育室での設定活動の際に，少しの間集団から抜け出して1人の時間を過ごしたり（【集団からの離脱】），小休止をしたり（【合間の立ち寄り】）できる場所として用いられることで，クラス単位での活動の継続が困難になった子どもや，活動に積極的になれない子どもの避難場所となっていた。たとえば，下記のエピソード4-31では，縄跳びに苦手意識があり，どうにも意欲が沸かないH美が，園庭の集団から離れてテラスに座り込むことで，その活動をやり過ごしている。

　このように，C園のテラスは，クラス単位の設定活動を核とした同園の保育環境のなかにあって，どうしても生じてしまう空白の時間を彩る，または集団から離れて1人になれる時間を創出することで，集団生活において，子どもが直面し得る負担や不満を軽減するという独自性を帯びている。ともすれば，C園のテラスは，個々の子どもと集団のバランスを保つ仕組みの1つとして，C園の保育環境全体のなかに位置付いていると考えられる。

■エピソード 4-31

対象児：S美（5歳児）　　　　　　　　**記録日：2013/1/21（C園）**

全園時が，一斉に縄跳びをするなか，途中で引っかかってしまったS美は，園庭の中心から一人離れ，テラスの段差に座り込んだ。比較的テラスの近くにいたH美がそれに気づき，近づいて「できんの？」と声をかけると，S美は「○回はとんだけどね」と抑揚なく応える。H美が去ってくと，S美は縄跳びを膝の上で小さくたたみ，体の後ろへと置いた。そして，テラスに座ったまま体をかがませて，砂をいじりながら，時々縄跳びを続ける他児の様子を眺める。しばらくして，テラス併設の足洗い場で縄跳びをする幼児が現れ始めると，S美は，テラスを少し足洗い場側へと移動する。そして，ほどけた縄跳びをたたみなおす。そうしているうちに，保育者から，5歳児たちに，縄跳びの時間の終わりが告げられた。それを聞いたS美は，たたんでいた縄跳びを結び，縄跳びを収める箱にしまった。そして，いちはやく靴を脱ぎ，保育室へと入った。

写真 4-5　縄跳びから離脱したS美

3. D園におけるテラスの用途の独自性

　D園は，テラスと園庭ともに，他3園と比べて大きな空間的制限がある。そのため，テラス内を駆け回るような【縦横無尽な活動】を展開するエピソードなどは，ほぼ見られなかった。その一方で，そうした空間的制限との関連から，他3園では見られない特徴的な用途が発生していた。たとえば，D園のテラスでは，まるで同じ場所にいるかのように園庭の活動と動きや道具を共有したり

第4節　4園に見るテラスの用途の独自性

(エピソード4-4)，テラスから園庭の活動に積極的に指示を出したりするといった（下記，エピソード4-32），【周縁的活動参加】が頻繁に見られた。また，園庭の活動や他者と近接して相互に言葉や情報をやりとりする【屋外とのつながり】（エピソード4-11）や，テラスと園庭の間を何度も行き来しつつ，2つの場所を使い分けた活動なども行われていた（【活動の持ち込み・転換】，【活動範囲の延長】）（エピソード4-19，エピソード4-21）。このように，D園のテラスは，周囲の場所，とりわけ園庭と一体的に用いられており，限りある空間を拡張し，活動を発展させるための伸び代としての側面を強く有していた。

■エピソード4-32

対象児：N子（4歳児）　　　　　記録日：2013/10/23（D園）

荷物などを整理し終えたN子は，保育室からぶらりとテラスへとやってきた。N子は保育室のドアのすぐ横に腰を下ろし，2歳児保育室の前に集まってリレーをする4歳児たちの様子を見つめる。N子は体を後ろにぐっと倒し，いすにでも腰掛けるかのようにして，リレーの方向を眺めている。そのころ，同じく4歳児のC男も，リレーをしているすぐそばのテラスに腰を下ろし，その様子を眺めていた。それに気づいたN子は立ち上がり，C男のすぐ横にまで移動して再びテラスに腰を下ろし，黙ってリレーの様子を和やかな表情で見つめる。それに対して，C男は，リレーの順番を決めている幼児たちに向かって「そうじゃない！」「だから○○がこうやって，走って行けばいいんだ！」など，強い口調で指示を飛ばす。幼児たちが聞き入れなければ，立ち上がって輪の中に入っていき，「だから，そうじゃなくて」と無理矢理参加者を引っ張って自分の思うような配置に移動させる。そして，気が済むとまたテラスへと戻り，時折声をかけつつ様子を見る……

加えて，D園のテラスは，エピソード4-11のように，参加する活動を選定する場所となるほか，トラブルなどにより園庭での活動が困難になった際の居場所となったり（エピソード4-15），園庭活動が停滞した際の【合間の立ち寄り】場所となったりする（エピソード4-30）といったように，活発に活動を展開する以前の状態，あるいは活動の展開が困難な状態にある子どもによって用いら

れていた．D園において，これらのことは，単にテラスがそうした子どもを受け入れる居場所となるといった意味に留まらない．活動中ではない子どもたちがテラスを居場所にすることで，園庭や保育室にいる子どもたちは，限りある空間をより広く使うことが可能になる．このことは，園庭や保育室を「活動を展開するための場所」として特化させるというD園のテラスの裏の機能とも考えられるだろう．

　以上の点を合わせて，D園のテラスには，テラスを利用する子どものために機能すると同時に，直接的・間接的の両面において，園庭などの場所の効率的・効果的な活用を促すことで，空間的に限られた同園全体の生活・活動の円滑化に寄与しているという独自性が指摘できる．

4．A園におけるテラスの用途の独自性

　他3施設と比べて空間的・時間的な制限が少ないA園のテラスでは，第2章においてその多機能さが明らかにされたことに違わず，静動を問わない幅広い用途が観察された．一方で，本章では，他3園との比較を通して，A園の用途の傾向がより鮮明に明らかになり，各種の制限が少ないことによる影響やA園の隠れた制限なども浮かび上がった．

　A園は，他3園と比べて，自由活動時間が長く，子どもが参加する活動や集団，活動のスケジュールなどを自由に選択することができる．しかし，このように，スケジュールや活動選択の自由度が高いことは，子どもが自身で取り組む活動を決定し，長期にわたる遊び時間を管理しなければならないことを意味している．そのため，生活・活動に自発的に参加できるような状態が整うまでテラスで【移行の保留】をしたり（エピソード2-4），参加できる活動や集団を探し求めたりする子どもの姿がしばしば見られた．また，A園では，自由活動とされつつも，実質的には屋外活動に重点が置かれている．そのため，参加する活動や集団を探す場合には，テラスから屋外の活動や他者にかかわりを試みたり（【屋外とのつながり】）（エピソード2-22），テラスから園庭に向けて足を延ばし，情報収集を行ったりするといったように（【活動範囲の延長】）（エピソード2-37），さまざまな方法で屋外にアンテナを向ける子どもの姿が観察された．《生活・活動のジャンクション》としての特質を有するテラスではあるが，

A園の場合では，子どもが自身の活動を始動するために，より積極的につながりを得るための努力がなされているといえる。

また，激しい動作を伴ったり，暑さ寒さにさらされたりすることもある屋外活動を安定して展開するためには，適度に休息をとったり，活動に緩急をつけたりすることができる前線基地が必要となる。A園のテラスは，動的な屋外活動が，テラスに持ち込まれて静的な活動に切り替わる（【活動の持ち込みと転換】）（エピソード2-11），活動の途中や移行時にテラスで寝転がる，落ち着いてお茶を飲むといった用途が特徴的に見られるように（【合間のくつろぎ】）（エピソード2-19，エピソード2-20，エピソード2-33），そうした基地の役割を広く果たしているといえる。

以上のような点を踏まえた場合，A園における子どもの生活・活動とは，自由活動と屋外活動の推奨という2つの方向付けのなかで，充実や快適さを獲得し，周囲との調和を目指すものであるといえる。そのなかで，A園のテラスは，子どもが自らの手で（主に屋外の）活動や集団を選択し，長い遊び時間の無理のない管理・運営を補助するために用いられる場所として，その独自性を描き出すことができる。

■第5節 小　括

本章では，A園にB園，C園，D園を加えた計4園のエピソードを，M-GTAを応用した方法で分析することで，対象園間におけるテラスの機能と特質の共通性と独自性を明らかにすることを目指した。その成果は，以下に示すとおりである。

1．テラスの機能と特質の共通性

本章では，特徴の異なる保育施設間でのテラスの機能と特質の共通性およびその多様性をとらえるために，4園のテラスを比較しつつ検討した。その結果，4園のテラスには《生活・活動のジャンクション》，《つかず離れずの関係性》，《柔軟な生活・活動場所》，《生活・活動の周縁》という4つの特質と，それらを前提とした〈移行の渦中〉，〈移行の緩衝〉，〈安定した通路〉，〈周囲とのつな

がり〉,〈周囲からの分離〉,〈異質な場所〉,〈開放された場所〉,〈隠れ家的な場所〉,〈生活・活動の止まり木〉という9つの機能が共通して存在することが明らかとなった。また,より具体的な用途の単位においては,各園の環境や保育の特徴に応じた差異が見られることもわかった。

　対象とした4園は,前章にて整理したように,奥行きの大小,テラスの利用の自由度に関して,相互に異なる組み合わせであるとともに,玄関としての役割の有無や園庭との間の段差の有無,周囲の場所に対する設置面の大小,周囲の場所に対する距離において,それぞれ異なる特徴を有している。こうした4園のエピソードから,上記のような共通する4特質と9機能が抽出できたことは,そうした機能や特質が,テラスの奥行きや保育の違いといった,園ごとの表面的な差異を超えて潜在し得ることを意味しており,さまざまな保育施設について,テラスと各種の子どもの生活・活動とが関連付いている可能性が示唆されたといえる。確かに,張ら(2003)や高木ら(2012),仙田(2013)が指摘するように,テラスの奥行きが小さいD園では,テラスにおける【縦横無尽な活動】などはあまり見られなかった。また,屋外との設置面が小さいB園では,テラスと園庭の活動との連続性が弱まるなど,一見すると,形状や空間配置に応じたテラスの「不便さ」や「機能不全」ともとれる側面も明らかとなった。しかし,前者に例示したD園のテラスの場合では,それ単独での遊び場としての用途は限られるものの,園庭と一体的に利用されることで(【屋外とのつながり】,【活動の持ち込みと転換】,【活動範囲の延長】,【合間の立ち寄り】など),奥行きが大きい園のテラスとは異なるかたちで,子どもの遊びの範囲や内容の拡大に寄与していることが明らかとなった。また,B園の場合では,屋外との連続性が弱い反面,屋内活動との密なつながりが見られるほか,周囲から目が届きにくいことを利用した【縦横無尽な活動】や【グレーな活動】が活発に展開されていた。テラスの大きさや利用の自由度が小さければ,その場所単独でできることは限られる。しかし,以上の結果は,周囲の場所との関係性のなかで,奥行きが小さいテラスも活動に寄与する役割を持ち得ることや,制限を逆手に取ることで発生する用途が存在することを示唆したといえる。

　《生活・活動のジャンクション》や《つかず離れずの関係性》といった特質に表れるように,テラスが持つ機能とは,1つの場所の枠のなかでは捉えきれな

いものであろう。以上に示した，テラス自体の奥行きが小さくとも，園庭と一体的に活用されることで，総合的に，子どもの遊びを量的・質的に拡張し得るという点などは，その具体例といえる。ともすれば，保育環境におけるテラスとは，周囲に存在する場所や活動，4つの特質がさまざまに組み合わさることで，個々の場所の大きさや特徴を超えて，子どもの状況や要求に応じた幅広い機能・用途を発揮する可能性を持った場所として考えられる。

2. 施設ごとのテラスの独自性

　本章では，4園におけるテラスの機能と特質の共通性とともに，各園の特徴に応じたテラスの用いられ方の独自性が明らかとなった。ここで重要なことは，そうした施設によるテラスの用途の独自性は，テラス自体の奥行きやルールなどよりも，むしろ，周囲の場所，または，保育環境全体の大きさや諸条件と関連して生じていると考えられることである。

　園庭が使用できる時間が限られたB園では，保育室だけでは実現が困難な生活・活動を展開できる場所としてのテラスの姿が浮かび上がった。また，設定活動を中心とするC園のテラスは，そうした活動の合間に立ち寄ることができる休憩場所やつなぎの場所として，個と集団のバランスを調整する役割を担っていた。さらに，環境全体が手狭なD園のテラスは，近接する園庭と一体的に用いられることで，子どもの活動の発展や限られた空間の効率的・効果的な利用に寄与していた。加えて，各種の制限が少ないA園においても，子どもが自らの手で自由活動時間を維持・運営することを補助する場所として，テラスが生活・活動のなかに意味付いていることがわかった。このように，各園においてテラスは，それぞれの園庭や保育室，あるいは保育全体が抱える生活・活動上の課題を克服できる場所，「中心的」や「主要」とされる生活・活動の流れや規範から逃れられる場所として用いられている。したがって，保育施設ごとのテラスの独自性とは，そうした周囲の場所や環境全体の「隙間」ともいえる部分にフィットするようにして発生することが考えられる。こうした点において，保育環境におけるテラスは，「主要な場所」などに対するコントラストとしての関係性を柔軟に構築するとともに，保育環境全体のなかにおいて，個々の子どもの生活・活動を充足させるシステムの一翼を担っているといえるのではない

だろうか。

3. 本研究の意義と課題

　本章の検討の意義として，第1に，保育環境におけるテラスに関して，施設ごとの種々の差異を超えて存在すると考えられる4特質と9機能を示したことである。子どもにとってのテラスの機能と特質を明らかにすることを目指した第2章の検討では，対象がA園のみであったため，施設の多様性を十分に想定した知見を提示するには至っていなかった。また，複数施設の比較を行った先行研究（横山, 1992; 張ら, 2003; 鶴岡, 2010）では，扱うテラスの機能が予め限定されていた。したがって，保育環境におけるテラスが，子どもにとってどういった場所であり得るか，という問いに対する明確な枠組みは示されておらず，保育環境を対象とした研究や環境構成の基礎となる知見が得られていなかった。本章において4特質と9機能が明らかになったことで，テラスという保育環境についてある程度包括的な説明が可能となり，上記のような根本的な問いに対する，暫定的な解答を提案できたと思われる。

　第2に，以上の共通項となり得る機能と特質と合わせて，施設の特徴に応じたテラスの用いられ方の独自性を示したことである。第1にあげた共通部分だけでは，保育施設の多様性を踏まえてテラスの機能や特質を説明することや，実際の環境構成の結果などの予測に結びつけることは難しい。本章では，共通性とともに，テラスの奥行きの大小や周囲との隣接状況などによって生じる用途の偏りを捉えた。また，保育施設ごとのテラスの独自性は，テラスにおいて，保育室や園庭だけでは応えきれない個々の子どもの要求が実現される過程や，「中心的」や「主要」とされている過ごし方に対抗する過程で顕在化するといった，差異の発生プロセスを明らかにした。こうした差異の発生プロセスと，先述の共通性とを合わせて，個々のテラスに備わる機能と特質を推測したり，新規の設計や環境構成による影響を予測したりする際に有効な，個別の場所を理解するための基礎枠組み的な知見としての意義があるといえる。

　第3に，周囲の場所と一体的・複合的に作用することで，個々の子どもの生活・活動を充足させるシステムとして，テラスという場所を保育環境全体に位置づけたことである。「主要な場所」に対する「境の場所」であるテラスが，周

囲の環境とどのように関係し，子どもの園生活全体のなかでどのように活用されているかを探ることは，本研究の一貫した課題の1つであった。本章で明らかとなった，周囲の場所や保育全体の「隙間」にフィットし，個々の子どもの生活・活動の展開を助長するという，各園におけるテラスの用途の顕在化プロセスは，保育環境全体に対して，テラスを位置づけ得る成果といえる。同時に，単なる園庭や保育室との位置関係ということを超えて，テラスは「主要な場所」に対する「境の場所」の意義を持ち得ること，すなわち，保育施設における空間，人間関係，活動，規則や規範などのあらゆる要素に対して，「主要」ではないポジションを創出する場所であることを明らかにしたといえる。

　最後に，ここまでの検討を踏まえた課題を述べる。本章では，主として，収集されたエピソードから，テラスが子どもによってどのように用いられているかを分析してきた。このことは，第2章においても同様である。こうした研究は，1つの可視的・物質的環境に対して，子どもがどのようにかかわっているかを捉えた研究として大別できる。一方で，そうした目に見える環境とのかかわりの背景には，不可視的・非物質的な環境の存在が考えられる。例として，施設に流れる時間を意味する時間的環境，施設の規範や習慣などを指す社会的環境があげられる。したがって，保育環境におけるテラスで，子どもはどのように不可視的・非物質的な環境とかかわっているか，また，テラスで過ごすことは，周囲や施設全体を取り巻く不可視的・非物質的な環境とのかかわりに対して，どのような意味を持つといえるかを検討することで，保育環境におけるテラスの機能と特質を，より多角的に明らかにすることができると考えられる。

第5章

保育の時間的環境におけるテラスの機能と特質

■ 第1節　本章の目的

　前章までの検討では，子どもがテラスを用いた際のエピソードの分析から，保育環境におけるテラスの機能と特質を明らかにした。こうした検討は，子どもと特定の場所や物との実体的なかかわりを明らかにすることを目指したものといえ，いわゆる可視的・物質的な環境に関する研究として大別できる。
　一方で，子どもの生活や活動の基盤となる保育環境は，そうした可視的・物質的な環境に留まらない。保育所保育指針（2017）において，「保育の環境には，保育士等や子どもなどの人的環境，施設や遊具などの物的環境，更には自然や社会の事象などがある」と説明されるように，他者をはじめとした非物質的な要素や，時間や規範などの不可視的な要素までが幅広く含まれると考えることが妥当である。そのため，そうした不可視的・非物質的な環境との子どものかかわりが，場所や物とのかかわり方に影響することを考慮する必要がある。反対に，場所や物が，そうした不可視的・非物質的環境との関係性に，影響を及ぼすこともあるだろう。したがって，特定の場所や物が，子どもの生活・活動に対して有する機能や特質とは，そうした性質の異なる環境との関係性のなかで，より立体的に捉えることができるといえる。
　こうした課題を踏まえ，本章では，不可視的・非物質的な保育環境としての時間的環境との関連から，テラスの機能と特質について検討を行う。以下では，保育の時間的環境の基本的な定義と意義，テラスの機能と特質との関連性を検討する必要性について整理した上で，改めて本章の具体的な目的を述べる。

1. 保育における時間的環境

　時間的環境とは，人間を取り巻く種々の時間の流れの総称である。後述する

岡野（2008）が指摘するように，保育施設には，個人が主観的に感じる時間のほか，日付や時刻に基づいた時間などをはじめとしたさまざまな時間が流れている。こうした時間の流れが，子どもの活動や生活を強力に規定するものであることは想像に難くない。実際に，目標や予定の複雑な同時進行が，子どもの落ち着きを損なうこと（大伴，2006），反対に，ゆっくりとした時間の流れ（高橋，2014）や，反復性と可逆性を内在した時間の流れ（有馬，2012）のなかでは，子どもの想像力が広がり，対象へのかかわり方が豊かになることが示唆されている。このように，保育における時間的環境は，子どもが展開する生活・活動の土台として，物や場所をはじめとした環境とのかかわり方にも影響を及ぼすとされている。

　保育の時間的環境について，岡野（2008）は，次の2つに大別している。1つは，暦や時計によって計ることができる共同体にとって共通の物理的時間であり，個人の外にある「外的時間」である。共同体の秩序の維持に優れたこの「外的時間」は，目的合理性を重視する「大人の時間」（有馬，2012）とも密接に関連しており，保育者が作成するカリキュラムや保育計画も，こうした「外的時間」を基準として作成される傾向にある（小川，2005）。これに対し，もう一方は，個人が主観的に体験する心理的時間であり，状況に応じて留まったり飛翔したりする「内的時間」である。遊びのなかで流れる時間，あるいは子どもの創造力や能動性が発揮される際に流れる時間は，この「内的時間」であるといわれており（津守，1997; 小川，2005），保育者が尊重するべき「子どもの時間」と考えられている（有馬，2012）。これに加えて，中田（2013）は，保育における独自の時間の種類として，集団で「○○する時間」をあげている。これは，個人の時間の流れに対する，集団や他者の時間の流れであるといえ，大勢の子どもや大人が1つの施設で生活を共にするという保育の状況を反映している。ただし，中田（2013）によれば，そうした他者や集団の時間に合わせることは，家庭生活においてもあり得ることであり，子どもはそれほど苦労なく適応することができるという。

　以上のように，保育施設で過ごす子ども身の回りには，個人の「内的時間」（「子どもの時間」），客観的な「外的時間」（「大人の時間」），他者や集団の時間などが流れている。そのため，子どもが生活・活動を展開する背景には，そう

した各種の時間の流れとの合流や葛藤，調整があり，それらによって生活・活動の質や方向性が左右されるといえる。つまり，物や場所とかかわっているように見える子どもは，同時に，目に見えない時間の流れともかかわっているのであり，そのかかわりのあり方を検討することの意義は大きい。

2. テラスの機能と特質と時間的環境の関連性

　子どもの場所や物に対するかかわりは，時間的環境とのかかわりと不可分であり，テラスという場所の機能や特質を考える場合においても，同様に留意する必要がある。しかし，より重要なことは，子どもと時間的環境のかかわりにおいて，テラスが独自の役割を担っている可能性が，先行研究および本研究のこれまでの成果によって示唆されていることである。

　時間的環境に関する先行研究では，先述のように数々の異なる時間の流れの存在をあげながらも，それらに対する葛藤や調整といった，保育場面における具体的な子どものかかわり方を検討したものは少ない。むしろ，「子どもの時間」に歩み寄るための保育方法の提案（小川，2005）や，施設の時間の流れに対する適応の容易さの指摘など（中田，2013），時間的環境に対して，子どもが意識的・積極的にかかわる機会の少なさを示唆する見解が見られる。また，そうした子どもによる意識的・積極的な時間的環境とのかかわりの場面として，何かに対する「待つ」行為に着目した岡野（2011）は，保育施設における子どもの「待つ」行為の多くは，登園などに付随する日々のルーティン活動中に観察され，自由活動中ではあまり見られなかったことから，自由活動中には，相手の時間の流れに，自分の時間の流れを合わせるような機会は生じにくいと考察している。これらによれば，時間的環境とは，子どもにとってそれほど実感されるものではなく，生活・活動への具体的な影響も見えづらいものと考えられる。

　ただし，岡野（2011）は，保育室や園庭などの「主要な場所」での活動が開始された後の子どもの観察データから，上記のような結果を導出している。榎沢（2004）が，子どもには，未来に対する志向性を持った行動的な者と，その時空に停滞した者が存在し，後者は場の周縁に押し出されると述べているように，周囲と時間の流れを共有できない子どもは，そもそも「主要な場所」の活

動のなかにいることが困難であり，子どもと時間的環境との意識的・積極的なかかわりは，むしろ「主要な場所」の外で行われている可能性を考慮する必要がある。

そうした時間的環境とのかかわりが生じる場所の1つとして，保育室と園庭の「境の場所」であるテラスが立ち現れる。佐藤ら（2004）が指摘するように，テラスは，子どもと活動や集団の合流が生じやすい場所であり，そこでは，周囲と時間の流れを共有化する以前の子どもの姿が見られることが考えられる。実際に，第2章および第4章においては，テラスで親しい友だちを待ち構える子どもの姿（たとえば，エピソード2-5），集団や活動への合流を図ろうとする子どもの姿（たとえば，エピソード2-22，エピソード4-3），活動の合間などに時間つぶしをする子どもの姿（たとえば，エピソード4-7，エピソード4-29）など，自己の時間以外の時間の流れを意識し，かかわりを持っているとも考えられるエピソードが数多く見られた。これらを鑑みれば，保育環境におけるテラスは，子どもと種々の時間的環境とのかかわりが生じる場所であり，そうしたかかわりに関する機能と特質を有する場所であることが考えられる。

以上を踏まえ，本章では，前章でも扱った4園のエピソードから，後述する「待つ」行為に関するエピソードを抽出・分析することで，テラスにおいて子どもが，どのような時間の流れに対して，いかなる方法でかかわっているのかを明らかにする。合わせて，それらと各園におけるテラスの形態や保育の特徴との関連性を捉える。以上を通して，保育の時間的環境におけるテラスの機能と特質について考察を行う。

第2節　対象と方法

1.「待つ」行為を含むエピソードの抽出

時間的環境とは，不可視的・非物質的な環境であり，それに対する子どものかかわりは，物や場所に対する場合のように目に見えては生じない。また，岡野（2011）や中田（2013）の指摘のように，子どもが常にその存在に意識的であるとも限らない。したがって，時間的環境と子どもとのかかわりを対象化す

る場合には，その様態を観察し，解釈することに適した場面を設定することが重要である。そこで，本章では，時間的環境と子どものかかわりが観察可能な場面として，子どもによる「待つ」行為の場面に着目する。「待つ」行為とは，多様な時間の存在を認識することを前提に，「他者の時間」と「自己の時間」を関連させ調整することで成立する行為（岡野, 2011）として説明される。あるいは，意のままにならないもの，自分だけではどうにもならないものと接触しつつも，そこに「期待」や「希い」や「祈り」を込め，手放さずにいること（鷲田, 2006）とも述べられる。こうした意味づけの通り，何かに対する「待つ」行為の場面は，人間がさまざまな時間の流れと出会い，それに関心や注意を払うとともに，自己との関係性の調整や変革を図ろうとする，時間的環境へのかかわりの場面といえる。したがって，子どもによる「待つ」行為の場面とは，子どもと時間的環境とのかかわりが意識化・積極化される場面であると同時に，子どもを取り巻く種々の時間の存在や，それらに対する子どものかかわりの様相が，観察可能な言動として表出しやすい場面であると考えられる。

　以上を踏まえ，本章では，前章にて収集した4園計278エピソードから，「待つ」行為の場面を含むエピソードを抽出し，分析対象とする。保育場面での子どもの「待つ」行為を分析した岡野（2011）では，「待つ」行為の際の子どもの行動や内面の特徴，行為を含むエピソードの抽出方法などが明示されていない。そのため，本研究では，子どもが「待つ」行為の状態にあるかどうかを判断するために，鷲田（2006）による意のままにならない事象と接触しつつも，そこに「期待」や「希い」や「祈り」を込め手放さずにいる状態という説明に依拠することとし，他者や集団と合流する前後での対象児の言動や表情の変化，観察時の状況や文脈などから，その子どもが他児や集団，あるいは周囲の状況との関係性に，なんらかの発生や変化を求め，期待しながらテラスで過ごしていると判断されたエピソードを抽出する。たとえば，テラスに留まり，園庭で活動する特定の他児を頻繁に観察していた子どもが，その他児が自身に接近したタイミングで話しかけ，その結果，意欲的に活動に合流していく姿が見られた場合は，子どもが自己と他児の心理的時間のズレを認識した上で，ともに活動できることを期待し，合流できる機会が訪れるまでの間をテラスで「待つ」エピソードとして扱う。

最終的に，A園から17エピソード，B園から12エピソード，C園から22エピソード，D園から11エピソードが抽出された．この全62エピソードを対象とする．

2. エピソードの分析方法

　本章の目的は，まずもって，テラスにおいて子どもが，どのような時間の流れに対して，いかなる方法でかかわっているのかを明らかにすることである．そこで重要となるのは，前章までのような幅広い概念の生成ではなく，エピソード中における「待つ」行為の対象と方法を整理することである．そこで，本章では，佐藤（2008）による質的データ分析法を参考に，エピソードを分析する．この方法は，ローデータに対して，その内容を端的に表す小見出し（オープン・コード）を付していき，次の段階で，それを整理したより抽象度の高い焦点的コード生成することによって，質的データの意味関係を整理するものである．この手法を応用することで，研究目的とかかわるデータ中の箇所を2種のコードとして整理することができ，対象間での比較や傾向の分析が可能となる（例として，砂上・秋田・増田・箕輪・中坪・安見, 2012）．

　まず，対象のエピソードから，「待つ」行為の対象の情報を含む箇所を探索し，その箇所が内包する意味をより簡潔に表したオープン・コードを生成した．次に，そのオープン・コードの関連性を相互に検討し，類似した性質を持つ複数のコードを包括するより抽象度の高い焦点的コードの生成を行い，テラスにおける子どもの「待つ」行為の対象について整理した．

　「待つ」行為の方法についても，同様の手順で2種のコードにより整理した．その後，対象と方法の分析それぞれにおいて，各コードに該当するエピソード数を園別に比較できる一覧表を作成した．なお，エピソードのなかには，「待つ」行為の対象や方法が複数見られるものもあったため，一覧表の合計数は単純なエピソードの合計数とは一致しない．以降では，「待つ」行為の対象，方法の順で，分析結果を述べる．その際は，焦点的コードに〈〉，オープン・コードに【】を付して示す．

表 5-1 「待つ」行為の対象のコーディング結果と園ごとの該当エピソード数の一覧

焦点的コード	オープン・コード	A園	B園	C園	D園	合計
活動への合流 (A6, B3, C3, D3, 計15)	活動に参加するきっかけ・タイミング	3	2	3	1	9
	関心が持てる活動との出会い	3	1	0	2	6
集団との調整 (A3, B3, C8, D0, 計14)	後続するクラスや仲間集団の行動	1	3	0	0	4
	予測される保育者の指示・活動	2	0	8	0	10
相手との合流 (A5, B2, C3, D3, 計13)	予測される相手との出会い	2	2	2	0	6
	期待される相手との出会い	3	0	1	3	7
相手との調整 (A4, B2, C6, D2, 計14)	後続・停滞する相手の行動・状態	1	2	3	1	7
	予測される相手の指示・行動	3	0	3	1	7
やり過ごし	展開されている活動の終了・転換	0	0	2	4	6
譲歩の引き出し	相手の行動・要求の変更	1	1	0	0	2
待つ遊び	保育室・園庭にいる相手からの発見・反応	1	4	1	2	8

■ 第3節 「待つ」行為の対象から見たテラスの機能

　まず，「待つ」行為の対象に関する分析結果を示す。いわば，テラスにおいて，子どもはどのような時間の流れと，どのような目的でかかわることができるのかを明らかにするとともに，各園の特徴との関連性について検討する。

1. テラスにおける「待つ」行為の対象

　分析の結果，テラスにおける子どもの「待つ」行為の対象は，11オープン・コードと7焦点的コードに整理された。オープン・コードは，「待つ」行為の対象となるものの種類の分類であり，焦点的コードは，子どもが「待つ」行為を行う目的に相当し，時間的環境に関するテラスの機能により近いといえる。各内容と対象園ごとのエピソードの該当数を表5-1に示す。以下では，まず，焦点的コードとオープン・コードの詳細について，例となるエピソードを交えつつ検討することで，テラスにおける「待つ」行為の対象の多様性を明らかにする。次に，対象園間での比較から，各園のテラスや保育の特徴との関連性を検討する。なお，既に本書に掲載したエピソードについては再掲せず，第2章および第4章を参照するものとしたい。

1）活動への合流

　テラスにおける「待つ」行為として，第1に，周囲で展開される〈活動への合流〉を目的としたものがあげられる。〈活動への合流〉のための「待つ」行為の対象は，大きく次の2種類が見られた。

　まず，【活動に参加するきっかけ・タイミング】に対する「待つ」行為である。子どもが特定の活動に参加しようとする際には，その成員に参加の許可を求めたり，活動が停滞した瞬間や自身に対して接近した瞬間を見計らい，暗黙的に参入したりするといった手続きが必要な場合がある。テラスでは，そうした声かけや参入のきっかけ・タイミングの訪れを「待つ」子どもの姿がいくつか見られた。たとえば，A 園のエピソード2-22のY子は，園庭に向かって10分間以上立ち尽くした後，タイヤブランコで遊ぶF子たちに「交ぜて！」と声をかけている。タイヤブランコは，Y子に対してほぼ正面の位置に存在することから，このときのY子は，F子たちの活動の様子を把握しつつ，それに対して声をかける機会の訪れを待っていたと考えることができる。また，参加のきっかけ・タイミングとして，相手側・活動側からのアプローチに期待するといったケースも見られた。エピソード4-11（D園）において，園庭で鬼ごっこを行う一団の近くに座り込んだK太は，「なにやっとるん？」という参加者からの声かけを受けた後に，靴を履き替えてその活動に参加している。このK太の様子は，鬼ごっこに興味を持ちつつ，その活動や参加者との何かしらの接点が生じる機会を待っていたとも考えられる。さらに，次のエピソード5-1のS男は，テラスに留まって活動を展開する友だちとの接触を試みつつ，結果的に，先のエピソード4-11のように，相手側からの声かけをきっかけとして，園庭での活動との合流を果たしている。

■ エピソード5-1

対象児：S男（4歳児）　　　　　　　　　記録日：2014/2/10（C園）

園庭に出ても良い時間となり，何人かの子どもがさっそく外遊びに向かった。少し遅れて，S男が保育室からテラスへとやってきた。テラスからしばらく園庭の様子を観察したS男は，ちょうど前方を通りかかったY男に，「Yくん，こっちまできてくーださーい！」と大声で呼びかけた。しかし，Y男は立ち止ま

ろうとはせず，そのまま園舎裏の園庭へと移動していってしまった。そのあと，また園庭を観察していたS男だったが，しばらくした後，滑り台の方向からB男がやってきた。B男は，S男に滑り台方向を指さしながら「雪の爆弾があった！」と大きな声で報告した。S男は，急いで下駄箱から靴を取り出して履き替えると，Y男たちがいる滑り台のところへと向かった。

以上の【活動に参加するきっかけ・タイミング】に対する「待つ」行為は，合流しようとする活動に，ある程度の目星が付いていることが前提となる。他方で，〈活動への合流〉を目的とした「待つ」行為には，そうした目星をつける前段階として，【関心が持てる活動との出会い】を待望していると考えられるエピソードも見られた。以下のエピソード 5-2 がその例である。このエピソードでU男は，テラスをうろうろしながら園庭や保育室の様子を観察することを繰り返している。当時は，まだ全ての子どもが登園して間もない時間帯であり，周囲で展開されている活動が少なく，U男が活動に合流するためには，自分で活動を興すか，誰かが興味を持てる活動を興すことを「待つ」必要があった。その他のエピソードも，同様に登園直後の時間帯や，活動の移行時などに観察された。

■ エピソード 5-2

対象児：U男（4歳児） 記録日：2011/2/16（A園）

登園準備を一通り終えたはずのU男がテラスをうろうろしている。登園してくる他児や外で遊ぶ未就園児の様子を眺めながら，無表情に手をぶらぶらさせながらゆっくりと歩き回る。園庭からやってきたL男が「おーい，U男」と声をかけると，一瞬笑みを浮かべたが，L男がコートを掛けるために離れてしまうと，また表情は曇り，ぶらぶらモードに。その後，そのままふらっと保育室に入ったU男であったが，1分ほどするとまたテラスにやってきて，うろうろし始める。今度は口をぽかんと開けながら，ビオトープの方で遊ぶ 3 歳児の様子を眺めている。しかし，保育室も気になるのか，保育室の方を向くこともあり，U男はこれを繰り返してくるくる回るようにテラスを徘徊する。外へ走っていく 5 歳児がいると今度はそっちに向かってふらふら。だが，もう一度屋内をのぞい

た後は，表情は変わらないまでもジャンパーを脱ぎだし，保育室に入り，まっすぐに遊戯室の大型積木で遊ぶ集団のもとへ向かっていった。

2）集団との調整

　保育施設で生活する子どもは，クラスやグループといった集団に属することになる。4園のテラスでは，そのような集団と個人との間に生じた時間的なズレを調整する目的で，「待つ」行為を行う子どもの姿が観察された。このときの「待つ」行為の対象も，大きく2つに分類することができた。

　1つは，【後続するクラスや仲間集団の行動】が追いついてくることを，テラスに留まったり，違う活動をしたりすることで「待つ」というものである。こうした「待つ」行為は，園庭の使用可能時間がクラスごとに決められており，保育者の先導の下で，クラス全体で園庭と保育室の移動を行うB園に集中して見られた。例として，以下のエピソード5-3のK太たちは，他児より一足先に保育室を出た後，テラスで足を止めておしゃべりをしつつ，クラス全体が園庭へと移動を始めるまでの時を過ごしている。エピソードの段階で，既に園庭での活動プランを話し合っているK太たちにとって，一向に動き出さない集団とともに保育室に留まることは，不満や居づらさを感じるものであったのかもしれない。榎沢（2004）は，未来に指向した活動的な場所に対して，現在に停滞した子どもが居づらさを感じる場合があることを述べているが，ともすれば，このエピソードは，その反対のケースとして考えられる。そうした際に，保育室と園庭の間に位置するテラスは，保育室よりも園庭に近く，また，独断専行として咎められることもない場所として，K男たちが落ち着いて集団を「待つ」ために適していたといえるだろう。

■エピソード5-3

対象児：K太・Y太・G太・（5歳児）　　　　記録日：2013/10/31（B園）

　5歳児たちが外遊びに向かう時間となった。K太，Y太，G太の3人は一足先に，保育室からテラスへとやってきた。3人はそのまま膨らみ部分へとまっすぐに歩き，フェンスを支えにしながら階下を見下ろす。そして，「だいちゃんいた」など階下の様子について話したり，「今から（聞き取れず）で戦おうよ」な

ど，これからの遊びの計画について話したりする。他児がテラスに出てくると，3人はその流れへと合流し，一緒に園庭へと移動していった。

また，【予測される保育者の指示・活動】を意識し，それが発せられるまでの時間をテラスで過ごすという姿も見られた。こうしたエピソードは，特にC園の登園時間帯において顕著であった。C園では，一日の活動の流れが，クラスの時間割として明確に示されているが，登園してから集会が始まる9時までの間は，多少の身支度以外に活動が割り当てられない空白の時間となっている。このような，活動を展開するには些か中途半端であり，経験的にすぐに集会が開始されることがわかっているであろう時間をテラスで過ごす子どもが，C園では日常的に見られた。エピソード4-7のY美たちがその例である。また，C園ほど顕著でないものの，A園においても，エピソード2-25のY子らのように，保育者が片付けの指示を出すまでの間を，テラスで過ごすというケースが見られた。保育者が新たな指示を出すことがわかっている場合，準備や片付けを要する活動を展開したり，次の活動場所の遠くに移動したりすることは考えにくい。そうした際に，「境の場所」であるテラスが，次節で述べる〈紛らわし活動〉を行いながら，保育者を中心とする集団のスケジュールとの間に生じたズレを手軽に調整できる場所として，個々の子どもの選択肢となっていることがうかがえる。

3）相手との合流

前述の〈活動との合流〉を目的とした「待つ」行為に対して，より特定の他者との合流を目的としたと見られる「待つ」行為，つまり，活動や生活を共にする〈相手との合流〉を図る子どもの姿もテラスではいくつか観察された。そうした「待つ」行為は，待ち合わせのように特定の相手の訪れが予め予想されている場合と，生活・活動に変容をもたらす相手の訪れを漠然と期待していると見られる場合とに分けられた。

前者の【予想される相手との出会い】は，テラスが玄関を兼ねるA園とC園において明確であった。玄関を兼ねるテラスは，登園時に全員が必ず，真っ先に訪れる場所となる。また，通園バスを有するC園では，その到着を知ること

ができる場所でもある．そのために，第2章において，【待ち合わせ】の例として検討したエピソード2-5や，以下のエピソード5-4のように，先に登園した子どもが，生活や活動を展開していく上で重要な友だちを「待つ」といった行動が起こり得る．これらに対して，B園で見られたエピソードは，性質が異なり，テラスから見下ろすことができる道路を通る保護者（エピソード5-5）や，未満児用園庭にやってくる弟妹を「待つ」といった，家族を対象としたエピソードが得られた．ただし，このような場合においても，テラスから「待つ」対象となる相手が日常的に通る場所を見渡せることが，行為が生じる条件であることは同様といえる．

■エピソード5-4

対象児：Y美・K太・K美・Y太（5歳児）　　記録日：2013/5/14（C園）

テラスで保育者が登園してくる子どもを出迎える様子を眺めていたY美は，バスが到着するや前へと出て「Y太くーん！」と降車する子どもたちの一団にむかって大声で呼びかける．その様子に気づいたK太とK美もY美の横へと並び，同じようにY太の名前を大声で叫ぶ．Y太がテラスまでやってくると3人は一斉に近づき，Y太の耳元で引き続き名前を叫ぶ．Y太が靴を脱いだあたりで3人は散開していった．

■エピソード5-5

対象児：R男（4歳児）　　記録日：2013/8/29（B園）

R男は，橋の横のフェンスに膝立ちで捕まり，ずっと園庭や道路の付近に目線をおくっている．そこへ，下の道路に一台の黒い車がゆっくりと通りかかった．車にはR男の母親が乗っており，母親は窓を開けてR男の方向を見ている．それに対して，R男は手のひらを掲げ「今日は5時？　やっぱり5時？」という．母親は，首を縦に細かく動かして頷いてみせる．母親が立ち去るとR男は立ち上がり，フェンスと下駄箱の間を行ったり来たりする．そこへ，園庭からやってきた保育者が「おはよう」と声をかけた．R男は，それに頷くように小さく答えると，自分の外履きを取り出し，橋の上で靴をはきかえた．R男は，すぐに園庭へは向かわず，しばらく橋のフェンスの間から下の道路を見下ろしていたが，

そのうち黙って園庭へと向かっていった。

　以上のような，「待つ」行為の対象となる人物が明確なエピソードに対して，対象は定まってはいないが，今現在の状況に変化をもたらすと【期待される相手との出会い】を意図し，テラスで「待つ」行為を行っていると見られる例も散見された。こうした「待つ」行為は，前述の【関心が持てる活動との出会い】とも類似しており，まだ自分の過ごし方が決まっていない子どもが，周囲からその状況に変化をもたらし，活動をリードしてくれるような相手の訪れを期待するといった形で見られた。以下のエピソード5-6では，母親と分かれた後，無気力にテラスに座り込んでいたT男が，普段から一緒に活動することの多いL男との邂逅をきっかけに，活動的な状態に移行している。このエピソードでは，保育室で活動を始めているL男も，T男のことを待っており，自身が動き出すきっかけとなる出来事をテラスで「待つ」T男と，仲間の訪れを保育室とテラスの間付近で「待つ」L男の思惑が重なった例とも考えられる。テラスで過ごす友だちに周囲の場所から目を配り，声をかけるL男のような子どもの存在は，受動的な態度で〈活動との合流〉や〈相手との合流〉を願う子どもが，テラスを「待つ」場所として選ぶ理由の1つといえよう。

■エピソード5-6

対象児：T男（4歳児）　　　　　　　　　　　記録日：2011/9/21（A園）

トイレを済ませたT男は，園庭にいる母親に手を振り母親もそれに応じる。（略）母親は何度も立ち去ろうとするのだが，そのたびにT男がしがみつきなかなか離れることができない。5分ほどして，ようやく決心が付いたようで母親から離れた。側にいた副担任は「えらかったね」と，T男を褒めた。しかし，この後T男は，ぼうっとした表情でテラスに座り込み，なかなか登園準備をしようとしない。だが，ここに外遊びに行くL男がやってきて，「T男，急げよ。待ってるぞ」と遊びの誘いをかける。すると，T男はようやく立ち上がり，保育室内で武器作りをはじめたL男のもとに駆け寄っていった。

4）相手との調整

　個と集団との間で時間的なズレが生じる場合と同様に，特定の相手と生活や活動をともにするような場合においても，各人の活動の進度に差が生じたり，活動のなかで相手の指示や許可などが必要になったりすることにより，「待つ」行為によって時間的なズレや空白を調整する状況が生じていた。

　そうした〈相手との調整〉の多くは，保育室と園庭の移動に伴って発生していた。保育室から園庭に移動する際には，保育室で使っていた遊具の片付けや帽子や防寒具の着脱，靴の履き替えといった準備などが必要になる。したがって，活動をともにする相手との間で，それらの準備の手際などに差異が生じた場合に，先行する子どもが，【後続・停滞する相手の行動・状態】をテラスで「待つ」といった例が各園において見られた。たとえば，次のエピソード 5-7 では，先に靴を履き替えたＴ男らが，準備に手間取るＲ男を待ち，Ｒ男の準備が終わったところで一斉に園庭へと移動しており，テラスでメンバー間の活動進度のズレが調整されていることがわかる。類似の例としては，先に活動の準備を終えたＬ男が，後続するＵ男たちをテラスで待っているエピソード 2-24 などがあげられる。加えて，トイレに行くなどの理由により，一時的に屋外活動のパートナーが屋内に移動した際などにも，テラスで残されたメンバーがその相手を「待つ」例が見られた（エピソード 5-8）。さまざまな活動が活発に展開される園庭においては，円滑にパートナーとの再会を果たしたり，パートナーから離れたまま停滞して過ごしたりすることには困難が伴うとも考えられる。他方で，後続するパートナーの行動や状態に合わせ続けることや，トイレなどに同行することも，合わせる側にとって負担を強いかねないものであり，合理的でない場合もあるだろう。そうした際に，テラスがそれらの中間的なあり方を可能にするズレの緩和地帯となることで，活動に伴う成員間の時間の流れを調整する上で機能しているといえる。

■エピソード 5-7

対象児：Ｔ男・Ｈ男・Ｒ男（4歳児）　　　　　記録日：2013/12/12（Ｂ園）

園庭が使える時間となり，Ｔ男・Ｈ男・Ｒ男の 3 人は，テラスの端に並んで腰を下ろし，園庭に向かうため靴を履きかえる。先に準備ができたＴ男・Ｈ男は，

立ち上がってR男が靴を履き覆えるのを待つ。いよいよマジックテープをとめるだけとなると，T男は両足のスタンスを開き，短距離走のスタートのように用意した。そして，R男が立ち上がると，「レディ……ゴー！」といって園庭へと駆け出し，2人もそれを追いかけた。

■ **エピソード 5-8**

対象児：A美・B美・P美（5歳児）　　　　記録日：2014/3/7（D園）

鬼ごっこが一段落すると，P美はトイレにいくために，保育室へと移動した。一緒に行動していたA美とB美は，P美の帰りを待つかのようにテラスへとやってきて，保育室のドアの前あたりに腰を下ろした。2人は，特におしゃべりをしたりするようなことはなく，腰掛けたままうつむいたり，周りを見回したりしている。そのうち，B美はうつむいて，砂の上に指で虹のような曲線を描き出した。A美は，それを横目に，時々後ろを振り返って，保育室の様子をうかがう。しばらくして，P美がトイレから出てきた。それに気づいたA美は，身体を後ろにひねりながら，「P美ちゃーん」と呼ぶ。P美は，テラスへとやってきて，A美の隣に座ると，保育室に入るときに脱ぎ捨てた靴を履く。B美は，その間も，砂の上に指で線を書き続けている。P美が合流したところで，A美は「高鬼しようよ」と，再び鬼ごっこをすることを提案した……

このように，自身に対して遅れた，停滞した相手の行動を「待つ」という例に加えて，〈相手との調整〉としての「待つ」行為のなかには，【予測される相手の指示・行動】を「待つ」といったケースも得られた。ただし，その種の「待つ」行為の発生は限定的であり，主にA園やC園のような玄関を兼ねるテラスにおいて，登園直後から園生活に移行していくタイミングで，保護者や保育者といった大人を対象に生じていた。A園およびC園の登園場面には，以下のエピソード 5-9 のように，保護者が保育者に家庭での出来事を話したり，反対に，保育者が各種の連絡事項を伝達したりすることが習慣となっている。一方で，子どものなかには，保護者との「いってらっしゃい」「いってきます」のやりとりなどを，園生活に移る前の日課としている者が存在する。また，保護者と保育者の会話の題材として，その場に留まることを求められる場合もある。

そうした子どもたちは，保育者と保護者の会話が長引いた場合には，日課としている行動や保育室への移動をテラスで待たされることになる。そうした際に，保育者と保護者の間で，眠そうな様子や手持ちぶさたそうな様子を見せながら，両者の会話が終わるまでの時を過ごす姿などが観察された。

■エピソード5-9

対象児：S美（5歳児）　　　　　　　　　記録日：2014/1/20（C園）

S美は，登園してくるとまずテラスの段差に腰を下ろし，背中のリュックサックを体の横に置いた。S美と一緒にやってきた母親は，担任保育者とテラスを挟んで立ち話をしている。話をしている間，S美は体を横に倒し，テラスの支柱によりかかるようにしてぼうっとしており，時々大きくあくびをする。しばらくして，話を終えた母親が，S美の顔を見下ろして「いってらっしゃい」と声をかけ，担任保育者に「お願いします」と一礼して去っていった。すると，S美は「よっこいしょ」と立ち上がり，靴を脱いで下駄箱に納めると，リュックを持ち上げて保育室へと入っていった。

5）やり過ごし

エピソードのなかには，【展開されている活動の終了・転換】を期待するもの，具体的には，思い通りにいかない活動や関心が向かなくなった活動の〈やり過ごし〉を目的とした「待つ」行為も見られた。こうした「待つ」行為は，C園とD園に限って観察され，いずれのエピソードも，園庭での活動に対するものであった。たとえば，エピソード4-30のN子とR子は，ゲームのルールなどを調整するために活動が中断され，メンバー間での話し合いが始まると，その輪から離脱して，ゲームが再開されるまでの間をテラスで過ごしている。こうした2人の様子からは，関心が向かない活動を，テラスで「待つ」ことによってやり過ごそうとする意図を読み取ることができる。また，エピソード4-31のS美の場合は，思うようにいかない縄跳び活動から抜け出し，その終了をテラスで待っていると考えることができる。

先述のように，〈やり過ごし〉のエピソードは，テラスと園庭が近接するD園の自由活動時間と，C園において，テラスに近い位置で設定活動が行われた

際にのみ見られた。ある活動の終了や転換を「待つ」場合には，対象の活動の様子を把握できることはもちろん，その活動との関係性が途切れない程度の距離感を保ち，必要に応じて再度参加できる状態であることが望ましいといえる（エピソード 4-30）。また，園庭での設定活動からの〈やり過ごし〉を意図したと見られるエピソード 4-31 のような場合では，そもそも完全に離脱することが適わないために，少し距離をとって腰が下ろせるテラスで，対象の活動の終了を「待つ」のである。したがって，〈やり過ごし〉としての「待つ」行為は，テラスでの「待つ」行為と，対象の活動に対するあいまいな所属状態や関係性が両立できる条件下で発生するものと考えられる。

6) 譲歩の引き出し

「待つ」行為によって，相手の行動や指示の変更を要請していると見られるエピソードも少数ながら得られた。たとえば，エピソード 4-1 の S 代は，自分から離れて園庭に向かうことを促す保護者に対して，服の一部を掴んで激しく抵抗を続けている。途中，保育者が介入してきた際も，S 代はその場から一向に動こうとはせず，根負けした保護者が，テラスでお別れをするという当初の条件を譲り，S 代が納得するまで園庭に同行するに至っている。相手にも独自の時間の流れや予定がある以上，その要求や申し出などに従わないことで，相手に時間的な圧力を与えることになる。S 代の一連の行動は，結果的に【相手の行動・要求の変更】を引き出す「待つ」行為になっていたといえるだろう。

7) 待つ遊び

以上のような，相手や集団の時間の流れとの合流や調整を図るための「待つ」行為に加えて，【保育室・園庭にいる相手からの発見・反応】を期待するといったかたちで，テラスでの遊びのなかに，「待つ」行為を意図的に取り込んだ〈待つ遊び〉もいくつか見られた。

B 園と C 園のエピソードは，そのほとんどが，ドアや壁に隠れながら保育室にいる相手に接近し，発見されたら逃げ出す「かくれんぼ」のような遊びとして観察された（エピソード 4-13，エピソード 5-10）。他方，D 園では，「鬼ごっこ」の際に 10 秒間のみ有効な安全地帯としてテラスが取り入れられ，鬼の接近

と有効時間の終了を「待つ」ことで逃げるスリルを味わうエピソードなどが中心であった（エピソード4-19）。また，A園で得られたエピソードは，テラスで開店したお店の店員として，園庭からのお客さんを「待つ」というものであった（エピソード2-7）。このA園とD園の場合では，園庭からテラスに遊び相手がやってくることによる，役割の発生や状況の変化を楽しんでいるものと考えられる。こうした「待つ」行為を取り入れた遊びは，岡野（2011）においても，ボールの投げ合い遊びの事例で紹介されており，役割の交代や目的の接近に対する期待感を盛り上げるための手段として，各種の遊びのなかに取り入れられるものといえる。

■ エピソード5-10

対象児：K太・Y太（5歳児）　　　　　　　記録日：2013/6/13（B園）
K太とY太は，「お化けがおる」といいながら，テラスを隣のきりん組の保育室へと移動する。きりん組の窓際では，女児らが座って広告と輪ゴムで弓矢のようなものを作っている。K太たちは，女児らにゆっくりと近づくと，それにむかって「ばか！」「ぶた！」などと叫ぶ。女児たちは，無視して弓矢に集中する。しかし，しばらくしても叫ぶのをやめないK太たちに，女児らは「なんかきた」といって反応する。するとK太たちは「わぁ～！　お化けや～」と叫びながらその場を逃げだし，ホールへと駆け込んでいった。

2．4園の特徴と「待つ」行為の対象の関連性

　4園のエピソードの分析から，テラスは，個々の子どもが，場所や活動の移行などに伴って顕在化した他者や集団の時間の流れと向き合い，それに対する合流や自身の時間の流れとの調整を図る場所，やり過ごしなどを含めた対応を行う場所として機能していることが明らかとなった。以下では，そうした機能と各対象園のテラスの形状や保育の特徴との関連性を改めて整理し，そうした機能が発揮される際の傾向や条件について検討する。
　まず，A園では，〈活動への合流〉や〈相手との合流〉といった，主要な場所での生活や活動に参加するための「待つ」行為が，他3園よりも目立って見られることがわかる。また，その際は，エピソード5-2やエピソード5-6のように，

第3節 「待つ」行為の対象から見たテラスの機能

「待つ」行為の対象が明確でないにもかかわらず，周囲に対して合流することを願い，そのためのきっかけの訪れに期待するといった姿も見られた。こうした傾向は，前章で明らかとなったA園のテラスの用途の独自性とも重なり，午前中の保育スケジュールの大部分が子どもの手に委ねられているために，子どもが自ら，取り組む活動やパートナーを探す必要性が生じることと関連していることが考えられる。そうした状況下において，保育室や園庭といった活動や人が集中する場所に対して開かれ，待ち合わせの場所としても偶然の出会いを期待する場所としても好条件のテラスは，活動に属する前段階の子どもが，自他の時間の流れの接点を見つけ，合流するための場所として機能しやすいといえる。

次に，B園について検討する。B園の「待つ」行為の対象に見られる傾向として，そのほとんどが，保育室側の対象に対する「待つ」行為であることがあげられる。園庭の利用に制限のあるB園では，エピソード5-3やエピソード5-7のように，クラス全体や特定の仲間と園庭に移動するタイミングを合わせるための「待つ」行為が特徴的に見られた。前述の通り，保育室から園庭への活動に移行する際に生じる自他の時間的なズレを吸収する緩衝空間として，それらの間に存在するテラスが機能していることがうかがえる。また，テラスと保育室および遊戯室との間での〈待つ遊び〉も4件が観察されており，それらの場所との連続性の高さとともに，子どもによる連続性の制御の容易さがうかがえる。その一方で，園庭の対象に対する〈活動への合流〉や，〈相手との合流〉の例はほとんど見られなかった。園庭とテラスの設置面が小さいことや，基本的に個人で自由に園庭とテラスを行き来できる機会が少ないなどの理由により，B園テラスは，園庭との間で待ち合わせをしたり，新たな出会いの訪れを期待したりすることには適さないことが考えられる。

C園については，登園してから朝の集会が始まる9時まで間の時間を過ごす〈集団との調整〉が顕著に見られた。また，以下のエピソード5-11のように，園庭での設定活動中に生じた待機時間を過ごす際や，エピソード4-31のように，設定活動の終了を「待つ」ために，テラスに留まるエピソードも特徴的であった。クラス単位で活動し，そのスケジュールが明確に定められたC園においては，先に登園や活動を済ませた子どもなどは，次の指示が出されるまでの

空白の時間を経験することになる。その際，次の活動場所と距離的に近く，また，次節で述べるような〈紛らわし活動〉（他者との会話や周囲の様子の観察，その場でできる簡易な遊びなど）も展開できるテラスは，そうした時間を過ごすための選択肢となり得る。総じて，C園のテラスは，クラスのスケジュールという時間の流れに対する，個の時間の流れを調整する場所としての側面が特徴的である。このほか，玄関を兼ねるため，登園してくる友だちや通園バスの到着を「待つ」姿も見られた（〈予測される相手との出会い〉）。これについては，同じく玄関を兼ねるA園についても同様である。

■エピソード5-11

対象児：5歳児クラス　　　　　　　　　　　　記録日：2014/2/10（C園）

縄跳びの時間も佳境となり，最後に保育者の前で前跳びにチャレンジすることになった。5歳時たちは，保育者の前に順番に整列し，自分の番が来ると，保育者に跳んだ数を数えてもらう。その際，チャレンジが終わった子どもは，保育者の背後のテラスの段差に座っていく。子どもの数は増えていき，テラスがまるで長いベンチのように，横に並んで座った子どもたちで埋まっていく。そのうち，保育室に帰っていくものが出てくると，何人かの子どもは靴を脱いで立ち上がり，室内へと移動した。また何人かは，全員が終わるまで，テラスに座っておしゃべりをしたり，目の前の様子を眺めたりしていた。

最後に，D園について述べる。テラスと園庭が近接するD園においては，園庭活動から一時的にテラスに抜け出してくるエピソード4-30のような〈やり過ごし〉や，園庭とテラスを跨いだ活動の流れのなかに組み込まれた〈待つ遊び〉など，園庭での自由活動中の「待つ」行為が見られたことが特徴といえる。エピソード5-8のトイレに行った友だちを「待つ」例なども含め，園庭活動を展開するなかでの待合室や待機場所のようにテラスが機能している側面がうかがえる。他方で，活動の自由度が高く，A園と同様に，子どもが自ら活動や仲間を見つけなければならない場面が多いことも予測されたが，〈活動との合流〉や〈相手との合流〉を図るエピソードは少数であった。この理由として，D園のテラスと園庭との関係の場合では，容易に相互の様子を把握し，言葉を交わ

すことができるため，興味の対象との出会いや，交渉するタイミングの訪れなどを「待つ」必要性が低いことが指摘できる。また，「待つ」行為が生じたとしても，エピソード4-11に見られるように，それを発見した園庭側からの声かけなどが発生しやすく，短時間で合流を果たせることが考えられる。

■ 第4節 「待つ」行為の方法から見たテラスの機能

　前節では，「待つ」行為の対象を分析することで，テラスにおいて子どもがどのような時間の流れに対して，どのような目的でかかわっているかを明らかにした。本節では，「待つ」行為の方法に観点を移し，テラスでの「待つ」行為を，子どもがどのような方法で行っているかを明らかにすることで，保育の時間的環境におけるテラスの機能をさらに明らかにする。前節までと同様に，まず，テラスにおける「待つ」行為の方法の多様性を明らかにした上で，対象園ごとのテラスや保育の特徴との関連性について整理する。

1. テラスにおける「待つ」行為の方法

　対象のエピソードについて，「待つ」行為の方法に関する箇所をコーディングしたところ，9オープン・コードと3焦点的コードに整理された。オープン・

表5-2 「待つ」行為の方法のコーディング結果と園ごとの該当エピソード数の一覧

焦点的コード	オープン・コード	A園	B園	C園	D園	合計
積極的待ち方 （A2, B4, C6, D2, 計14）	対象への呼びかけ・声かけ	2	3	4	0	9
	対象への接近・注視	0	1	2	2	5
消極的待ち方 （A13, B7, C13, D7, 計40）	対象の観察	1	1	2	1	5
	付近を行ったり来たり	4	1	1	4	10
	座り込み	5	4	7	2	18
	立ち止まり・立ち尽くし	3	1	3	0	7
紛らわし活動 （A11, B5, C20, D11, 計47）	無関係の対象の様子を眺める	4	2	5	4	15
	通行人・周囲の人との交流	3	2	10	5	20
	その場遊び・通行遊び	4	1	5	2	12

コードは，「待つ」行為の際に見られた具体的な子どもの言動であり，焦点的コードは，それをさらに分類した「待つ」行為の方法のタイプを意味している。以下では，前節と同様に，各コードの詳細について，具体的なエピソードを引用しながら検討していく。

1）積極的待ち方

「待つ」行為の対象に対して，言葉や動作を用いて能動的かつ明確に自身の希望・期待を伝え，対象の接近や目的とする行動を引きだそうとする待ち方である。このような待ち方は，以降に検討する〈消極的待ち方〉や〈紛らわし活動〉に比べて件数，種類ともに少なく，発生する機会も限られていた。

こうした待ち方の種類としては，まず，相手の名前を呼んだり，自らの希望を伝えたりする【対象への呼びかけ・声かけ】があげられる。例としては，前掲のエピソード5-4における「（Y美は）通園バスが到着するや前へと歩み出て「Y太くーん！」と降車する子どもたちの一団にむかって大声で呼びかける」のような行為や，次のエピソード5-12のT助たちや，前掲のエピソード5-10のK太たちのように，相手に対して自身の存在を大声でアピールしたり，特定の行動を促したりする行為である。このような待ち方は，そのほとんどが，以上に例示したような，先に登園した子どもが後からやってきた子どもと合流する場面（【予測される相手との出会い】）と，かくれんぼや鬼ごっこの場面（【待つ遊び】）において見られた。そのため，「待つ」行為の方法としての側面と，既に合流や活動の合意を果たした相手との交流や，遊びの手段の一環としての側面を併せ持った行為といえる。また，相手に対して明確に要求を伝える待ち方は，緊急性や要求の高さとも関連すると考えられるが，前節における〈集団との調整〉や〈相手との調整〉などの，「相手を待つ」ことが個人にとって不満や負担を伴うとも考えられる場面において，テラス側から相手になんらかの催促を行うような待ち方が採られた例は見られなかった。

■エピソード5-12

対象児：T助・Y助（3歳児）・H太（5歳児）　　記録日：2013/10/10（B園）

他の3歳児たちが室内で活動する最中，テラスへと出てきたT助とY助は隣の

第4節 「待つ」行為の方法から見たテラスの機能　　187

5歳児保育室のドアの前へとやってきた。2人はしばらく半開きのドアの隙間から中の様子を見つめる。そして，中の5歳児と目が合うと「きゃー！」と叫び声をあげてその場から逃げ出した。しかし，その後すぐ，2人は再び同じようにドアの前へとやってきた。そしてT助が「怒りんぼさんこいよ！」「こっちにきてみなさい」，Y助も「お兄ちゃんこっちにきーてくだーさい！」と室内に向けておちょくるように叫んだ。すると，それに気づいたH太が駆け足でドアへと近づいてくる。2人は，それを見て「ぎゃー！」と言いながら，3歳児保育室方向へとテラスを逃走する。しかし，その後も2人はドアから覗く，逃げるを2回繰り返す。ついにH太が「捕まえてやる！」と言いながらテラスへと飛び出してきた。しばらくドアの前で退治した2人と1人だったが，H太が2人を捕まえようとすると，2人は一目散に3歳児保育室へと逃げていく。H太はしばらくテラスに留まっていったが，「中で遊びましょう」と保育者から声がかかると，おとなしく保育室内へと戻っていった。

　もう1つの〈積極的な待ち方〉は，声かけなどは行わないものの，相手に対する接近や注視により，自身の意図や存在を伝えるという待ち方である（【対象への接近・注視】）。こうした待ち方は，テラスから保育室を覗きこみ，そこにいる他児からの発見を期待するK助たちをはじめとして（エピソード5-13），かくれんぼ型の〈待つ遊び〉のなかにおいてのみ見られた。先の【対象への呼びかけ・声かけ】の場合と合わせて，テラスにおいては，〈積極的な待ち方〉が生じる場面が限定されていることがうかがえる。

■エピソード5-13
対象児：K助・S助（3歳児）　　　　　　記録日：2013/10/24（B園）
K助は，ホールからテラスに裸足で駆け出してきた。K助は，ぺたぺたと音をさせながらテラスを突き進み，3歳児保育室の前まで来て足を止めた。K助は，窓に顔を近づけると，カーテンの隙間からひっそりと保育室内の様子を観察する。すると，窓側にいたS助がそれに気がつくやいなや，勢いよくカーテンを開けた。K助は「あーはははは！」と大声笑いながら来た道を逆に走り出し，逃げ込むようにホールへと入っていた。しかし，その後すぐに，K助はテラスに出てき

た。そして，今度はホールのすぐ近くの5歳児保育室へとそろりそろりと近づいていく。そして，またカーテンの隙間から中の様子を覗き，中の人と目が合うと一目散にホールへと駆け戻る。そこでは，先ほど目が合ったS助が待ち構えていた。S助の「見つけた！」の声とともに，2人はホールで追いかけっこするかのように走り回る。

2）消極的待ち方

　以上とは対照的に，「待つ」行為の対象に積極的に働きかけず，状況の変化や対象からの接近を期待する待ち方として，〈消極的待ち方〉がある。〈消極的な待ち方〉には，遠巻きに相手の様子をうかがう【対象の観察】（エピソード4-11），テラスをうろうろと歩き回りながら，対象との出会いや合流の機会の訪れを「待つ」【付近を行ったり来たり】（エピソード5-2），対象が訪れるまでの間の【座り込み】（エピソード4-11やエピソード5-6），その場での【立ち止まり・立ち尽くし】（エピソード5-7）という4種類が見られ，徹底的にそのうちの1つの待ち方が採られる場合もあれば，1つのエピソードのなかで，各種の待ち方が切り替えられながら生じる場合，次に詳述する〈紛らわし活動〉と複合的に見られる場合など多様であった（エピソード4-3）。

　〈消極的待ち方〉は，全62エピソード中の35件について見られ，テラスにおける「待つ」行為の中心的な方法の1つであるといえる。エピソード5-2のような【関心が持てる活動との出会い】や，エピソード5-6を例とする【期待される相手との出会い】などを「待つ」場合では，「待つ」行為の対象が明確ではないため，「待つ」側は受け身にならざるを得ない。しかし，「待つ」行為の対象が，すぐそばにいるエピソード5-6やエピソード5-9，「待つ」対象が明確なエピソード4-30のような場合においても，同様に〈消極的待ち方〉が用いられていた。そもそも「待つ」行為とは，他者の時間の流れや自分だけではどうにもならないものと直面した際に生じる行為であり（鷲田, 2006; 岡野, 2011），基本的には，他者任せ，成り行き任せにならざるを得ないものといえる。他方で，自分の思い通りにならない相手や集団に対して，積極的に働きかけることなく「待つ」ためには，どうしようもないという諦めに加えて，心理的な余裕や寛容さが必要であると考えられる。結果的に，テラスで〈消極的待ち方〉が

多く見られたことは，保育の時間的環境が，個々の子どもにとって深刻な負担や不満を強いるものとなっていないことの現れともいえるだろう。

3）紛らわし活動

「待つ」行為の際には，積極的に相手に働きかけることや，消極的に相手や状況に身を委ねるといった方法に加えて，その場でできる小規模な活動や，「待つ」行為の対象とは無関係な対象とかかわることによって，手持ちぶさたな時間を埋める〈紛らわし活動〉も見られた。こうした活動は，62エピソード中の30エピソードで見られ，〈消極的待ち方〉と同じく，高い頻度で観察された。以下では，関連するオープン・コードについて検討する。

〈紛らわし活動〉としては，第1に，「待つ」対象ではないもの，すなわち，参加するつもりのない活動や，直接的にかかわるつもりがない他者の言動などを眺める活動があげられる（【無関係の対象の様子を眺める】）。たとえば，以下のエピソード5-14におけるS美は，保育者が片付けを終えて戻ってくるまでの時間を，ただ座り込んで「待つ」だけでなく，園庭に残っている他クラスの子どもの様子を眺めたり，付近を通る他児を目で追ったりしながら過ごしている。このような行動は，テラスに留まりながら，周囲の様子を気にしているものとも考えられるが，次のエピソード5-15のL男の場合においては，階下を見下ろすことができるB園のテラスのふくらみ部分を，意図的に〈集団との調整〉の場所に選択していると考えられ，「待つ」行為の際の〈紛らわし活動〉として，こうした傍観的な活動が行われていることがうかがえる。既述の通り，テラスは隣接する場所に対して開かれており，また，園の通行の要として人通りも多い。テラスで「待つ」行為を行う際は，こうした周囲の様子を，さながらテレビなどを視聴するかように傍観することで，手持ちぶさたな時間を埋めることができるといえる。

■エピソード5-14 ─────────────────────────────

対象児：S美（5歳児）　　　　　　　　　記録日：2014/2/25（C園）

自由遊び後の片付けも終わり，多くの子どもが給食準備のために保育室へと入っていった頃，S美は靴を脱いだままテラスの淵にそって足を延ばして座って

いる。そして，脱力したような表情で斜め前方に広がる園庭の方向を眺めている。ただし，近くを他児が通ると，その様子を目で追う。しばらくして，最後まで園庭の片付けをしていた保育者が，保育室に戻るためにテラスに近づいてくると，S美はゆっくりと立ち上がって室内に移動した。

■エピソード 5-15

対象児：L男（4歳児）　　　　　　　　　記録日：2013/7/11（B園）

多くの4歳児が園庭で活動するなか，L男は1人でテラスのふくらみ部分にやってくると取り付けられたネット状の庇の下に小さくなってしゃがみ込んだ。あぐらをかくように床面に座り込んだL男は，下の未満児用園庭で遊んでいる2歳児たちの様子を眺める。そのうち，L男の姿に気づいた未満児クラスの保育者が「涼しい」と尋ねた。L男は，首を大きく縦に振って応える。このあともL男はときどき体勢を変えつつも，庇の下から動かない。しばらくすると，また正面を園庭側に向けて「せんせーい！」と階下の保育者に手を振りながら呼びかけはじめる。しかし，そうしているうちに自クラスの保育者が園庭に向かうため保育室からテラスへと出てきた。それに気付いたL男は，ゆっくりと立ち上がり，保育者の後を追って園庭へと向かっていった。

また，テラスでの「待つ」行為の際には，ただ無関係の対象を眺めるだけでなく，通りかかった他者や付近で過ごしている他者と会話をしながら，本来の「待つ」対象の訪れを「待つ」といったケースも見られた（【通行人・周囲の人との交流】）。このような交流は，前掲のエピソード5-15において明らかなように，周囲の側からテラスで待っている子どもに話しかける形で開始される場合もあれば，反対に，テラスの側から，周囲の親しい他者に対して働きかける場合もあった。また，エピソード4-30やエピソード5-11のように，複数名で同じ対象を「待つ」場合では，待っている者同士が隣り合って座り，相互に語らうといった姿も見られた。保育者や他児が拠点とする保育室や園庭に隣接し，玄関や通路として人通りも多いテラスでは，一時的な交流の対象が訪れる機会，また，「待つ」子どもに気づき，交流を持ちかける他者との出会いの機会ともに多いことが考えられる。そして，いずれの場合にもおいても，ただ対象をテラス

第4節　「待つ」行為の方法から見たテラスの機能

で「待つ」しかない子どもの過ごし方に，変化や一時的な目的をもたらし，その時間を彩ることがあり得るといえる。こうした交流の発生については，園ごとで差が見られ，園庭との距離が近いD園や，設定活動にかかわる時間のズレの調整のために，同じ対象を「待つ」子どもがテラスに集まりやすいC園（たとえば，エピソード5-11，エピソード5-16）では，比較的多くのエピソードが得られた。他方で，園庭との連続性が低いB園では，【無関係な対象の様子を眺める】活動とともに，エピソードが少数に留まった。

■エピソード5-16

対象児：T太・M太・A太・K太（5歳児）　　記録日：2013/9/17（C園）

登園してきた子どもが次々と保育室に入っていくなか，T太は1人で保育室前のテラスの柱にしがみついている。腕を伸ばして体を倒すことで柱を引っ張ってみたり，柱を軸にぐるぐると周りを回ったりする。また，柱を支えにしながら大きく園庭に向かって反り返ったり，腕や足を絡みつかせたりする様子も見られる。そのうち，近くを通ったM美，A太，K太の3人が，次々とやってきた。3人は，柱とT太を挟んでテラスの段差に腰掛け，ただただ外を眺める。そのうち，A太と互いに目を合わせたT太も柱から離れ，隣り合って座り小声でおしゃべりをする。しかし，またすぐにT太は立ち上がると，柱をつかんでぼうっとする。そこで，9:00になったことを伝える保育者の声が聞こえてきた。4人は誰が先というでもなく，その場を離れ保育室へと移動していった。

以上のような，周囲の他者や活動との関係のなかでの〈紛らわし活動〉のほか，テラスで待ちながら行えるような簡易な活動で時間を潰す【その場遊び・通行遊び】も見られた。こうした活動としては，エピソード4-30における小石などを使った手遊びや，エピソード5-8の砂いじりなどが見られた。また，テラスに屋根を支える支柱などがあるA園およびC園では，支柱に掴まって，それを軸にぐるぐると回転するといった活動が共通して見られた（エピソード2-25，エピソード4-7，エピソード5-16）。支柱の周りを回るといった活動は，場所の移動や道具の使用，目的の設定や準備・片付けなどを要せず，いつまでも動作を続けられる循環的な構造を有しており，手持ちぶさたな子どもが一時的に身

を寄せる上で適するといえる。特にC園では，登園してから集会が始まるまでの時間を「待つ」際に，こうした支柱を用いたその場遊びが日常的に生じており，エピソード5-16のように，【無関係の他者の様子を眺める】活動や【通行人・周囲の人との交流】が合わせて行われる例も記録された。一部のC園の子どもにとっては，こうした【その場遊び・通行遊び】が，朝の定番の過ごし方の1つとなっていることが考えられる。

2. 対象園の特徴と「待つ」行為の方法の関連性

　これまでの分析により，テラスにおける子どもの「待つ」行為は，〈待つ遊び〉の際などを除いて，〈積極的待ち方〉よりも〈消極的待ち方〉や〈紛らわし活動〉といった方法が採られやすいことがわかった。そのため，テラスは，子どもが余裕を持って周囲の活動や他者の時間の流れに対して合流したり，自身と周囲との時間的なズレを調整したりすることができる，ある種の待合室のように機能していることが考えられる。しかし，園ごとに比較すると，エピソードの数や内容には差異が見られ，そうした待合室的な機能に関しても，各園の状況が反映されていることがわかった。

　まず，前節において，活動や仲間との合流のための「待つ」行為が特徴的であると述べたA園であるが，そうした合流の際には，積極的に対象に話しかけたり，注視や接近によって自身の存在をアピールしたりする能動的な方法が用いられるよりも，ただ座り込んで周囲からの働きかけに期待したり（エピソード5-6），【付近を行ったり来たり】しながら状況の変化を待ったりする（エピソード5-2）といった，受動的な方法によるものが中心であった。保育室および園庭との間で相互の様子の把握ができ，人通りも多いA園のテラスでは，自らが積極的に周囲に同調せずとも，自身のことを発見した他者や先に活動を始めた友だちの側からの歩み寄りが期待できる。そのために，自己の時間の流れを維持しつつ，落ち着いて状況に身を委ねることができると考えられる。また，そのように周囲に対して開かれ，支柱などの設備を有するために，それらと関連した〈紛らわし活動〉も可能であり，相手や集団との調整を行う子どもの時間を彩っている側面が見られた。

　B園の場合においても，他児やクラスに対して先行した場合の調整や活動へ

の合流が行われる際には，以下のエピソード 5-17 を除いたほとんどのエピソードにおいて，〈消極的待ち方〉が用いられており（エピソード 4-3，エピソード 5-7），合わせて，階下の園庭で過ごす未満児や保育者に対する傍観や交流などの〈紛らわし活動〉が行われていた（エピソード 5-15）。そうした際には，テラスが落ち着いて「待つ」行為を行うことのできる待合室として機能しているといえる。ただし，A 園や C 園の支柱のような，「待つ」際に拠り所となる設備がなく，【その場遊び・通行遊び】が，エピソード 5-17 の N 子による通行遊びの他は見られなかったこと，幼児用園庭との間でのやりとりや移動が生じる機会が限られることから，階下の未満児用園庭に興味の対象や親しい他者が存在しない場合には，テラスで「待つ」行為を行う場合に，子どもが手持ちぶさた感や孤立感を感じる可能性があることも考えられた。

■ エピソード 5-17

対象児：N 子（4 歳児）　　　　　　　　　記録日：2013/11/14（B 園）

N 子は保育室から園庭へとゆっくりと向かう。途中 N 子は，後ろをちらちらと振り返っている。5 歳児保育室を過ぎたあたりから，N 子はテラスの床材の接合部の線の上を，綱渡りするかのように足下をそろえて慎重に歩き始める。しばらく進んだところで，誰も居ない後ろを振り向き「せんせーい！」と小さいながらも呼びかける。そして，また線の上を進んでいく。園庭の前の最後の曲がり角付近までやってきた頃，4 歳児保育室から担任保育者が出てきた。N 子は，線上から外れて，下駄箱から外履きを取り出すと，園庭へと移動していった。

C 園のテラスでは，玄関および通路として頻繁な人の往来があること，園庭に対して広く開かれていること，一時的な活動に利用できる支柱があることといった特徴により，各対象に対する「待つ」行為の際には，〈紛らわし活動〉が合わせて展開されていた（エピソード 5-11，エピソード 5-14，エピソード 5-16）。また，C 園の場合では，「待つ」対象が，集会や設定活動に関するものであるため，エピソード 5-11 やエピソード 5-16 のように，複数の子どもが同じ対象への「待つ」行為を共有するといった例も比較的頻繁に見られた。そのため，「待つ」子ども同士で交流が生じる例も多く（【通行人・周囲の人との交流】），「待

つ」時間が，ただの手持ちぶさたな時間とは必ずしもなっていないことがうかがえる。こうした〈紛らわし活動〉の充実は，クラスのスケジュールと個々の子どもの時間の流れのズレを緩衝する場所としてのC園のテラスの有用性を高める要素の1つといえる。

　園庭の活動とテラスの距離が近いD園では，〈消極的待ち方〉や〈紛らわし活動〉による場合でも，対象と近接した状態で「待つ」行為が展開されることになる。そのため，エピソード4-30や以下のエピソード5-18のように，「待つ」対象である活動や相手の様子が常に把握でき，再加入やかかわりも容易な距離に居着くといった，対象と離れているとも合流しているともいえる待ち方が特徴的に見られた。顕著な例として，以下のエピソード5-18のM子は，パートナーのS男との合流およびS男が参加しているドッジボールの終了を「待つ」間を，その様子を間近で眺め，園庭での活動の動きに同調しながら過ごしている。こうした，「待つ」ことと参加・合流することとが両立がしやすい点は，D園のテラスの独自性であるといえ，園庭で活動する子どもたちの間で生じる微妙な時間的なズレを調整する上で，無視できない機能を担っていることが指摘できる。

■エピソード5-18

対象児：M子（4歳児）　　　　　　　　　　**記録日：2014/1/29（D園）**

園庭に出てきてから，ずっとS男と行動をともにしていたM子。しかし，2人で鬼ごっこをしている途中，5歳児たちのドッジボールに興味を示したS男は，そこについていた保育者に声をかけられたことをきっかけに，ドッジボールの集団へと歩み寄っていった。1人残されたM子は，S男の様子を横目にテラスへとやってきて，段差に腰かけた。M子は，ドッジボールとS男がいる方向を見つめる。しばらくして，S男を混ぜてドッジボールが再開される。M子は，それを見つめつつ，「S男くんがんばれー！」とテラスから声をかける。しばらくして，5歳児たちが投げたボールがそれて，M子の足もとへと転がってきた。M子は立ち上がって転がるボールを追いかける。しかし，ボールは拾わずに取りすぎ，しばらくの間園庭をうろうろと歩き回る。そのあと，M子は再びテラスへと戻ってきて，段差に腰かけて，拾い上げた木片を両手でいじっている。そ

こへ，またボールが転がってきた。M子は，コートに向かってボールを蹴る。そこで，保育者が「Mちゃんもやる？」と誘った。しかし，M子は首を横に振り，またテラスの段差に腰かけてS男たちを見つめている。しばらくして，ドッジボールが終わり，S男が5歳児のもとを離れると，M子は立ち上がって合流し，追いかけっこを再開させた。

第5節 小 括

本章では，「待つ」行為を含む4園のエピソードを対象に，「待つ」行為の対象と方法に着目して分析することで，保育の時間的環境におけるテラスの機能と特質について検討した。その成果は次の通りである。

1. 保育の時間的環境に対する子どものかかわり

先行研究（岡野，2011；中田，2013）では，ある程度園生活に慣れた後や自由活動時間では，生活や活動の展開に影響するような時間的なズレが生じにくく，子どもが自己の時間の流れと周囲の時間の流れとの差異などを実感し，意識的・積極的にかかわるような機会は限られることが指摘されていた。

それに対し，テラスで過ごす子どものエピソードを検討した本研究では，年度の後半や5歳児の場合，自由活動時間の場合においても，子どもが集団や他者との間の時間的なズレを経験し，それに対する合流や調整といった「待つ」行為を行っていることが明らかとなった。榎沢（2004）による，時間の流れを共有できない子ども同士が，同じ空間や活動に存在することは難しいとする指摘を踏まえると，多くの子どもが集い，活動をともにする保育室や園庭とは，既に時間の流れを共有した子どもたちの場であり，相互のズレなどは顕在化しにくいものと考えられる。しかし，保育室や園庭での生活・活動に移行する段階に位置し，それらの場所に対してある程度隔たったテラスに目を向けると，自己と周囲の時間の流れを調整し，保育室や園庭での生活・活動に参入するために「待つ」子どもの姿が垣間見られた。そうしたエピソードに鑑みると，子どもにとっての保育の時間的環境とは，自己・他児・子ども集団・保育者，さらには保護者などがそれぞれに有する時間の流れが混交する環境であり，子ど

もの生活や活動とは、そうした種々の時間の流れを見極め、調整することで展開されるものとして考える必要があるといえる。その上で、テラスにおける子どもの「待つ」行為とは、周囲の時間的環境に対して、自己とのズレを調整するために行動したり、そこに楽しみや期待を見出したりするというかかわりであり、充実した活動や他者との関係性を始動させるための前段階にあるものとして、各種の保育環境と子どもとのかかわりのプロセスのなかに位置づけることができるといえる。

2. 保育の時間的環境におけるテラスの機能と特質

以上の子どもと時間的環境とのかかわりの実態を踏まえた上で、保育の時間的環境におけるテラスの機能と特質として、次の点が明らかとなった。

第1に、生活・活動の移行時や途中において、個々の子どもと周囲の間に生じた時間的なズレを調整し、円滑に保育室や園庭での生活・活動に参入したり展開したりすることを支援するといった、保育環境における種々の時間の流れの緩衝空間としての機能である。個人が多様な他者や集団と、生活・活動をともにする保育環境においては、相手に対して働きかけるタイミングをうかがったり（エピソード5-1)、相手や集団の行動や状況に合わせて、自己のペースを調整したり、活動を中断・保留したりすること（エピソード5-3, エピソード5-6, エピソード5-7, エピソード5-8, エピソード5-11, エピソード5-15, エピソード5-17, エピソード5-18）が求められる。また、生活や活動を展開するにあたって、自分ではどうしようもない相手や周囲の変化などに期待しなければならない状況もあり得る（エピソード5-2, エピソード5-4）。加えて、クラスのスケジュールを意識し、それに沿って行動することのほか、スケジュールの間に生じた空白の時間を埋め合わせることも必要となる（エピソード5-14, エピソード5-16）。そうした状況において、テラスが、各対象とのズレを調整するための「待つ」行為が展開できる場所となっていることが明らかになった。こうした機能は、個々の子どもにとっては、自己と周囲の時間の流れと向き合い、無理なく調和を図るための猶予をもたらすものであると考えられる。また、園環境全体にとっては、保育室や園庭といった「主要な場所」が、より集団で「○○をする時間」（中田, 2013) 然として、目的的に生活・活動が展開されるこ

第5節 小 括

とを助長する機能といえる。

　この緩衝空間としての機能を成立させるテラスの特質として、「○○する時間」(中田, 2013) を共有する保育室や園庭の時間感覚に対して、非「○○する時間」という時間感覚を有することがあげられる。テラスで「待つ」行為を行う子ども側の視点に立った場合、保育室や園庭とは、他者や集団と生活・活動の内容およびリズムを共有した上で、目的的かつ能動的に過ごす場所といえる。そのため、周囲に対して生活・活動の進度が先行したり、各々の状況によって停滞を余儀なくされたりした子どもは、周囲と同様の目的的・能動的なあり方を維持することができず、場合によっては、居づらさや不自由さを感じることになる。それに対して、大勢の子どもが生活・活動を展開する「主要な場所」とは異なり、保育者などによって特定の活動が割り当てられることも少ないテラスは、目的的な生活・活動への移行や参加を保留・中断したあり方や、周囲の変化などに身を委ねる受動的なあり方が許容されやすい場所となる。こうした特質のために、自他の時間の流れの間に留まり、緩やかに周囲との調和を図る「待つ」行為が可能になると考えられる。

　第2に、そうした「待つ」行為の際に生じ得る不安や不満などを軽減できるといった、「待つ」行為に適した待合室としての機能である。上記のような周囲との調整を要する保育の時間的環境は、一見すると、個々の子どもの生活・活動を束縛し、場合によっては、他者の時間を強制されることによる不満にもつながる（岡野, 2008）といえる。また、集団の時間に思うように合流できない場合などには、子どもが不安や焦燥感を感じることも考えられる。しかし、本章第4節の分析では、4園におけるテラスでの子どもの「待つ」行為の多くが、〈消極的待ち方〉や〈紛らわし活動〉などの方法で行われており、焦燥感や不満よりも、むしろ、「待つ」ことに対する余裕や寛容さが見られることが明らかとなった。

　待合室的な機能が成立する条件として、まず、周囲の場所との関係性に関する特質があげられる。テラスは、保育室と園庭の「境の場所」に位置している。そのため、保育室から園庭に移動する際に、集団や相手とタイミングを合わせる必要が生じた際などには、ひたすら後続する相手の時間の流れに合わせることになる保育室に留まることとも、独断専行や孤立の恐れがある園庭に先行す

ることとも異なる，つかず離れずのあり方が可能な場所として，「待つ」子どもの居場所となり得る（エピソード5-3）。また，テラスは，保育室と園庭の間を行き来する際に必ず通る場所であり，周囲の場所からその様子を把握することもできる。そのため，テラスから周囲への合流などを図る場合では，自らが動いて周りに働きかけずとも，周囲の方からの声かけや接近を期待したり，それらを察知したりすることができる（エピソード4-11，エピソード5-6，エピソード5-15，エピソード5-16）。これらの特質により，子どもはある程度安心して，テラスで自分の時間の流れのなかに留まったり，状況に対して身を委ねたりすることができるものと考えられる。同時に，屋外に対する設置面が小さい，移動の頻度が低いB園では，「待つ」行為の対象が保育室に存在する他者などに偏っていたように，これらの特質に関係するテラスの物理的特徴が，各園における子どもの「待つ」行為の範囲を規定し得ると考えられる。

　テラスが待合室として機能するもう1つの特質として，種々の〈紛らわし活動〉が展開できることがあげられる。周囲に対して開かれ，人通りも多いテラスでは，周囲の様子を眺めたり，付近を通りかかる他者と交流したりすることが可能であり，「待つ」行為を継続しながら，周囲の状況の変化を傍観者的に楽しむことや（エピソード5-3，エピソード5-18），会話をしながら時を過ごすことができる（エピソード5-11，エピソード5-15）。また，支柱などのテラスの設備やその他の環境を用いた，準備や片付けの必要がなく，「待つ」行為と並立する活動を展開し，手持ちぶさた感を解消することも可能である（エピソード5-16，エピソード5-17，エピソード5-18）。こうした子どもの手持ちぶさた感や孤立感を紛らわせるための環境が整っていることも，テラスが待合室として重宝される際の理由といえる。

　以上の機能について，第1の機能は，テラスにおける「待つ」行為が有する機能，第2の機能は，「待つ」行為を助長するテラスの機能とすることがより適切である。2つの機能は連続しており，一体的に，個々の子どもと保育環境に流れる種々の時間の流れとの関係性や，保育環境全体の時間的環境に対するテラスの機能を示している。

3. 本研究の意義と課題

　本章の意義は，第1に，子どもと時間的環境の意識的なかかわりが，どこで，何に対して生じており，生活や活動の全体的な展開のなかにどのように位置づけられるかを示したことである。不可視的・非物質的な環境である時間との意識的なかかわりを捉えることは難しく，先行研究（岡野，2011; 中田，2013）においては，園生活に対して不慣れなごく初期の期間や，ルーティン活動の場面において，時間を巡る葛藤や「待つ」行為が見られると指摘されるに留まっていた。本章では，自由活動に移行する直前や途中も含んで，子どもによる「待つ」行為，すなわち，他者や集団の時間の流れを意識し，それに対して自らを調整する行為が行われていること，その行為を行う場所として，保育室と園庭の「境の場所」であるテラスが用いられていることが明らかとなった。また，そうしたテラスでの「待つ」行為が，保育室や園庭での目的的な生活・活動の前段階に位置づけられること，保育室や園庭の「主要な場所」としての際立ちを助長することが示唆された。以上は，先行研究の成果を拡張し，保育における時間的環境と子どものかかわりの一端をより具体的に捉えたものであるといえる。

　第2に，保育の時間的環境におけるテラスの機能と，それを成立させる特質を明らかにしたことである。保育の時間的環境において，テラスは「待つ」行為が展開できることで，種々の時間的なズレを調整する緩衝空間として機能している。また，そうした「待つ」行為を助長する条件が備わった待合室としての機能も有する。そして，このような機能の背景には，保育室や園庭と比較して無目的・受動的な過ごし方が許容されやすいという非「○○する場所」としての特質のほか，周囲とのつかず離れずの関係性が保てる，通行の要となっているといった周囲との関係性に関する特質などが存在していることがわかった。これらは，テラスにおける子どもと時間的環境とのかかわり方を詳細に示し，各種の時間的なズレに対する調整や，時間的な空白に対する対処などが，どのような方法や条件のもとで行われているかを捉え，保育の時間的環境におけるテラスの意義や，子どもの生活・活動の具体的な展開を明らかにした点で有意義であるといえる。同時に，保育の時間的環境を踏まえた環境構成の要点を示した点も意義の1つといえる。

　ただし，本章については，次の課題および限界が指摘できる。まず，本章では，

子どもと目に見えない時間的環境とのかかわりを検討するために、「待つ」行為に関するエピソードを抽出して分析を行った。そのため、子どもが、周囲の時間の流れに対して、テラスからどのようにかかわっているかを明らかにすることができた一方で、テラスの時間の流れにどのようにかかわっているかといった点に関しては、検討が十分に及んでいない。そのため、第2章および第4章で扱ったテラスを拠点とした生活や活動において、テラスの時間的環境がどのように介在し、場所や物とのかかわりに反映されているかなどは、本検討では明らかにすることができなかった。時間的環境という観点から見たテラスの特質を、より明確に説明するためには、さらなる方法論の検討や考察が不可欠である。また、本章では、エピソードに含まれるテクストの分析に終始したため、時間という要素を扱いながらも、時刻のような客観的に測定が可能な「外的時間」との関連を検討することができなかった。「待つ」行為に関する子どもの経験の内容や動きは、待たされる時間の長さや間隔とも無関係ではないと考えられ、そうした数量的な分析とエピソードの記述的な分析を合わせた検討も、今後必要と考える。

第6章

保育の社会的環境におけるテラスの機能と特質

■ 第1節　本章の目的

　前章では，不可視的・非物質的な環境として，保育の時間的環境に着目し，その側面からテラスの機能と特質について考察した。本章では，同じく不可視的・非物質的な環境として，規範や規則・習慣などによって形成される社会的環境に着目し，そのなかでのテラスの機能と特質について検討する。本節では，まず，先行研究の検討から，保育の社会的環境の意義や特徴について整理するとともに，「境の場所」やテラスとの関連性について前章までの研究成果を踏まえて検討する。その上で，本章の具体的な目的について述べる。

1. 保育の社会的環境と保育者の重要性

　保育の社会的環境とは，人的環境の活動によって形成され，子どもの生活や活動の展開に影響を及ぼす可能性のある規範や規則，習慣などの不可視的・非物質的な要素の総称である。保育所や幼稚園での生活・活動とは，子どもが初めて家族から離れ，より大きな規模の社会的環境を経験する機会でもある。そのなかでは，あらゆる物や空間が，数や使用法について制約を帯びた「みんなのなかの一つ」となり，厳密な意味で私物といえるものはほぼ消失する（中田, 2013）。個人の所有物として記名された遊具なども例外ではなく，のぞましいタイミングに，のぞましい方法で使用されることが求められるようになる。また，子どもは園生活を続けるなかで，集団としての生活習慣行動を身につけ，それに沿って活動を展開したり（永瀬・倉持, 2013），根拠の有無にかかわらず，園のなかに暗黙的に存在する規範を共有し，他者の行動を評価したり，改善を促したりするようになることも指摘される（辻谷, 2014）。このように，保育の社会的環境は，子どもの幅広い生活・活動のなかに潜み，生活・活動の展開や，

物質的な環境とのかかわりのあり方を強力に方向付ける環境の要素である。したがって、保育施設のなかで、それがいかに構成され、どのように作用しているかを検討することの意義は大きいといえる。

　そうした保育の社会的環境の構成において、とりわけ大きな影響力を有する存在として保育者があげられる。子どもは2歳前後から、保育者の自分に対する態度や視線を意識し、その規範や期待に沿って行動するようになり、3歳前後には、保育者が日常的に使用する論理を取り込み、自身の行動の正当化などのために活用するようになるという（山本, 2000）。また、道具や遊具の使用法に対する保育者の教示的な働きかけが、子どもによる環境の解釈を固着化する可能性も指摘されており（佐伯, 2012）、実際に、子どもによる発想よりも保育者の教示が優先されて、遊具を用いた活動を方向づける例が報告されている（金子・境・七木田, 2013）。保育者のルールや規範に対する意識は、一概に強硬というわけではなく（中川・西山・高橋, 2010）、子どもの主体性を尊重し、根気強く子どもの意に従おうと努める傾向すらある（中坪, 2014）。しかし、そうした意識や姿勢にかかわらず、保育施設に存在する数少ない大人である保育者は、多かれ少なかれ、子どもが経験する社会的環境における権力者、もしくは監視者としての側面を持たざるを得ないものと認識する必要があるといえよう。

　他方で、松永（2013）および松永・大岩・岸本・山田（2013）は、保育施設における子ども集団の規範意識の発生を、入園当初に個々の子どもと保育者の間で培った「身体的同調」が、やがて子ども同士の関係にも伝播していく過程として説明している。つまり、友だち関係などが生じる以前の段階において、個々の子どもと保育者との親密な関係のなかに存在していた行動様式や態度が、その後、子ども同士が集団を形成していく際の基礎として共有されていくことで、子ども同士が自発的に秩序ある行動を取るようになるのである。ここでの保育者は、先述したような権力者や監視者としてではなく、個々の子どもにとっての拠り所として存在している。しかし、そうした場合においても、保育者が、保育の社会的環境の構成に多大な影響力を有していることがうかがえる。

　以上のように、子どもの生活や活動の前提となる保育の社会的環境としての規範やルール、習慣の発生や伝播において、保育者の存在は無視できないもの

である。そのため，保育の社会的環境の様態を検討する上では，そうした保育者が子どもや環境に向ける意識や，子どもに対する普段の介入のあり方に着目することが有効であると考えられる。

2. テラスの機能と特質と社会的環境の関連性

　前章の時間的環境と同じく，上記の社会的環境も，子どもの物や場所とのかかわりの背後に存在し，生活・活動の展開を方向付ける要素として，テラスの機能や特質と関連性を有することが考えられる。たとえば，子どもがテラスで活動を展開する場合に，各園の規範や規則が影響し，活動の内容や範囲を規定することなどがあり得るだろう。加えて，先行研究の指摘や前章までの成果に鑑みると，社会的環境との関連においても，テラスが次のような独自の機能や特質を有することが考えられる。

　保育の社会的環境の特徴の1つは，子どもが「みんなのなかの一人」として振る舞うことを方向付けることである（中田, 2013）。その一方で，子どもは常に規範や規則，習慣などに従い，集団としての秩序を保っているわけではない。社会的スキルの低さによる集団不適応の場合（大内・櫻井, 2008）などに限らず，時として，子どもは保育者の意図や集団から離れて過ごすことを選択する。そもそも，体力の異なる子ども同士が集団として長時間ともに過ごすことは，個々の子どもにとって苦痛を伴うものであり，個人としての生活が守られる機会も，また必要とされている（小川, 2004）。さらに，子どもの「ひとり行動」を分析した田窪・堀越（2012）では，そうした行動には，発達段階の低さや周囲への不適応ばかりではなく，落ち着いて自身の興味や関心と向き合ったり，他児とのトラブルなどで高ぶった感情を制御したりする意味が見いだせることが明らかにされている。

　そうした子どもを受け入れる場所として，「境の場所」としてのテラスに着目できる。先述の小川（2004）は，子どもが個人として過ごせる場所は，孤立の心配をせずに，周囲から適度な距離をとって過ごすことができるよう，連続した空間の流れのなかにあることが望ましいと述べている。また，異なる場所の間に存在する通路や小空間が，あいまい性や多義性，両義性を有することで，対立する二項の間に調和をもたらすと述べる黒川（1996）の論考を援用すると，

テラスのような「境の場所」では，集団への参加と不参加，規範への合致と逸脱などの線引きがなされにくく，「みんなのなかの一人」に属さず過ごす子どもが，宙に浮いた存在として容認されやすいとも考えられる。

　これらを裏付けるように，前章までの分析では，A園のテラスが〈やすらぎの場所〉として周囲の喧噪から逃れたり，〈猶予の場所〉として，すぐに周囲の活動に馴染めないような子どもの居場所となったりすることが示された（第2章）。また，特徴の異なる4園に共通して，テラスが，集団からの離脱を前提とした活動（〈周囲からの分離〉），規則などからの逸脱を伴う活動（〈開放された場所〉）の際に用いられるほか，「主要な場所」の規範とは異なる《生活・活動の周縁》としての特質が見られることなども明らかとなっている（第4章）。加えて，集団で「○○をする時間」という時間感覚から離れ，自他の時間の流れの間に留まるようなあり方が許容されやすいことも示された（第5章）。このようにテラスは，保育室や園庭での活動からはみ出した子どもの居場所となるほか，集団のスケジュールや規則からの逸脱ともとれる行動が許容される場所となるといえる。

　以上を踏まえると，保育環境におけるテラスは，「みんなのなかの一人」を求める保育の社会的環境において，個としての子どもを受け入れる一種の避難場所や安全地帯として機能しており，環境全体のなかで，個と集団のバランスを調整するシステムを形成していることが示唆される（境, 2015a）。そこでは，単に規範やルールに順応するか否かに留まらない，子どもと社会的環境の動的な関係性の一端が垣間見られるのである。

　では，以上のような役割が示唆されるテラスを，保育者はどのように意識し，どのようにそこで過ごす子どもに介入しているのだろうか。テラスも保育室や園庭のような場所の1つであり，物質的な環境でもある以上，その利用を巡っては，同様に保育者を核としたさまざまな規範やルール，慣習の影響を受けるものと考えることが妥当である。加えて，玄関や通路ともなるテラスは，保育者や集団からの完全な隠れ家ではないため，その場所で規範からの逸脱等が可能になる背景には，保育者による許容や意図的な見逃しが不可欠である。保育・幼児教育からは大きく逸れるが，たとえば，中世日本社会において，諸権力や制度的な追求からの避難場所（アジール）として公然と存在していた場所

には，権力の介入を拒む不入権や，各種の特権が慣習的に認められていたという（網野, 1996）。テラスなどを扱った先行研究の多くは，子どもによる利用方法の分析が中心であり，保育者の意識に触れた研究においても，利便性や安全性の問題が言及されるに留まっており（倉斗・山田・佐藤・古賀, 2009），子どもがテラスを利用することに対する保育者の認識などは明らかにされていない。しかし，上記のような，保育の社会的環境におけるテラスの機能の実態やその成立条件を捉え，実践的な文脈の説明が可能な知見を得るためには，子どもの言動と合わせて，社会的環境の鍵となる保育者が，テラスやそこで過ごす子どもに対して向ける意識や，普段の介入の方針などの分析が必要といえる。

　本研究では，保育者へのインタビュー調査から，テラスを利用する子どもに対する保育者の意識および介入の方針を明らかにする。それにより，テラスの利用にかかわる規範や習慣，また，テラスを介して形成される保育者と子どもの関係性を検討し，保育の社会的環境におけるテラスの機能と特質を捉えることを目的とする。

第2節　対象と方法

1. 対象およびインタビューの手順

1) 対象園の選定

　後に詳述する通り，本章では，子どもがテラスを用いた際の具体的なエピソードを交えつつ保育者へのインタビュー調査を実施する。そのため，既に継続的な観察によりエピソードを収集し，前章までの検討により，テラスが保育の社会的環境における避難場所や安全地帯としての側面を有することが示されているA園，B園，C園，D園のなかから，インタビューを実施する園を選定する。最終的に，対象園を，D園に決定した。D園を対象とする理由は，次の通りである。

　第1に，他3園と比較して，園の環境全体にわたる子どもや保育者の位置，動きなどに関する共通理解を伴ったインタビューが容易であることである。保育者がテラスで過ごす子どもの経験を解釈し，実践的な判断を行うためには，周囲にどのような人や物，活動が存在しているかといった情報が不可欠である

と考えられる。たとえば，ある方向に目を向けたという子どもの動作の意味をより適切に解釈するためには，その先に存在するものを把握することが必要であるし，テラスで孤立している子どもへの介入法を検討するのであれば，その周りにどのような環境が存在するか，そのとき保育者はどこで何をしているか，といった情報があることで，より実践に近い状況を想定できる。しかし，保育者にエピソードを提示する際には，文章だけでは情報の量や正確さに限界があり，映像や写真を合わせて用いる場合でも，撮影範囲のなかに，園庭や保育室の様子を捉え続けることは難しい場合がある。これについて，D 園では，テラスを含む園環境全体が手狭であり，また，直線的な空間配置であるために，映像や写真の撮影範囲内にテラスとその周辺の情報を同時に収めることが比較的容易であり，そうした情報が伴ったエピソードも多く得られた。そのため，エピソードと映像・写真を合わせて提示し，その内容を共通理解するとともに，より実際に近い状況を想定した保育者の語りを引き出すことができると考えられた。

第2に，インタビューにおいて，活発な議論や率直な意見開示が期待できることである。D 園の保育者は，保育中の気になった子どもの様子などを付箋に書き出し，保育者間で共有する取り組みを日常的に行っており，エピソードなどをもとに，自身の意見を表明することに慣れている。また，研究者等を招いた実践検討会を頻繁に実施していることから，インタビュアーからの問いや提案に対して，自身の意見を開示することへの抵抗が少ないと考えられる。

第3は，倫理的な観点からの理由である。本章の検討では，その目的に照らした必要性から，園の規則からの逸脱ともとれる子どもの姿や，それに対して注意などを行う保育者の様子を含んだエピソードを提示する。そのため，後のインタビュー手順の説明において詳しく述べるように，特定の子どもに対するネガティブな印象が生じることが懸念されるエピソードを提示する際には，他園における類似のエピソードを提示し，自園に置き換えて検討してもらうこととした。ただし，そうした場合においても，代替したエピソードに登場する園や保育者が特定できる場合には，それらの印象を損なうことになり得るとともに，保育者の語りに先入観や遠慮が混在することも考えられた。D 園は，他3園とは大きく離れた地域に存在し，他3園と人事的・実践的な接点を持たない

ため，そうした懸念が小さいと判断できる。

2）事前検討会

インタビューに先んじて，テラスやエピソードに対する研究者と保育者の観点の違いを明らかにし，質問項目の構成等に反映する目的で，これまでの観察調査の成果報告を兼ねた事前の検討会を行った（2014年7月）。検討会には，インタビュー対象者のほか，同園に勤務する保育者のほぼ全員が参加し，D園のテラスを子どもがどのような用途で活用しているかをテーマに議論した。

検討会では，D園で記録された59エピソードをKJ法（川喜田，1967）により分析し，子どもによるテラスの用い方を，20の下位項目からなる6つのカテゴリーに整理した上で（表6-1），各項目・カテゴリーの詳細について，実際のエピソードおよびその写真・映像を提示しつつ説明した。なお，ここでは，D園の個別具体的なテラスの用い方の整理を主眼とした分析を行っているため，4園のエピソードを総合し，テラスの機能と特質の解明を目指した第4章の「概念」や「カテゴリー」とは，項目の名称等が異なる。ただし，使用したエピソードおよびそれらに対する基本的な解釈・考察は同様である。

見いだされたカテゴリーうち，「移行の緩衝空間」，「活動の止まり木」，「個室的空間」は，集団から離れて個として過ごすといった用い方と対応しており，社会的環境における避難場所や安全基地としての機能にも関連する用い方といえる。

表6-1 D園におけるテラスの用途の一覧

カテゴリー	対応項目数	カテゴリーが表すテラスの機能
マルチジャンクション	3	子どもの必要性に応じて柔軟に動線を接続する
活動の伸びしろ	4	子どもの活動を質的・量的に発展させる
屋外体験空間	5	居ながらにして屋外の環境要素と接触できる
移行の緩衝空間	3	活動間・生活間の移行に猶予をもたらす
個室的空間	2	個人や少人数で独占できる場所となる
活動の止まり木	3	活動に疲れた場合，問題が起きた場合の居場所となる

3) インタビューの対象者と方法

具体的な実践経験に照らした語りを得るために，D園での勤務年数が2年以上で，テラスに面する1階で保育を担当した経験のある6名を対象に，グループインタビューを実施した（表6-2）（2014年11月）。対象者のうち，A保育者は，同園での勤務年数が1年以内であるが，本調査のコーディネーターであるため，例外的に対象に含めた。

インタビューでは，まず，保育者の語りや実践の想起を促すために，事前検討会の内容を振り返るとともに，先の6カテゴリーに対応した子どものエピソードのなかから，登場する子どもや保育者の言動やそれらの関係性などが，映像や写真を伴って明確に読み取れるものをそれぞれ抜粋し，改めて提示した。その際，保育者の意図や集団の規範から逸脱しているともとれる子どものエピソードについては，倫理的な観点から，他施設で収集した映像で代替した。映像や写真とともに提示した主なエピソードは，D園から「園庭の縄跳び活動に興味を示しテラスから接近を試みる子どものエピソード（マルチジャンクション）」（エピソード6-1），「遠足ごっこの目的地としてテラスが活用されるエピソード（活動の伸びしろ）」（エピソード6-2），「テラスにいながら園庭でのボール遊びに部分的に参加するエピソード（屋外体験空間）」（エピソード4-4），「園庭での活動が煮詰まった際にテラスで休息をとるエピソード（活動の止まり木）」（エピソード6-3）である。また，他施設からのものとしては，「屋外での活動から保育室活動への移行時に，テラスに留まり集団に合流しようとしない子どものエピソード（移行の緩衝空間）」（エピソード4-2）と「テラスの床に水をまいて，掃除ごっこをする子ども集団とそれを咎める保育者のエピソード（個室的空間）」（エピソード6-4）の2つである。このエピソードのほか，各カ

表6-2 インタビュー対象者の一覧

	A保育者	B保育者	C保育者	D保育者	E保育者	F保育者
保育経験年数	32	35	29	5	10	3
D園での勤務年数	1	3	6	5	5	3

テゴリーや項目の具体例となるエピソードを，文章によって提示した。

その後，各エピソードに対する印象や解釈の内容，テラスで過ごす子どもに対する介入の方針，園やクラスにおけるテラスを使用する際のルールの有無などについて，半構造化形式での質問を行った。インタビューにあたっては，特定のエピソードや質問の内容に限らず，題材から想起したことを率直に保育者間で語り合うことを重視し，具体的な質問内容の提示は，事前説明および関連する話題が表出した際にとどめ，保育者による「座談会」という共通理解のもと，柔軟に進めた。別の言い方で繰り返すと，本インタビューでは，提示したエピソードについて，保育カンファレンスのように理解を深めたり，問題解決の方策を検討したりすることではなく，エピソードを通して対象者による関連場面の類推や発言を促し，具体的な実践と結びついた活発な語り合い引き出すためのきっかけとすることをより重視した。

なお，インタビューの実施に際しては，事前に対象者に本研究の趣旨を説明した上で，同意書にて内容の録音と研究使用に対する承諾を得た。

■エピソード 6-1

対象児：M子（4歳児）　　　　　　　　記録日：2013/12/3（D園）

K太は保育室から出てくると，とりあえず内履きを脱ぎ，園庭の様子を見渡す。そして，縄跳びをしている一団を見つけると，脱いだ靴を手にしたままテラスをその方向へと移動していった。Y太は，向かい合って短縄跳びをしているY太やM太の前まで来ると足を止めた。Y太たちもその様子に気づき，テラスと園庭で3人がそれぞれ向かい合うような位置関係に向き直った。Y太とM太は，それまでしていたのと同じように，「せーの」で前跳びを始めた。すると，テラスにいたK太も，二人の跳ぶリズムに合わせて，縄跳びを持たずにその場で小刻みにジャンプをする。2人が引っかかると，K太は来た道を戻り，保育室横の下駄箱に手にしていた靴を収める。そして，外履きを手に取ると，それを履いて縄跳びではなく砂場の方向へと向かっていった。

■エピソード 6-2

対象児：S男 他（3歳児）　　　　　　　　　記録日：2014/3/7（D園）

　3歳児クラスでは，来週の遠足に備え，遠足ごっこが行われていた。3歳児たちは，保育室に椅子を並べて作ったバスに乗り，手には空き箱で作ったお弁当やおやつを携え，リュックを背負っている。そのうち，最前列に座った運転手のS男が「つきましたー」というと，3歳児たちはバスから降りて，テラスへと出て行った。テラスに出た3歳児たちは，保育室の間の壁際や，ティックルゾーンに腰を下ろして，お弁当に見立てた空き箱を広げる。ティックルゾーンにC助とともにしゃがんだH助は，リュックから画用紙でできた大きなおにぎりを取り出し，ほおばるまねをする。そのうち，保育室から顔を出したK代が「出発するよー！」と叫んだ。すると，テラスに出ていた幼児たちは，お弁当を片付けて，保育室のバスへと戻っていく。しかし，目的地に到着すると，3歳児たちは再びテラスにやってきて，遊戯室の前やティックルゾーンなどに座り込み，リュックに詰めた食べ物や本などを展開する…

■エピソード 6-3

対象児：R太・S太（5歳児）　　　　　　　　記録日：2014/8/2（D園）

　園庭の木にとまる蝉を捕まえようと試行錯誤していたR太は，あきらめたのか木の周りをうろうろし始めた。そのうち，R太はテラスに隣接して設置されたすのこの上に置かれていた昆虫図鑑に目をとめた。R太はすのこの上に膝を突いて，図鑑のページを広げてぱらぱらと中を流し見る。そこへ，保育室に入るため靴を履き替えていたS太もやってきた。S太は，すのこの上に正座すると，R太の反対側から図鑑をのぞき込み始めた。二人はしばらく無言のまま，向かい合うような位置関係で図鑑を眺める。

■エピソード 6-4

対象児：A子・M子（4歳児）　　　　　　　　記録日：2013/5/30（B園）

　テラスにやってきたA子とM子は，しばらく談笑した後，じょうろを手にとり水道で水を汲む。A子が排水溝に向けてじょうろで水を注ぎ込み，M子は溢れたりこぼれたりして濡れた部分をたわしでごしごしと磨く。水が少なくなって

くると，A子はまたじょうろを取り，汲んだ水を排水溝付近にまく。このように2人は床を磨き続ける。しばらくして，そこへK男が通りかかった。K男はおもむろに手洗い用のせっけんを水場から取り外すと，M子たちが磨いている床に塗り始めた。K男は床をどんどん泡だらけにしていき，A子たちは同じように床を磨き続ける。そこへ，Y男もやってきて，じょうろを手にする。じょうろに水を汲んだY男は，K男が拡げた泡を流すように水をまく。そうしているところに保育者が保育室から顔をだした。保育者が「水遊びはしません！」と強い口調でいうと，集団は散り散りになっていった。

2．データ分析の方法

　約70分のインタビューデータを文字に起こし，SCAT（Step for Coding and Theorization）（大谷，2007; 2011）を用いて分析した。SCATは，意味ごとにセグメント化したテクストデータから重要と思われる語句を抽出し，所定のシート（次のURLよりダウンロード可能，http://www.educa.nagoya-u.ac.jp/~otani/scat/scatform1.xls）に基づいた4ステップの分析によって，より抽象度の高い語句へと言い換えていくことで，データの構成概念を生成するとともに，データ全体のストーリーラインと理論記述を得る質的研究法である。この方法は，従来研究者の頭の中で行われてきたデータのコード化過程をシート上に明示化するものであり，研究者の発想や分析過程の把握を補助するツールとして有効である。また，複数のデータを紡ぎ合わせて理論を生成するM-GTAなどに対して，単一のデータから，抽象度の高い概念等を抽出することを主眼としているため，D園のデータのみを対象とする本章の分析に適した方法といえる。

　具体的な分析は，まず，388セグメントに分割されたインタビューデータを，前掲のシートに転記し，もとのテクストから注目すべき語句の抜粋，抽出した語句の言い換え，その言い換えの根拠などを説明する語句の記入，構成概念の生成といった手順で，データに含まれる重要な意味内容を抽出した（表6-3）。次に，その構成概念を紡いで，データの内容を再構成したストーリーライン（下記，例）を記述し，インタビューから導き出される同園の保育者の意識や介入の方針を整理した。

表6-3　SCAT

番号	発話者	テクスト
40	D保育者	その座って見てる子どもと、その子の今までの前後、今日の朝からのその子の前後で話しかけるのか、話しかけないのかっていうのをまず始めに考えるかなと思います。朝からのその子とか、この頃のその子の様子を踏まえて決めますね。話しかけるか。
41	聞き手	そっか、なるほど。確かにそう。僕なんかはテラスしか観察してないから、この子は多分こういう思いでテラスにいるんだなっていう解釈をまずしてしまうんですけど、先生になったから必ずしもそうではないという感じですかね。
42	D保育者	ここの友達とのかかわりの、今その子のいつもの状況とか、今自分から話しかけられるようになってきているとか、そういうのとかもあるし、家庭での感じのこともあるし。本当にそうですね。
43	C保育者	私もそうだと思います。前後関係とその子自身とがあると思うんで。最初の事例でいったら、多分もうお庭で遊びが始まってるところに自分がきたのと、ちょっと寒そうだったじゃないですか、何か。寒いなみたいなね。何しようかなと思っている感じだったので、あの感じだったら声かけないかもしれないですね。何かいろいろ困ったことがあったり、何かあったりする前後があったり前日があったりするんであれば、あと、その子の性格がそういうものであれば、一緒にやる？とかは声かけるかもしんないけど。

例　ストーリーラインの一部

　子どもがテラスを使う際のルールとしては、〈靴の境界〉を定める〈縁床ルール〉などがあり、以前は〈明確な線引き〉が存在していた。しかし、園の方針として〈活動への寄り添い〉が重視されるようになってからは、テラスの〈遊び場としての開放〉によりルールは〈あいまい化〉している。現状では、保育者らはとっさに〈確固たるルール〉を示すことこそあるものの、〈否定の否定〉を介入方針として、ルールの〈意識的柔軟化〉に勤めており、頭ごなしに注意するのではない〈提案的介入〉や〈緩やかな促し〉を基本としている。

　※〈　〉は構成概念を示す

による分析の例

〈1〉テクスト中の注目すべき語句	〈2〉テクスト中の語句の言いかえ	〈3〉左を説明するようなテクスト外の概念	〈4〉テーマ・構成概念（前後や全体の文脈を考慮して）	〈5〉疑問・課題
朝からのその子とか，この頃のその子の様子を踏まえて決めますね	生活の流れ／直近の様子	介入の方針	文脈的妥当性	
今その子のいつもの状況とか，今自分から話しかけられるようになってきている／家庭での感じのこと	子ども像／発達／家庭状況	その子への着目	総合的子ども理解	
何かいろいろ困ったことがあったり，何かあったりする前後があったり前日があったりするんであれば，あと，その子の性格がそういうものであれば，一緒にやる？とかは声かけるかもしんないけど。	問題の種類／個人の特性	問題の緊急性	一時的問題／継続的問題／重大問題／個人的特性	

第3節　D園に見る社会的環境におけるテラスの機能と特質

　分析の結果，100の構成概念および，それらから構成されるストーリーラインが記述された。ストーリーラインはそれぞれ，保育者のテラスに対する認識と活用の方法，テラスを介して形成される子どもと保育者の〈目の端の関係性〉，テラスで過ごす子どもへの介入の方針，テラスの使用ルールと適用基準，子どもによるルールの生成と保存，というテーマに大別された5段落から構成される（下記，ストーリーラインを参照）。第1段落〜第4段落は，子どものテラス利用に対する保育者の意識に関する内容であり，第5段落は，保育者の意図を超えた子どもによるテラスの自治がテーマとなっている。以下では，以上のテーマ別に分析結果について詳述し，考察を行う。なお，SCATにより抽出された構成概念を本文中に引用する際は，〈〉を付して示す。また，インタビューデータの引用についてはアンダーラインにより示す。

記述されたストーリーラインの全体
①保育者のテラスに対する認識と活用の方法

　朝夕などの〈あいまいな時間帯〉にテラスを使用する子どもの様子については，〈物語の流動性〉のなかに身を置く保育者はそこまで注視してはいない（できない）。しかし，保育者は，子どもがテラスに出ることによって，保育室とは異なる〈解放感〉や〈日常的変化〉，〈屋外体験〉などを通した〈日常的刺激〉，〈異年齢交流〉を手軽に体験できていることを理解するとともに，子どもがその場所で経験する〈異質さの実感〉を持っていた。また，限られた独占的な空間のなかで，活動の〈意味の凝縮〉が生じ，個々の活動の〈世界観の確立〉がされやすいことも実感していた。そうした保育者が目撃するテラスの用い方には，〈保育者の意図の外〉のものも含まれ，いわば〈子どもによる文化生成〉の産物であるといえる。他方で，保育者にとっても，保育室との間に〈靴の境界〉がないなどの周囲との〈空間的連続性〉が高いテラスは，日常の保育に〈手軽な転換〉をもたらすことが可能な場として，各活動の際の〈活動場所の選択肢〉となり，テラスで生じる場面や文脈の〈変化の取り入れ〉を意識的に行っていた。テラスの〈意図的利用〉には，テラスの環境がお絵かきなどの〈活動の原動力〉となる場合があることや，空間移動が発生することで〈活動のメリハリ〉が持てることなどが理由として挙げられる。テラスは，〈日常的変化〉や〈日常的刺激〉を生み出す〈手軽な転換〉を生じさせることができる保育の〈手近な引き出し〉として重宝されている。特に，〈行動範囲〉が限られた低年齢のクラスにとっては，テラスによる〈手軽な転換〉は大きな意味を持つ。また，保育者のなかには，テラスでの体験に，長期に及ぶ保育の〈全体の中での存在感〉を感じる者もあった。とりわけ，新入園児にとっては仲間との緩やかな接近を助け〈友だち関係の萌芽〉が生じたり，保育所という生活〈環境への入り口〉となったりする。クラスや仲間に入る前段階におけるテラスは，〈非直接的な場所〉として，〈つかず離れずの距離感〉を保ちながら，相手との〈間の読み合い〉をしたり，子どもが〈自己の発散〉をしたりできる。また，集団と距離を起きたい子どもの〈退避場所〉となることもある。保育者は，こうしたテラスによって子どもが得られる〈つ

ながり方の多様性〉を理解し，その子の〈全体的充足〉に照らして，過ごし方の選択肢として承認していた。

②テラスを介して形成される子どもと保育者の〈目の端の関係性〉

子どもがテラスで過ごすことを承認できる理由として，A保育者，C保育者などは，テラスと保育室で生じる〈目の端の関係性〉をあげていた。この関係性のために，保育者と子どもは常に違いの存在を意識し，〈つかず離れずの距離感〉で〈間の読み合い〉をしながら振る舞う。また，保育者は目の端に捉えた〈子どもを介した全体把握〉も可能である。このために，保育者は〈意図的非介入〉を基本姿勢としつつ，テラスで過ごす子どもを見守るという判断ができるという。そういった意味で，テラスは〈無難な場所〉であり，保育者は，適度に〈つながりの維持〉をしつつ，〈間への共感〉に基づく〈理解と余裕〉を持って〈子どもによる選択〉を認めている。

③テラスで過ごす子どもへの介入の方針

テラスで過ごす子どもたちへの介入の判断は，〈文脈的妥当性〉や家庭の状況なども含めた総合的子ども理解によって行われており，テラスという場所は要素の一部に過ぎない（A保育者）。また，D保育者は，〈一時的問題〉の場合は〈意図的非介入〉を基本とし，〈継続的問題〉や〈重大問題〉がある場合，もしくは〈個人的特性〉的に必要と判断した際に，介入を行うとした。さらに，C保育者は，基本的には〈現状第一〉の判断をしつつ，子どもの特性応じた〈個人別介入タイミング〉を持っており，その子どもごとに〈間の見積もり〉を行い，〈意図的非介入〉を行う程度や介入の必要性を判断している。同様に，〈意図的非介入〉が取れる子どもは，〈生活能力〉が高く，〈時間的身軽さ〉を持って行動している子どもである。保育者はそうした子どもの能力に対する〈信頼と尊重〉を持って，〈手のひらの上〉の範囲で〈子どもによる選択〉と〈今ここの体験〉を承認している。

④テラスの使用ルールと適用基準

子どもがテラスを使う際のルールとしては，〈靴の境界〉を定める〈縁床ルール〉などがあり，以前は〈明確な線引き〉が存在していた。しかし，園の方針として〈活動への寄り添い〉が重視されるようになってからは，テラスの〈遊び場としての開放〉によりルールは〈あいまい化〉している。

現状では，保育者らはとっさに〈確固たるルール〉を示すことこそあるものの，〈否定の否定〉を介入方針として，ルールの〈意識的柔軟化〉に勤めており，頭ごなしに注意するのではない〈提案的介入〉や〈緩やかな促し〉を基本としている。ただし，〈安全第一〉が前提で，その介入の〈基準としての子ども〉の能力や状況があり，A保育者などは，活動の〈制御可能性〉が高い場合は非介入とし，〈制御不可能性〉が高い場合は介入するとしている。また，保育者らはルールを逃れるための〈子ども発の工夫〉を肯定的に捉えており，工夫した上で生じた〈逸脱意図〉のない過失的な逸脱は〈許容範囲〉としている。他方で，子どもに〈ルール認識〉がそもそもない場合は〈緩やかな促し〉を行う。このほか，〈生活リズムの管理〉の観点からも介入の有無が判断される。つまり，D保育所のテラス利用ルールには，子どもの能力・状態や保育者の関心に応じた〈ルールの相対性〉があり，保育者も〈基準の流動性〉を自覚している。このことは〈確固たるルール〉の存在感が薄い理由ともいえる。保育者は，日々の〈内面的働きかけ〉による〈自然な統制〉を目指している。

⑤子どもによるルールの生成と保存

このような状況にもかかわらず，子どもたちへの〈ルールの浸透〉はかなりのものであり，逸脱を行うのはそもそも〈ルール認識〉がないか，わざと〈挑戦的逸脱〉をする子どもがほとんどである。その理由として，〈縁床ルール〉などは，子どもたちにとっては保育者の言動の〈日常的参照〉と〈子ども発の工夫〉，長年の〈生活による生成〉物としての〈言語化できない感覚〉も含んだ〈生活実感的ルール〉であり，〈生成運用主体〉となりつつあることがあげられる。〈ルールの保存〉や〈ルールの伝承〉は〈子ども間伝達〉によっても行われている。子どもはルールに熟知した〈ベテラン生活者〉であり，むしろ〈ニューカマー〉の保育者や新入園児，〈ゲスト〉である保護者がルールの〈認識不能〉による逸脱を行う。

1. 子どものテラス利用に対する保育者の意識

まず，テラスを利用する子どもに対するD園の保育者の意識について，ストーリーラインとインタビューの内容をもとに検討する。第1に，テラスという場所に対するD園の保育者の認識，日常における活用のあり方を明らかにする。第2に，テラスで過ごす子どもに対する保育者の介入の方針およびそれと関連するD園のテラスの特質，規則・規範の適用状況などについて検討していく。

1) 保育者のテラスに対する認識と活用の方法

「テラスってこういう場にもなってるんだなっていうので，勉強にすごくなりました（D保育者）」という，エピソードに対する感想のように，D園の保育者たちは，必ずしも子どもによるテラスの用い方の全容を把握しているわけではない。しかし，その場所で過ごすことで，保育室で過ごす場合とは異なる〈開放感〉や生活を送る上での〈日常的刺激〉が得られるといった他の場所に対する〈異質さの実感〉を持っていた。その上で，「クールダウンするところとか（略）そういう場所でテラスっていうのは大きくても小さくても長い保育時間の中ではとてもいい場所だというふうには思っています（B保育者）」や，「子どもたちなりにもちょっと部屋から出たちょっと刺激的な場所っていう思いで見ていたんじゃないかな（F保育者）」のように，テラスで過ごす子どもの意図や経験の意味に共感し，必要なものとして認識していた。

また，そうした認識のもとでの，保育者によるテラスの〈意図的利用〉もなされていた。「（活動を）いつもと同じようにしているだけなんですけど，テラスでやるっていうだけで，集中力だったりそこに向かう，このガッていう力が全然やっぱり違って（D保育者）」や，「ゴザをひいて，そこの部分だけはいいよって。はだしで出れるからOKだよっていうような場所を作ることによって，外の空気を吸ったり外の様子にふれることで気分転換ができるだとか（B保育者）」のように，保育者はテラスを，日常の保育に〈活動のメリハリ〉や〈手軽な転換〉をもたらし，〈活動の原動力〉が得られる場所として活用していた。また，「新入園児なんかは，ちょっと（テラスに）出て，園庭で遊んでる子を見ることで，少し子どもたち，お友達に寄り添って一歩近づけたっていうふうに思

ったりする（B保育者）」というように、〈友だち関係の萌芽〉や〈環境への入り口〉となる場所として、テラスでの経験を長期的な保育の見通しなかに位置づけるとともに、子どもにとって必要な〈過ごし方の選択肢〉として承認していた。

　このようにD園の保育者らは、テラスが保育室や園庭などとは異なる性質を持つ場所であるという子どもの感覚に共感し、それを自らの実践のなかに取り入れている（「（子どもにとって）<u>いい場所っていうか、ここちよく使える場所だっていうふうには思っていて、保育者のほうはうまく使っちゃえって思ってます</u>（B保育者）」）。保育者が、子どもがテラスで得ている経験に共感し、その上でテラスを保育のなかで活用しているという点では、D園のテラスの利用を巡る主導権は、子どもの手にあると考えることができる。また、テラスが社会的環境における避難場所や安全基地として機能する際に必要な、社会的な承認を有しているとも考えることができる。

2）子どもと保育者の〈目の端の関係性〉

　こうした場所の利用を巡る主導権や、子どもの過ごし方に対する保育者の承認や尊重に関して重要な意味を持つテラスの特質として、テラスという場所を介して形成される子どもと保育者の〈目の端の関係性〉があげられる。

　「<u>4月は最初進級したクラスにちょっとすぐには環境に慣れなかったり、そういう子がやっぱりここ（テラス）に来ることが多くって（略）どうしたよしよしって言わなくても、私に横目でそこで見てもらってるってことだけでちまちま遊びながら（略）ちょっと心の準備をここ（テラス）でして</u>（A保育者）」や「<u>（子どもを）意識的に見ていくときと、そうでない時間もあっていいと思うので。まあ目の端には入れて、何かこんなことしてるなとかっては見るけど</u>（C保育者）」というように、保育者は、保育室や園庭に居ながらにして、なおかつ注視することなく、テラスにいる子どもの様子を把握したり、自身の存在を示したりことができる。そのために「<u>あえて援助する必要がないときは放っておくのもいいのかな（C保育者）</u>」のように、子どもによるふるまいを寛容に見守り、その子どもにとって必要な経験として尊重することが可能になる。

　こうした〈目の端の関係性〉は、子ども側についても同様であり、テラスに

居ながらにして保育室やそこにいる保育者の様子を把握し，臨機応変に行動することが可能である。その結果，「頭のいい子たちは（保育室の様子に）みんな気がついて。大体何かもう，あとは着替えてご飯食べるだけのときとかっていうときに（テラスで過ごす），こういうことのほうが多い気がします（D保育者）」といわれるように，保育者が逐一監視をしたり，介入をしたりする必要性を感じない程度に，テラスでのふるまい方が収束するのである。

加えて，〈目の端の関係性〉は，さらに大きな情報を保育者にもたらす場合もある。「今の（映像の）子は（他の子どもと）関係があるようなものを背中に持ってるっていうことですよね。でもそれもわかってるから，あえて外に出て「行ったり来たりするんじゃないよ」とかいうんじゃなくて，あえて様子を見て，クラスのお友だちとかかわっているんだなというふうに，読み取ってあえて言わずに，あそこではしご持ってたC先生（＝C保育者）とか見ていましたよね（B保育者）」と語るB保育者は，映像中のC保育者が，テラスで1人で過ごしている子どもに介入しなかった理由として，目にしたその子どもの後ろ姿から，その子と園庭にいる他児とのつながりを読み取ったことをあげている。この語りからは，保育者は，目の端で捉えた子どもを介して，その先にある環境の様子を推察できることがわかる。ただし，この〈子どもを介した全体把握〉に関しては，発言に関係したB保育者とC保育者が，ともにベテランといえる保育経験年数を有することも考慮する必要があるだろう。

Walsh（2000）によれば，日本の保育者に，子どもを厳しく監督しない理由を尋ねた際には，「子どもがどこで何をしているかをわかっているから」という答えが多く返ってきたという。D園のテラスで成立する〈目の端の関係性〉は，まさにそうした「わかっている」という状態ということができ，〈理解と余裕〉を持って〈子どもによる選択〉を尊重する保育者の態度を助長する場所の特質であると考えられる。

3）テラスで過ごす子どもへの介入の方針

以上のようなテラスの特質を踏まえた上で，テラスで過ごす子どもに対する保育者の介入の方針について，より具体的に検討したい。

テラスで過ごす子どもの経験に共感し，かつ〈目の端の関係性〉にある保育

者は,「本当に入らなきゃいけない緊急事態のときはもう悠長なこと言ってないで行くよ,って言ってやるとは思うんですけど,そんなことでないとき以外は,自分に心に余裕があるときは,(略)見守れたらいいなあと思っています(D保育者)」というような,〈意図的非介入〉を基本方針としており,子どもの行動に対する〈信頼と尊重〉を重視している点が強調されている。

他方で,「いろいろ困ったことがあったり,何かあったりする前後があったり前日があったりするのであれば,あと,その子の性格がそういうものであれば,一緒にやる?とかは声かける(C保育者)」や「朝からのその子とか,この頃のその子の様子を踏まえて決めますね(C保育者)」,「その座って見ている子どもと,その子の今までの前後,今日の朝からのその子の前後で話しかけるのか,話しかけないのかっていうのをまず始めに考えるかなと思います。(D保育者)」など,具体的な介入を行う際には,その場所がテラスだからということよりも,最近の様子や一日の流れ,各々の子どもの性格などを加味した〈総合的な子ども理解〉や〈文脈的妥当性〉に照らした判断が行われている。同様に,「Kくんとかだったら,(略)何やってるの?とはならない(F保育者)」のように,保育者は子どもの状況や能力から見積もった〈個人別介入タイミング〉を持っており,介入の必要性や度合いもそれに応じて決定している。このことからも,実際にテラスで過ごす子どもになんらかの介入を行うような場合には,「テラスだから」といったように,場所に依存して判断を行うことは少ないことがわかる。

総じて,D園の保育者は,「テラスだから」得られる子どもの体験に対して,〈理解と余裕〉が得られる際には,〈意図的非介入〉によって尊重したいと考える一方で,実際に介入を行うか否か,また,どのような介入を行うかといったことの決定については,「テラスだから」という要因が考慮されることは少ない。したがって,テラスを,子どもにとっての避難場所や安全地帯と考えた場合,その機能は経験への共感と尊重によって成立しているのであり,場所に保育者の介入を排除するような特権的な特質などが存在しているわけではないのである。ただし,保育者との間に〈目の端の関係性〉を構築するD園のテラスでは,そうした共感と尊重が得やすく,結果的に,避難場所や安全地帯として機能しやすい場所であるともいえるだろう。

4）テラスの使用ルールと適用基準

次に，D園のテラスの使用に関するルールとその適用基準について検討する。

D園には，全力で走らないこと，緑色で舗装された床面（保育室側から約90cmの領域）には外履きであがらないこと（〈緑床ルール〉）という2つのルールがある。「私がこの園に来た当初は，緑色のところ，テラスは絶対に靴では上ってはいけないっていうのが，もっとガチガチにあった（D保育者）」というように，以前では，テラスの使用ルールが〈明確な線引き〉のもとで適用されていた。しかし，3年前に園庭遊びが実践研究のテーマとして設定されたことをきっかけとして，テラスの〈遊び場としての解放〉と子どもの〈活動への寄り添い〉が重視されるようになり，「鬼ごっことかしてるときに乗っかるときに，そこまで厳しく言わなくてもいいんじゃないかっていう話が，去年か一昨年かに出て（D保育者）」という発言に見られるような，ルールの〈あいまい化〉が進行している。さらに，「完全に全面緑じゃなくて，ふちがこれぐらい出てるんです。子どもたちも器用にあそこに乗ったりするんです（F保育者）」に見られるように（写真6-1），ルールの違反をぎりぎりのところで回避しようとする〈子ども発の工夫〉を肯定的に捉え，「うまい」子どもとして一目を置く場合もある（「何やってんだろうと思った，本当に。うまいんだよね（B保育者）」）。

こうした〈遊び場としての開放〉が進んだテラスにおいて，保育者が子どもに対してルールの遵守を求めたり，ルールの存在を教示したりする場面は，大きく2つに絞られる。1つは，その子どもやその周りの他児に安全上の問題が生じる場合である。「裸足の子がいたらとかそういうのはあるかもしれない（E保育者）」や「2歳さんと一緒に出ているときはちょっと考えようよっていう（D保育者）」のように，使用ルールの無視が，他児との衝突などにつながる可能性が高い場面では，保育者は子どもに介入する。同様に「走ることに関して言えば，ちっちゃい子たちに，じゃあここをどうぞ，わーっていうわけにはいかない（F保育者）」として，子ども自身による行動の〈制御可能性〉が乏しいと判断された場面においても，ルールを示すことで活動に制限を設ける場合があるという。しかし，そうした介入を要する場面においても「出てるメンバーにもよって，状況にもよりますけど。頭ごなしに走らない，って言うことはない（F保育者）」と語られるように，子どもの行動に対する〈否定の否定〉を基

写真 6-1　園庭と接する部分（丸で囲んだ部分）は緑色の塗装がない

本に，ルールの教示などは，〈提案的介入〉や〈緩やかな促し〉によって行うことが意識されており，〈活動への寄り添い〉という園全体の方針が，個々の保育者の行動を強く方向付けていることがわかる。

　もう1つは，そもそも子どもがルールを認識していない場合である。上述のように，子どもの活動を尊重し，能力や工夫によって自己実現する姿に価値を置くD園の保育者は，「<u>ちょっと一歩見間違ったぐらいの感じでは（A保育者）</u>」それを違反として咎めるようなことはしない。一方で，「<u>でも中には全く無視してる人も，気をつけながらも間違っちゃったっていう人と，全く無視って人では違うから，全く無視の人に教えたりする（A保育者）</u>」というように，ルールの存在を理解していないような子どもに対しては，その存在を教える場合があるという。

　こうしたルールに関する一連の議論のまとめとして，B保育者は「<u>約束って，強制されるものでありそうだけど，最終的には自分で判断していくこともあるじゃないですか。（略）常々言っていることを思い出して，ああ，こうしないようにしようって思ってくれるようにつながっていけるといいなあっていうふうには思ってるんですけどね。だから，あまり強制力が高いものっていうのもどうかなって思いつつ，みんな出したり引っ込めたりしてるのが保育者の本当の毎日だと思っています（B保育者）</u>」と述べた。現在のD園では，子どもへ

の〈内面的な働きかけ〉を通した〈自然な統制〉が理想とされており，ルールの適用〈基準の流動性〉も高いということができる。

2. 子どもによる自治とテラスの社会的環境の発生

　テラスの利用に関して，保育者によって〈確固たるルール〉が提示される機会の少ないD園ではあるが，それは無秩序さを意味するものではない。「<u>塗りのところにあえて土足で入るっていう子はあまり見かけない</u>（A 保育者）」や「（ルールが）<u>ゆるくなっていったっていうのとはちょっと違うのかな</u>（E 保育者）」という語りからもうかがえるように，子どもたちへの〈ルール浸透〉の水準は高く，逸脱は〈ルール認識〉がない場合や，「ふざけ」としてわざと保育者の目の前で行われる〈挑戦的逸脱〉の場合などに限られるという。

　こうした秩序の維持に関しては，子ども集団の力によるところが大きい。新入園児などには，保育者から積極的なルール提示を行うのかという問いに対する「<u>そんなにお約束として伝えてはないですけど，生活していくうえで子どもたちが（略）自分たちで見ながら。あと周りの子どもが教えてたりとか。世話好きの子が「これはね」とか言ってるぐらいですかね</u>（D 保育者）」という返答からわかる通り，テラスの利用に関するルールは，そこで他児とともに生活する間に習得されたり（〈生活による生成〉），年齢を超えた〈子ども間伝達〉により伝承されたりする。こうした行動は，永瀬・倉持（2013）に示された，生活習慣行動の習得過程や，辻谷（2014）で見られた，子どもによる他児に対する規範の提示行動と共通するものといえる。

　他方で，金子ら（2013）や松永（2013）においては，そうした子どもによる規範の習得や伝播には，保育者の影響が大きいことが示唆されていた。しかし，D園のテラスの利用に関しては，現時点で，日常的に保育者がルールを提示したり，望ましいあり方に方向付けるような態度を示したりしているとは言い難い。そのため，新たにルールを伝達される側の新入園児などは，保育者ではなく子ども発のものとして，テラスの使用ルールに接し，そのまま習得していくということも起こりえる。この点において，D園のテラスの利用ルールの〈生成運用主体〉は，段階的に子どもへと移行しつつあるといえる。

　こうしたなかで「（在園の子どもは）<u>ちっちゃいときからの積み重ねもあるし，</u>

そこに新園児が何人か入ってくるっていうとこでは，一斉に「ここはね」っていう（E 保育者）」というように，保育者に代わって，子どもがルールの伝達を積極的に行っている。本研究において実施した観察においても，一日保育士体験のために訪れた保護者が，テラスに土足で上がった際に，付近の女児たちが，すぐさま「そこ座ることだよ！」と注意するエピソードが観察された（エピソード 6-5）。このことからは，D 園においては，〈ベテラン生活者〉としての一部の子どもたちが，〈ニューカマー〉や〈ゲスト〉に対して優位に立ち，自らが共有する規範やルールに当てはめているといった図式が浮かび上がる。

■エピソード 6-5

対象児：M 子・N 子・Y 子（4 歳児）　　　　記録日：2013/11/25（D 園）

M 子，N 子，Y 子の 3 人は，一日保育士体験できた他児の父親に促され外遊びへと向かうことになった。テラスに出てきた 3 人は，園庭を隅々まで見渡す。その後は，遊戯室をのぞき込み，何名かの保護者が布団を整理している様子を眺める。そこへ，父親が「おはようございまーす！」と元気よくやってきた。3 人は外履きを手に取り，テラスに座って履き替える。そのとき，父親がテラスで立ったまま靴を履き替え始めた。すると，M 子は「そこ座るところだよ！」と足下を指さして指摘した。父親は，「そうなの？　今日だけ許して」と答えた。その後 4 人は園庭に向かっていった。

実践研究をきっかけとした方針の転換により，保育者は，テラスの利用に関するルールの適用を意識的に柔軟化させた。しかし，以前の方針のもとで生活してきた子どもや，その子どもたちと直に接してきた次の代の子どもたちは，保育者と同様に方針を転換するわけではない。そうした子どもたちがルールの運用主体となることで，さらに次の代の子どもにルールが継承されていくサイクルが生じている可能性が考えられる。ともすれば，D 園のテラスでは，〈ベテラン生活者〉としての子どもを頂点とした場所の用い方をめぐる階層構造が形成されている。このような，テラス独自の社会的環境の発生が，方針転換後のテラスの秩序維持の要因の 1 つとなっていると考えられる。

■ 第 4 節 小　括

　本章では，D 園の保育者らの語りから，同園のテラスを利用する子どもに対する保育者の意識や介入の方針，また，テラスを介して形成される子どもと保育者の関係性を明らかにすることで，保育の社会的環境においてテラスが各種の機能を発揮する条件や，そこから導出される場所の特質を捉えることを目指した。
　以下では，本章の検討の成果と課題について考察する。

1．D 園の社会的環境におけるテラスの機能と特質

　先行研究（小川，2004; 境，2012）では，保育者を核とした「みんなのなかの一人」（中田，2013）としてのあり方が求められやすい保育の社会的環境において，テラスなどの場所は，個としての子どもを許容し，規範や習慣の縛りからの避難場所のように機能していることが示唆されていた。実際に，本章の検討においても，「境の場所」としての D 園のテラスが，「個室的空間」や「活動の止まり木」として，「みんなのなかの一人」から外れた子どもを受け入れるだけでなく，保育者も，そうした子どもの過ごし方を承認し，尊重しようとしていることが確認された。このような保育者の意識が明らかになったことで，テラスが周囲とは異なる形態の規則や規範を有し，保育の社会的環境のなかで特別な役割を担い得ることが，より明確に示されたといえる。
　また，テラスで集団からの避難場所のような機能が成立する理由について，先行研究では，隣接する場所とのつながりがあるために，子どもが孤立の心配をせずに 1 人で過ごせるといったように（小川，2004），子ども側の視点から説明していた。それ対して，本章の検討では，そうした子どもの過ごし方に対する保育者の承認や尊重を促す場所の特質および保育実践上の条件として，次の 2 つが浮上した。
　1 つは，Walsh（2000）において「わかっている」と説明された感覚や，本研究における〈目の端の関係性〉を保育者や子どもにもたらすという場所の特質であり，それを成り立たせる空間の配置やサイズといった物理的な条件である。対象の D 園では，「冷静に見ている。そう場所が狭いからいいっていうわけで

はないんですけど，見れる（B保育者）」という語りからもわかるように，保育者が保育室にいても園庭にいても，テラスにいる子どもの様子を把握し，同時に自分の存在を子どもの目の端に置き続けることが可能である。また，奥行きが1m程度であるために，保育者は，そこで子どもが展開し得る活動の限界をある程度予測することができる。こうした予測とそれに基づく子どもの尊重は，「広いとやっぱりいろんなことが起こるかなとか思うし，危険もはらむかな（C保育者）」とあるように，奥行きの増加とともに困難になることが予想される。子どもの生活の充実と安全を保証するという責務を有する保育者にとって，完全な死角や際限のない場所は看過し難いものであり，かえって子どもが尊重される場とはなりにくいとも考えられる。テラスが，周囲の場所や人に対して，途切れているようでつながっているような距離感にある場合，また，自由なようで制限のある状態を作り出す物理的条件にある場合，その場所は，子どもにとって安心して1人になることができる場所となり，保育者にとっても，そうした過ごし方を尊重し，寛容に見守ることができる場所となりやすいと考えられる。

　もう1つの条件は，保育者に子どもの経験を尊重しようとする理解と余裕があることに加えて，それを助長するような園の方針が伴うことである。先の検討で明らかとなったように，D園のテラスにおける子どもの尊重は，個々の保育者のレベルのみならず，子どもの遊びを重視し，できる限りその自由を尊重しようとする園全体の方針によっても成り立っている。先に引用した，「私がこの園に来た当初は，緑色のところ，テラスは絶対に靴では上ってはいけないっていうのが，もっとガチガチにあった（D保育者）」という語りに鑑みれば，そうした園全体の方針による影響は小さいとはいえず，個々の保育者の介入方針などを規定することも十分に想定される。したがって，保育の社会的環境におけるテラスの機能とは，保育者の態度や園の保育方針の転換によって容易に変容され得る脆弱な側面を有するといえる。

　以上の物理的な条件と実践上の条件が備わることで，テラスは，個としての子どもを受け入れる避難場所などとして機能すると考えられる。

2. 共生の場所としてのD園のテラス

　既述の通り，D園のテラスにおける子どもの尊重は，保育者からの共感や理解，それを後押しする園の保育方針によって成り立っており，テラスという場所が，保育者の介入を排除するような特権的な力を有しているわけではない。このことは，規範や習慣から逃れられる避難場所としてのテラスの機能の脆さと同時に，保育者と子どもを対立させることなく，無理なく共生（黒川, 1996）させるという，保育の社会的環境全体に対するテラスの機能の存在を示唆している。

　特権やなんらかの強制力によって，権力者の介入を排除したり，追跡者の進入を阻んだりするアジールとしての場所においては，もとの対立的な構図が解消されているわけではないために，そうした諸力の廃止と維持をめぐる攻防が生じる場合や，一方の妥協が必要になる場合があるという（網野, 1996; Henssler, 2010）。つまり，強制によって一方の介入を排除したり，周囲から離脱したりした場合では，その後の関係性には依然として緊張や不満が残り，対立を抱えた者や集団同士が，良好な調和を果たした状態とは一概にはいえないのである。黒川（1996）は，コミュニティの共生的な関係とは，「対立する二項を妥協させたり強引に調和させるのではなく，流動的に，生き生きと」お互いに調整しながら共存している関係であると述べている。D園において，テラスを介して形成される子どもと保育者の関係性とは，まさに，そうした互いの調整と尊重に基づく非介入や自重であり，黒川のいうところの，共生的なあり方により近い状態にあると考えられる。

　周囲とのつながりと分離が両義的に成立するテラスは，子どもが「みんなのなかの一人」というあり方から一時的に離脱する上で適する。そして，そうした子どもを，保育者が素朴な共感と理解を持って尊重しようとするとき，個と集団，子どもと保育者の自然な調和が生まれる。このような場合において，保育の社会的環境おけるテラスとは，子どもと保育者，個と集団の共生をもたらす場所として位置づけることができるだろう。ただし，このことは，意図的にそうした場所を作り出すことの困難さを含意している。たとえば，共生を成立させるために，園長や主任保育者などが，ある時期からテラスへの介入を控えるといった指示をトップダウン的に打ち出した場合では，結果的にテラスが特

権的な場所として立ち現れ，それに従う保育者が不安や葛藤を抱えたまま子どもを見守るといった状況が生じる可能性もある。今後，より実践に応用可能な知見を得るためには，園の保育の文脈のなかで，そうした関係性がいかに醸成されるかを丁寧に検討していく必要があるだろう。

3. テラスの社会的環境

　本研究では，保育者が介入を控えるようになったとき，〈ベテラン生活者〉としての子どもを頂点とした新たな階層構造ができること，いわば，一部の子どもを核とするテラスの社会的環境が形成されることが示唆された。子どもの遊び集団において，遊びの巧者である年長者を頂点とした階層構造ができることがすでに知られているように（小川，2010），このような例はテラスに限って見られるものではない。他方で，そうした階層の発生は，子どもによって構成された遊び集団や秘匿性を有するアジトスペースなど（仙田，2009）について指摘されていたのに対し，保育室と園庭をつなぐテラスといった，大人の目の端に常に置かれ，保育施設の通行の要衝となる場所で，類似の状況が見られたことは興味深い。また，保育者が軟化させた規範を子どもが継承し，積極的に適用していることは，保育の社会的環境の性質を検討していく上で示唆に富む例と考える。

4. 本研究の意義と課題

　本研究の意義は，保育者の側の意識に着目することで，先行研究や前章までの検討において示唆されていた，保育の社会的環境におけるテラスの機能，とりわけ，集団の規則や規範に対する避難場所としての機能が，どのような特質や条件により成立しているかについて，その一端を明らかにした点である。検討では，D園のテラスでそのような機能が成立する条件として，周囲との〈目の端の関係性〉が生じる場所の物理的な特質と，テラスでの子どもの体験に対する保育者の理解と尊重およびそれを助長する園全体の方針があることがわかった。いわば，場所の物理的な特質が，子どもに対する保育者の寛容な態度を促し，園の保育方針もまた，これを助長するといった相乗的な構造により，避難場所としてのテラスの機能が無理なく成立している。以上の結果は，社会的

環境に対するテラスの機能，テラスの機能に対する社会的環境の影響の双方を捉え，特定の機能の繊細な成り立ちを例示しつつ，保育の社会的環境に対するテラスの位置づけを提案するものといえる。

　次に，本研究の課題と限界について述べる。本研究では，グループインタビューによって得られた語りを総合的に分析することで，テラスで過ごす子どもに対するD園の保育者の意識や介入の方針について検討した。それにより，「(インタビューに参加した) みんな (から) この子にとってというか，子どもを中心に考えるっていうところの発言があったことが，うれしいですね。やっぱりそれが何よりだと思うので (B保育者)」という感想からうかがえるような，園のなかで共有されている価値観を引き出し，分析することができた。他方で，経験年数などが異なる複数名の保育者を対象としながらも，それに伴って生じる語りの差異や変容の過程を捉えることができなかった。分析によって明らかとなったように，保育の社会的環境におけるテラスの機能は，保育者による共感や理解によって繊細に成立している。したがって，その機能をより実際に近い形で捉えるためには，個々の保育者の経験年数や，その時々の状況なども踏まえた検討が今後必要であると考える。

　また，本研究で対象としたD園には，1mというテラスの奥行きや環境全体の手狭さ，数年前に園庭遊びを重視する保育方針に転換したという独自性がある。分析では，そうしたD園の独自性が，テラスでの子どもの過ごし方に対する保育者の尊重を促す条件の一部であることが明らかになったものの，それによって条件の全てが解明できたわけではない。たとえば，同様に，集団の規則や規範からの避難場所としての機能を持っていると考えられるA園のテラスは，屋外遊びを重視するといったD園と同様の保育方針を有する一方で，テラスの奥行きは部分的に4mを超え，園舎を取り囲む広大な園庭での活動が中心とされるなど，〈目の端の関係性〉が生じにくいともいえる特徴を有する。本研究による知見のみでは，こうした園のテラスが，D園と同様に，社会的環境のなかで機能する理由を説明することが不可能である。この点については，今後，施設横断的な検討により明らかにする必要がある。

終　章

総合考察

■ 第1節　各章の総括

　本研究では，保育環境における「境の場所」としてのテラスに着目し，主として子どもがテラスを用いた際のエピソードの分析から，その機能と特質を明らかにすることを目的とした5つの検討を行った。本節では，本研究全体の成果および意義の検討の前に，各章の内容と明らかとなったテラスの機能と特質を改めて整理する。

　第1章では，「境の場所」としてのテラスを検討する際に有効な視点を得るために，黒川（1996）の「中間領域」論や，日本家屋に見られるあいまいな境界設定に関する論考について整理した。その結果，上記の研究においては，各種の「境の場所」の領域や意味が流動的・可変的なものとして解釈されているために，「境の場所」と周囲の場所との関係性やそこで過ごす人々の経験が，物理的な空間の枠に留まらないほどの豊かさを持って描出されていることがわかった。また，「境の場所」を，都市やコミュニティ全体の中に位置づけることで，表面的な使われ方の説明に留まらない，その場所が担う本質的な機能を見いだしていることもわかった。以上の視点は，保育環境におけるテラス等を対象とした研究では考慮されておらず，序章において指摘した課題等に加えて，以降の分析および考察の際に留意すべき観点とした。

　第2章では，A園を対象園に設定し，テラスが持ち得る機能と特質の全容を，個別具体的に描き出すことを目指した。観察によって収集したエピソードを，M-GTAによって分析したところ，A園のテラスには，〈園生活の玄関口〉，〈屋内と連続した場所〉，〈屋外と連続した場所〉，〈独立した活動場所〉，〈やすらぎの場所〉，〈猶予の場所〉という6つの機能が存在することがわかった。このことから，テラスには，活発な遊びから落ち着いた休息まで，性質の異なる機能

が混在しており，子どもの園生活の全般において広く活用され得ること，特定の目的に特化した環境構成が最善とは限らないことなどが示唆された。さらに，以上の機能が成立する場所の特質として，《園生活のジャンクション》と《あいまいな場所》が明らかとなった。周囲に開かれた A 園のテラスは，そこで過ごす子どもと周囲の他者や活動を接合する《園生活のジャンクション》となる。この特質は，とりわけ，仲間や活動と合流したい，誰かに活動を披露したい，遊びの範囲や内容を拡大したいといった子どもの思惑と合致し，各種の機能が顕在化する要因となっていた。さらに，屋内にも屋外にも完全に属さないテラスは，周囲との【つかず離れずの関係性】が成立する《あいまいな場所》となる。このために，テラスは，周囲と一体的に用いることも，適度に距離をとることも可能となり，子どもの複雑な要求に応じて，周囲との関係性を調整できる柔軟な場所となっていることがわかった。

　第 3 章および第 4 章では，より多様なテラスの状況について説明が可能な理論枠組みを得るために，A 園と相互に特徴が異なる 3 園を対象に加え，テラスの機能と特質の共通性と独自性を検討した。結果として，4 園のテラスには《生活・活動のジャンクション》，《つかず離れずの関係性》，《柔軟な生活・活動場所》，《生活・活動の周縁》という 4 特質と，それらに関連する 9 つの機能が共通して存在することがわかった。その際，テラスの機能は，1 つの場所や特質の枠を超えて成立するものであり，子どもの状況に応じて，周囲の場所の要素や 4 つの特質がさまざまに組み合わさることで，幅広い用途が発揮されていることが示唆された。また，各用途に関するエピソードの傾向や内容については，園ごとの独自性が見られたが，そうした独自性は，テラス自体の奥行きやルールよりも，周囲の場所や環境全体の大きさや使用条件と深く関連することがわかった。たとえば，環境全体が手狭な D 園では，テラスは不足する活動スペースを補う，また節約するために用いられるようになり，園庭が使用できる時間帯が限られた B 園では，保育室だけでは実現が困難な活動を展開できる場所としての側面がより顕著になる。つまり，保育環境におけるテラスは，周囲の「主要な場所」だけでは満ち足りない子どもの要求の実現や，それらの場所で生活する際に生じる不満や負担を軽減するといった役割を担っており，園環境全体のなかにおいて，子どもの生活を充足させるシステムの一部であると位

置づけられる。

　第5章では，不可視的・非物質的な保育環境である時間的環境に着目し，そのなかでのテラスの機能と特質について，自他の時間の流れに敏感になり，それらへの意識的なかかわりが生じる場面である「待つ」行為を含むエピソードをもとに検討した。検討の結果，まず，テラスが，子どもと保育の時間的環境との意識的なかかわりが生じる場所の1つであることが明らかとなった。その上で，テラスが，「待つ」行為が展開できる場所として，子どもと種々の時間的環境のズレを修正する緩衝空間として機能していること，さらに，その「待つ」行為に伴う不満や負担を軽減し，行為を助長する待合室としても機能していることがわかった。こうした機能の背景には，集団で「○○する時間」に支配されないといった特質や，周囲とのつかず離れずの関係性をはじめとした，周囲の場所との関係性に関する特質，「紛らわし活動」が展開できる条件等がある。このために，園の物理的特徴などによって，そこで展開できる「待つ」行為の種類や方法に差異が生じることもわかった。

　第6章では，同じく不可視的・非物質的な保育環境である社会的環境の観点から，テラスの機能と特質を検討するために，D園の保育者に対するインタビュー調査を実施し，そのデータを，SCATを用いて分析した。その結果，D園のテラスは，「みんなのなかの一人」であることが求められる保育の社会的環境に対して，個人としての子どもを許容し，規則や習慣から逃れられる避難場所として機能していることが確認された。こうした機能は，「テラスだから」という場所に備わる特権的な理由で，保育者などの介入を排除するのではなく，子どもの自由な活動を尊重しようとする保育者と園の方針の一致と，保育室や園庭のどこにいても，目の端で互いの状況が把握できるというテラスの物理的な特質が合わさることで，緩やかに成立している。この点において，テラスは，子どもと保育者，子どもと集団の共生に寄与する場所であることが示唆される。他方で，意図的な介入を控えるに保育者に代わって，年長児が規則の維持・運用主体となることで，通園歴の長い子どもを中心とした，テラスの社会的環境が新たに生じる可能性も示唆された。

■第2節　本研究の成果と意義

　以上を踏まえ，研究全体を通した主な成果と，先行研究および今後の研究や実践に対する本研究の意義を示す。なお，各章の個別的な成果と意義については，それぞれの小括にて示すものとする。

1．テラスの多様な機能と場所の特質との関連性の解明
　本研究の第1の成果は，各園のテラスが有する機能を幅広く捉えるとともに，その機能を成立させる場所の特質との関連性を明らかにしたことである。
　テラスなどを扱った先行研究においては，テラスの機能について，予め研究対象として限定された用い方の範囲の内で検討し，保育環境としての意義や，環境構成に対する提言などを行ってきた。たとえば，張ら（2003）および仙田（2013）では，主として，テラスの「遊び場」としての機能に焦点が当てられ，テラスでの滞留行動の内容や頻度に関する分析結果を根拠として，テラスの奥行きは，3m以上であることが望ましいといった提言がなされている。また，同様に遊びに着目した鶴岡（2010）では，テラスと園庭の間の移動の際に生じる靴の履き替えなどの手間をできるだけ少なくすることで，テラスと屋外環境との連続性が高まり，「遊び場」として活用されやすくなることを指摘している。こうした研究は，遊びなどの特定の目的において，テラスを有効に活用するための設計や環境構成のあり方を明確かつ具体的に示している。
　それらに対して，本研究では，予め対象とする用い方などを定めるのではなく，子どもが通行以外の目的でテラスを用いた際のエピソードを幅広く収集し，テラスの機能をボトムアップ的に描き出すことを試みた。また，そうした機能を成立させている場所の特質についても，合わせて検討を行った。その結果，保育環境におけるテラスは，遊びなどの活発な活動に用いられるだけでなく，周囲の生活・活動に合流するための準備や調整，活動の合間のくつろぎやおしゃべり，「主要な場所」から離れて1人で過ごしたい場合の居場所などとしても機能していることがわかった（第2章および第4章）。また，自他の時間の流れのズレを調整する緩衝空間や（第5章），「みんなのなかの一人」を求める保育の社会的環境からの避難場所としても機能しており（第6章），保育環境に

おける子どもの集団生活を多面的に支援していることが明らかとなった。
　重要なことは，こうした機能を成立させている場所の特質が，奥行きが大きく周囲とのつながりが強いといった，よりよい「遊び場」としての条件とは必ずしも一致しないことである。テラスが，1人になりたい子ども，落ち着いて過ごしたい子ども，活動の準備段階にある子どもなどの居場所となるためには，その場所が，周囲とのつながりと分離とが両立するつかず離れずの関係性を享受できることが重要となる。また，その場所が他者や活動で賑わう「主要な場所」に対する周縁であること，集団で「○○する時間」や「みんなのなかの一人」といった，集団生活の時間感覚や規範に巻き込まれにくいことも，重要な条件となる。さらに，常に目の端で互いの様子が把握できる程度の規模や配置であることが，以上のような子どもの過ごし方に対する保育者の許容を促すことも示唆された。これらの特質は，テラスの狭さや周囲の場所に対する隔たり，特定の目的が割り当てられないあいまいさや「不便さ」と関連する。そのため，「遊び場」として活用するために，テラスを拡大・拡張したり，目的的な環境構成を行ったりした場合では，それまでに担っていたこれらの機能の一部が制限されることも考えられる。
　加えて，遊びなどの活動のためにテラスが用いられる場合でも，周囲に対する隔たりや遮蔽の要素を含む特質が，遊びのルールや設定のなかに反映されたり，保育者の目を盗む必要のある活動など，独特の遊びを誘発したりしていることがわかった。また，活動時に混雑しにくく独占できるという理由で利用されたり，反対に，通行人との交流を期待して，遊び場として採用されたりする例も見られた。これらの例は，子どもが遊びのなかでテラスを用いる際には，先述のような場所の特質が考慮されたり，活用されたりする場合があることを物語っており，テラスをオープンスペースのように大きく使いやすくすることが，「遊び場」としての唯一の選択肢ではないことを示している。さらに，本研究では，保育室や園庭と一体的に用いられることで，手狭なテラスであって，子どもの遊びの規模や内容の拡張し得ることも明らかとなった。このことも，子どもの遊びに対するテラスの捉え方を見直し，環境構成の選択肢を拡げることに寄与する成果であるといえる。
　総じて，本研究は，保育環境におけるテラスの機能と特質を明らかにするこ

とで，その場所の全体像と独自性を描き出した。こうした成果は，テラスという場所の多様な側面を捉えた枠組みとして，その場所に対する認識の幅や環境構成の選択肢を拡げる点で意義がある。また，テラスの特質について把握し，そこで過ごす子どもの経験に対する理解を深めたり，実践のなかで積極的に特質を活用したりする上でも，有効な知見であると考える。同時に，テラスに対する特定の側面からの評価や，これまでの環境構成を括弧に入れ，その潜在的な価値を問い直す必要性を示すものである。

2. 複数の保育環境に広がる子どもの生活・活動の描出

　第2の成果は，テラスと周囲の場所や保育環境全体との関係性を検討することで，複数の場所に跨がって展開される保育環境における子どもの生活・活動の実態の一端を明らかにしたことである。

　本研究では，1つの場所の枠に留まらない子どもと保育環境とのかかわりの様相や，これまでに見落とされてきた子どもの生活・活動の側面を捉えるために，テラスを，保育室や園庭といった「主要な場所」の間に存在する「境の場所」と位置づけた上で検討を行った。また，黒川（1996）の論考などを踏まえ物理的な場所の枠に囚われず，テラスという場所を，保育環境全体に対して位置づけることに留意し，各考察を行った。

　その結果，まず，第2章では，テラスと周囲の場所との間では，人や物，情報のやりとりが複雑かつ頻繁に行われており，テラスが，子どもと活動，子どもと他者，活動と活動の接合をもたらすジャンクションとなっていることが明らかとなった。また，テラスと周囲の場所との間では，場所の境界や活動への所属関係があいまいになることで，場所の範囲や規則の枠に収まらない子どもの移動や，活動の掛け持ちなどが生じることもわかった。これらの知見は，複数の場所の間で生じる環境の諸要素のやりとりの有り様を具体的に示すとともに，そうしたやりとりの要衝の1つとして，テラスを位置づけることで，子どもの生活・活動や関係性が発展していくプロセスの予測や，それを含意した保育計画などに寄与し得ると考える。

　さらに，第4章では，テラスは，周囲の「主要な場所」が抱える生活・活動上の制限や問題を克服・軽減できる場所となるほか，そうした「主要な場所」

から待避してきた子どもを許容し，個としての過ごし方を保証する場所となっていることが明らかとなり，テラスと保育室および園庭が一体的・複合的に用いられることで，さまざまな子どもの個性や要求に応じ，園生活を充足させる構造が成立していることが示唆された。また，第5章では，テラスが自他の時間の流れに向き合い，調整する場所としての機能を担うために，周囲の「主要な場所」が，1つの時間の流れを共有した場所として際立ち得ること，第6章では，テラスが保育の社会的環境のなかで，子どもと保育者，個と集団を共生させる場所として，調和的な集団生活を助長し得ることがわかった。

　他児や保育者と長時間にわたって生活や活動を共にし続ける園生活は，個々の子どもにとってそれなりの負担を強いるものともなる（小川, 2004）。また，そもそも，生活や活動をともにできない子ども同士が，同じ場所を共有することは困難であり，一部が周辺へと押し出されることもあり得る（榎沢, 2004）。さらに，限りある空間や物を大人数で共有する園生活では，必ずしも，個々の子どもが，それらを自由に，また，潤沢に使用できるとは限らない（中田, 2013）。以上にあげた各章の成果は，そうした園生活が必然的に孕む問題性を具に表出させると同時に，「主要な場所」とテラスが相補的に機能することで，種々の問題が克服・軽減され，それぞれの場所における子どもの生活・活動が充足へと向かい得ることを示しており，園環境全体に広がる子どもの園生活の実態の解明と，その向上・改善のための環境構成に対する示唆となり得るといえる。

　以上を合わせて，本研究は，保育室や園庭といった「主要な場所」での子どもの生活・活動のなかに，テラスという「境の場所」を位置づけることで，総合的かつ動的に，その展開を捉えるための一助となると考える。

3. 今後の研究・実践に対する基礎的枠組みの提示

　第3に，奥行きの大小や周囲との隣接状況が異なるテラスが，それぞれの保育方針を持った保育施設のなかでどのように機能しているかを明らかにすることで，今後の研究および実践に応用可能な基礎的枠組みを提示したことである。

　本研究では，それぞれ特徴の異なる4園のテラスに，4つの特質と9つの機能が共通して存在することを指摘した。また，保育の時間的環境との意識的な

かかわりが生じる場所であることを明らかにした。これらは，保育環境におけるテラスに広く潜在する機能や特質であるといえ，「柔軟」や「あいまい」という抽象的な言葉によって認識にされていた場所の具体的な輪郭を示したと考えられる。当然ながら，全ての保育施設のテラスに，本研究の知見がそのまま当てはまるわけではない。しかし，テラスに潜在する機能や特質をある程度事前に予測し，保育環境に関する研究の見通しや，環境構成の計画に反映することなどが可能な枠組みとなり得ると考える。

　さらに，テラスの奥行きの大小や利用の自由度などにより，そこで見られる用途の頻度や内容がどのように変化するか，各園の保育の実態に対して，テラスという場所がどのように関連付いているかを明らかにした。こうした成果は，テラスやその周囲の環境の設計や構成の結果，保育方針の変更に伴う子どもの動きの変容などの予測に対して有用であり，今後のアクションリサーチ型の研究や，環境構成および実践計画に資するものといえる。また，テラスが各園の保育室や園庭，もしくは環境全体が抱える問題と関連し，それを克服・軽減する場所として機能していることを明らかにしたことは，その場所単体としての利便性や遊びやすさというだけでなく，環境全体を調和させる「境の場所」という観点から，テラスを評価する視点を提示するものであり，園の設計者や運営者に対して，テラスに関する認識や選択のオルタナティヴを提示する知見であるといえる。

■第3節　本研究の課題と限界

　最後に，本研究の課題と限界について述べる。なお，各章の検討に関する課題と限界は，各小括にて触れているため，ここでは割愛する。
　1つは，子どもの発達や時間の経過などの影響について，十分に考慮できていない点である。本研究では，ある意味でテラスを「巧み」に利用して，生活・活動を展開する上での困難に対処したり，自己実現を図ったりする子どもの姿が明らかとなった。しかし，検討の主眼が，各園のテラスが持ち得る機能と特質の解明に置かれており，各年齢間での比較や縦断的な検討を想定したデータ収集などを行っていないため，年齢ごとのテラスの用い方の差異や，時間

第 3 節　本研究の課題と限界　　239

の経過に伴う用い方の変容までを検討することはできなかった。検討のなかでは，保護者との分離の際や周囲となじめない場合の居場所としてテラスを用いるようなエピソード，また，冬の寒い時期に，屋外に出ることを拒否し，テラスに留まるエピソードなど，入園時期や年齢，季節との関連が示唆されるエピソードも散見された。こうした保育における時間や季節の移ろいと，テラスの用いられ方の対応を明らかにすることができれば，より子細にテラスの機能と特質を把握し，状況に対する理解や環境構成に反映することができると考えられる。加えて，個々の子どもによるテラスの用い方を縦断的に検討することで，テラスという環境と子どもの相互作用をより具に捉え，その独自性を明らかにすることができるといえる。

　2つは，園の保育理念や保育者文化といった要因が，テラスの機能や特質に及ぼす影響に関する検討が十分ではない点である。本研究では，園のカリキュラムやスケジュール，物理的特徴などが，子どもによるテラスの用い方に影響すると考え，実際にそれらによって生じる差異や，それらにかかわらず共通する側面などを明らかにした。しかし，本書の第6章では，それらに加えて，園の研究課題が変化したことをきっかけに，テラスで過ごす子どもに対する保育者の対応が変容する場合があることが明らかとなった。だが，本研究でそれ以前に考慮した園ごとの差異を示す要因は，短期間の観察や園の要覧で把握することのできる，比較的，表面的なものであった。第6章の結果は，より深層的な部分で保育者に共有されている保育の理念，歴史や文化，研究課題が，保育者の対応や指導を介して，子どもにとってのテラスの機能に影響し得ることを示唆している。したがって，そうした要因も踏まえたエスノグラフィー的な研究を実施することで，テラスという場所が持つ独自性や，それと関連する保育中の現象が，より鮮明に描き出せると考える。

　3つは，テラスのような場所を持たない施設に対する説明や具体的な示唆が不足している点である。本研究では，テラスに対して，「主要な場所」での生活・活動を助長したり，そうした場所で生じた困難を克服・軽減したりするといった，園環境全体にとって重要な役割を見いだした。そして，そのような側面は，テラスの奥行きの大小にかかわらず共通していることも示した。他方で，テラスのような場所を全く持たないという園は対象に含んでおらず，そうした

園において，同様の役割がいかに担保されているか，または，されていないのかといったことは見いだせていない。ある程度までであれば，類似の立地的・物理的特徴を持った保育環境を，本研究の知見によって説明することはできるだろう。しかし，限られた面積や施設設計のなかで，懸命に保育に挑んでいる施設も少なくないことから，より具体的な知見の提示が求められる。

　4つは，より多様な特徴を持ったテラスとの比較が必要な点である。本研究では，張ら（2003）の調査を踏まえ，比較的一般的な形状といえるA園のテラスを最初の対象に設定し，後に，奥行きの大小や保育の特徴の異なるテラスを合わせて検討することで，より多様な園に対して応用可能な知見の生成を試みた。しかし，近年では，保育室よりも広大な奥行きと面積を有するオープンスペースのようなテラスや，循環構造を有するテラスなども，先進的な事例として注目を集めている。このような，本研究で対象とした4園とは特徴が大きく異なるテラスについては，本研究の成果から，その機能や特質の全てを類推することは難しいだろう。保育環境に存在するテラスという場所に潜在する可能性や課題を探求する上では，多彩な特徴を持ったテラスを，多様な側面から検討し，本書の示した枠組みを更新していく継続的な取り組みが望まれる。

引用文献

相川徳孝（2000）3歳児が幼稚園生活に適応するプロセスⅡ：事例を通してみる適応の姿. 聖学院大学論叢, 13 (1), 1-9.

秋田喜代美（2010）保育のおもむき. ひかりのくに.

網野善彦（1996）無縁・公界・楽：日本中世の自由と平和. 平凡社.

有馬知江美（2012）保育者が認識すべき「子どもの時間」の多角的考察. 白鶴大学論集, 26 (2), 217-236.

芦原義信（1990）町並みの美学. 岩波書店.

張嬉卿・仙田満・井上寿・陽嘉微（2003）幼稚園における半屋外空間に関する研究. ランドスケープ研究：日本造園学会誌, 66 (5), 437-440.

Clark, A. (2010) *Transforming Children's Spaces*. Routledge.

Csikszentmihalyi, M. (1996) フロー体験：喜びの現象学（今村浩明, 訳）. 世界思想社. (Csikszentmihalyi, M. (1990) *Flow: The Psychology of Optimal Experience*. New York: Harper and Row.)

伊達雅美（2003）幼児の遊びを育む環境作りに関する基礎的研究 (1). 広島文教教育, 18, 19-27.

Edwards, C. Gandini, L. Forman, G. Ed.（2001）子どもたちの100の言葉：レッジョ・エミリアの幼児教育（佐藤学・森眞理・塚田美紀, 訳）. 世織書房.（Edwards, C. Gandini, L. Forman, G. Ed. (1998) *Hundred Languages of Children: The Reggio Emilia Approach to Early Childhood Education*. Elsevier Science.)

榎沢良彦（2004）生きられる保育空間：子どもと保育者の空間体験の解明. 学文社.

藤田大輔・山崎俊裕（2000）幼稚園における園児の遊び特性と構築環境の関わり. 社団法人 日本建築学会研究報告集, 70, 361-364.

Gestwicki, C. (2010) *Developmentally Appropriate Practice: Curriculum and Development in Early Education*. Wadsworth Pub Co.

Glaser, B. and Strauss, A. L. (1996) データ対話型理論の発見：調査からいかに理論をうみだすか（後藤隆・水野節夫・大出春江, 訳）. 新曜社. (Glaser, B. and Strauss, A. L. (1967) *Discovery of Grounded Theory: Strategies for Qualitative Research*. Chicago: Aldine.)

原寛道（2006）子どもの集団遊びの展開と環境構成のあり方：保育の現場における自由遊びを例として. 保育学研究, 44 (2), 167-177.

原広司（2007）空間：機能から様相へ. 岩波書店.

引用文献

Henssler, O. (2010) アジール：その歴史と諸形態（舟木徹男，訳）．国書刊行会．(Henssler, O. (1954) *Formen des Asylrechts und ihre Verbreitung bei den Germanen*. Klostermann.)
廣瀬聡弥（2007）幼稚園の屋内と屋外における様々な遊び場所が仲間との関わりに及ぼす影響．保育学研究, *45* (1), 54-63.
Holloway, S. D. (2004) ヨウチエン：日本の幼児教育，その多様性と変化（高橋登・南雅彦・砂上史子，訳）．北大路書房．(Holloway, S. D. (2000) *Contested Childhood: Diversity and Change in Japanese Preschools*. Routledge.)
細野英夫（2002）「環境」に関する一考察：特に幼稚園における「遊び場」について．白鴎女子短大論集, *26* (2), 1-18.
石黒広昭（2001）AV機器をもってフィールドへ：保育・教育・社会的実践の理解と研究のために．新曜社．
石井光恵（1994）子どもが砂場で遊ぶとき：幼稚園での砂場遊びの観察から．武蔵野女子大学紀要, *29* (2), 219-227.
伊藤恵子（2004）文字への関心を友達への関心へと変えていった保育者の存在：自閉傾向を伴う子どもに対する人的環境としての保育者．保育学研究, *42* (1), 29-41.
金子嘉秀・境愛一郎・七木田敦（2013）幼児の固定遊具遊びにおけるルールの形成と変容に関する研究．保育学研究, *51* (2), 28-38.
笠間浩幸（2001）「砂場」と子ども．東洋館出版社．
河邉貴子（2001）環境の改善は，幼児の遊びの展開にどのような変化をもたらすか：遊びの充実を目指したアクションリサーチ　第1報　改善の方向．立教女学院短期大学紀要, *33*, 51-63.
河邉貴子（2004）環境の改善は，幼児の遊びの展開にどのような変化をもたらすか：遊びの充実を目指したアクションリサーチ　第2報．立教女学院短期大学紀要, *36*, 9-24.
川喜田二郎（1967）発想法：創造性開発のために．中央公論社．
木村歩美（2010）すべての園児が一緒に遊ぶことのできる園庭環境の創造：デッドスペースを遊びの拠点に変える試みをきっかけに．和泉短期大学研究紀要, *30*, 51-60.
木村文雄・城向咲・渡辺晶子・南一誠（2008）自然環境を活かした環境共生住宅における大人と子供の快適性評価に関する研究．日本建築学会技術報告集, *14* (28), 545-549.
木下康仁（2003）グラウンデッド・セオリー・アプローチの実践：質的研究への誘い．弘文堂．
木下康仁（2009）質的研究と記述の厚み：M-GTA・事例・エスノグラフィー．弘文堂．
北浦かほる・萩原美智子（2003）保育環境としての遊び空間のあり方：夜間保育所の保育環境整備に向けて．日本建築学会計画系論文集, *563*, 139-146.
厚生労働省（2015）児童福祉施設の設備及び運営に関する基準．
厚生労働省（2017）保育所保育指針．フレーベル館．
倉橋惣三（1953）幼稚園真諦．フレーベル館．
倉斗綾子・山田あすか・佐藤将之・古賀誉章（2009）就学前保育施設の施設状況とその評

価：全国保育施設アンケート調査より. 日本建築学会技術報告集, *15* (31), 865-870.
黒川紀章 (1996) 新・共生の思想：世界の新秩序. 徳間書店.
Laevers, F. (Ed.) (2005) *Well-being and Involvement in Care Settings: A Process-oriented Self-evaluation Instrument*. Kind & Gezin and Research Centre For Experientel Education.
Lazarin, M. (2010). Japanese Architecture: Place as Transition. 龍谷大學論集, *476*, 28-44.
マレス, E. (2004) 小説『門』にあらわれる縁側の空間について. 日本建築学会近畿支部研究報告集. 計画系 (44), 1041-1044.
マレス, E. (2014) 縁側から庭へ：フランスから京都回顧録. あいり出版.
松井愛奈・無藤隆・門山睦 (2001) 幼児の仲間との相互作用のきっかけ：幼稚園における自由遊び場面の検討. 発達心理学研究, *12* (3), 195-205.
松本博雄・松井剛太・西宇宏美 (2012) 幼児期の協同的経験を支える保育環境に関する研究：モノの役割に焦点をあてて. 保育学研究, *50* (3), 287-297.
松永愛子 (2013) 3歳児の規範意識生成過程における保育者の「言葉」の役割. 目白大学総合科学研究, *9*, 17-29.
松永愛子・大岩みちの・岸本美紀・山田悠莉 (2013) 3歳児の子ども集団の「規範意識の芽生え」における保育者の役割：非言語的応答関係による「居場所」生成. 保育学研究, *51* (2), 223-234.
ムーサス, G. (2008)「縁側」の思想. 祥伝社.
箕輪潤子 (2007) 砂場における山作り遊びの発達的検討. 保育学研究, *45* (1), 42-53.
箕輪潤子 (2008) 幼児の穴掘り遊びの発達的検討. 川村学園女子大学研究紀要, *19* (2), 39-54.
光成研一郎 (2007) 幼児教育における環境による教育の重要性について：幼稚園教育要領の変遷とデューイの環境に対する考え方から. 神戸常盤短期大学紀要, *29*, 25-31.
文部科学省 (2014) 幼稚園施設整備指針.
文部科学省 (2017) 幼稚園教育要領. 教育出版.
無藤隆 (1997) 保育における場所の意味：製作コーナーの分析. お茶の水女子大学人文科学紀要, *50*, 261-288.
無藤隆 (2003) 保育学研究の現状と展望. 教育學研究, *70* (3), 393-400.
無藤隆 (2012) 保育実践と保育環境（総説）. 保育学研究, *50* (3), 4-7.
永井理恵子 (2005) 近代日本幼稚園建築史研究：教育実践を支えた園舎と地域. 学文社.
永瀬祐美子・倉持清美 (2013) 集団保育の片付け場面における保育者の対応. 保育学研究, *51* (2), 235-244.
内閣府・文部科学省・厚生労働省 (2015) 幼保連携型認定こども園 教育・保育要領解説.
中田基昭 (2013) 子どもから学ぶ教育学：乳幼児の豊かな感受性をめぐって. 東京大学出版会.

中島寿子・山口雅史（2003）幼稚園の中で好きなところは？：子どもの視点から園環境を考える試み. 西南女学院短期大学研究紀要, *49*, 51-61.

中川智之・西山修・高橋敏之（2010）学級規範に関する子どもの捉え方の保育者と小学校教諭との相違. 学校教育研究, *25*, 121-135.

中坪史典（2014）保育者・教師の感情の表出と抑制から考える保育学と教育学の間. 教育学研究, *81*（4），436-447.

西本雅人・今井正次・木下誠一（2007）自由保育中における子どもの遊びの展開性とコーナーの関係に関する研究. 東海支部研究報告集, *45*, 453-456.

小川博久（1994）幼稚園教育 環境を通して行う教育の充実・発展：人的環境としての教師の役割を中心に. 初等教育資料, *667*, 78-84.

小川博久（2000）保育援助論. 萌文書林.

小川博久（2005）保育者にとって「カリキュラム」を作るとはどういうことか：保育者の「時間」と幼児の「時間」の関係を問うことを通して. 幼年教育研究年報, *27*, 39-51.

小川博久（2010）遊び保育論. 萌文書林.

小川信子（2004）子どもの生活と保育施設. 彰国社.

岡花祈一郎・浅川淳司・杉村伸一郎（2009）M-GTA を用いた観察研究の試み：3 歳の育ちを読み取る. 日本発達心理学会第 20 回大会発表論文集, 246.

岡野雅子（2008）幼稚園・保育所における「遊びの流れ」と「日課的時間割」の関係について（第 1 報）：保育者への質問紙調査に基づく 1987 年と 2007 年の比較. 日本家政学会誌, *59*（12），945-953.

岡野雅子（2011）現代の時間的環境における保育に関する研究. 風間書房.

奥山順子（2008）保育者の資質としての「遊び」理解：保育者の「語り」にみる保育観形成過程. 秋田大学教育文化学部研究紀要 教育科学, *63*, 13-23.

大野幸絵・今井正次・中井孝幸（2000）遊び行動からみる幼児の発達段階と環境構成要素に関する考察：かくれんぼを例として. 東海支部研究報告集, *38*, 681-684.

大谷尚（2005）質的アプローチは研究に何をもたらすか, 17-18. 大谷尚・無藤隆・サトウタツヤ. 質的心理学が切り開く地平. 質的心理学研究, *4*, 16-36.

大谷尚（2007）4 ステップコーディングによる質的データ分析手法 SCAT の提案：着手しやすく小規模データにも適用可能な理論化の手続き. 名古屋大学大学院教育発達科学研究科紀要, *54*（2），27-44.

大谷尚（2008）質的研究とは何か：教育テクノロジー研究のいっそうの拡張をめざして. 教育システム情報学会誌, *25*（3），340-354.

大谷尚（2011）SCAT: Steps for Coding and Theorization: 明示的手続きで着手しやすく小規模データに適用可能な質的データ分析手法. 感性工学：日本感性工学会論文誌, *10*（3），155-160.

大伴純子（2006）ピアジェ理論と幼児教育Ⅳ：保育における片付け活動の検討. 研究紀要, *25*, 23-33.

大内晶子・櫻井茂男 (2008) 幼児の非社会的遊びと社会的スキル・問題行動に関する縦断的検討. 教育心理学研究, 56 (3), 376-388.

レッジョ・チルドレン/ドムス・アカデミー・リサーチセンター (2008) 子ども, 空間, 関係性 幼児期のための環境のメタプロジェクト (田邊敬子, 訳). 学習研究社.

佐伯胖 (2012)「まなびほぐし (アンラーン)」のすすめ. 苅宿俊文・佐伯胖・高木光太郎 (編) ワークショップと学び 第1巻 まなびを学ぶ. 東京大学出版会. 27-68.

西條剛央 (2008) SCQRM アドバンス編 ライブ講義・質的研究とは何か. 新曜社.

境愛一郎 (2012)「境」としてのテラスは幼児にとってどのような場所であるのか. 保育学研究, 50 (3), 75-85.

境愛一郎 (2015a) 保育環境における「境の場所」の機能と特質：4施設にみる共通性と多様性. 教育学研究ジャーナル, 17, 21-30.

境愛一郎 (2015b) 保育の社会的環境における「境の場所」に関する研究：子どものテラス利用に対する保育者の意識. 広島大学大学院教育学研究科紀要 第三部 (教育人間科学関連領域), 63, 155-164.

境愛一郎・伊藤優・中坪史典 (2014) 3歳児の共同遊びの展開プロセス：「おうちごっこ」の変容と維持に注目として. 幼年教育研究年報, 36, 33-41.

境愛一郎・中坪史典・中西さやか (2013) 幼児の「挑戦的活動」はどのように展開していくのか：「木登り遊具」に挑むA男の事例から. 乳幼児教育学研究, 22, 89-99.

佐藤郁哉 (2008) 質的データ分析法：原理・方法・実践. 新曜社.

佐藤将之・西出和彦・高橋鷹志 (2004) 遊び集合の移行からみた園児と環境についての考察：園児の社会性獲得と空間との相互関係に関する研究 その2. 日本建築学会計画系論文集, 575, 29-35.

佐藤誌津・佐藤将之 (2012) 保育施設の半屋外空間を中心としたこどもの行動様態に関する考察. 日本建築学会 学術講演梗概集 2012, 573-574.

仙田満 (2009) こどものあそび環境. 鹿島出版会.

仙田満 (2013) 子どもと建築2 テラスと縁側. チルチンびと, 77, 114-116.

瀬野由衣 (2010) 2～3歳児は仲間同士の遊びでいかに共有テーマを生みだすか：相互模倣とその変化に着目した縦断的観察. 保育学研究, 48 (2), 157-168.

柴崎正行 (1997) 幼児が生き生きする保育環境の構成. 小学館.

塩路晶子・佐々木宏子 (2005) 異年齢交流の視点から見た乳幼児保育：0歳から6歳までの子どもの育ちを見通すために. 鳴門教育大学研究紀要 教育科学編, 20, 103-111.

汐見稔幸・村上博文・松永静子・保坂佳一・志村洋子 (2012) 乳児保育室の空間構成と"子どもの行為及び保育者の意識"の変容. 保育学研究, 50 (3), 298-308.

白石昌子・平林秀美・大宮勇雄 (2001) 幼稚園における遊びの質と環境構成. 福島大学教育実践研究紀要, 41, 11-17.

砂上史子・秋田喜代美・増田時枝・箕輪潤子・中坪史典・安見克夫 (2012) 幼稚園の片付けにおける実践知：戸外と室内の片付け場面に対する語りの比較. 発達心理学研究,

23 (3), 252-263.

砂上史子・秋田喜代美・増田時枝・箕輪潤子・安見克夫 (2009) 保育者の語りにみる実践知：「片付け場面」の映像に対する語りの内容分析. 保育学研究, 47 (2), 174-185.

多田琴子 (2001) 幼児の「居場所」を大切にする保育づくり. 幼年児童教育研究, 13, 27-37.

高木真人・朝妻秀雄・永田恵子 (2012) 保育園の縁側空間の形態とあそび時間における滞留特性：こどもの外遊びを活性化させる空間としての縁側の可能性 その2. 学術講演梗概集 2012 (建築計画), 571-572.

高木真人・小川一人・仙田満 (1998) 昭和期住宅の廊的空間における機能に関する研究：縁側・廊下におけるこどものあそび行為の変遷を中心として. 日本建築学会計画系論文集, 507, 95-101.

高橋克典 (2014) 子どもたちの姿から生活づくりを考えて：異年齢・長時間保育のなかで. 季刊保育問題研究, 266, 269-272.

田窪みゆり・堀越紀香 (2012) 幼稚園児におけるひとり行動の変容と意味：3歳児と5歳児との比較. 大分大学教育福祉科学部研究紀要, 34 (2), 223-236.

田中浩司 (2010) 年長クラスにおける鬼ごっこの指導プロセス：M-GTA を用いた保育者へのインタビューデータの分析. 教育心理学研究, 58 (2), 212-223.

谷川夏実 (2010) 幼稚園実習におけるリアリティ・ショックと保育に関する認識の変容. 保育学研究, 48 (2), 202-212.

辻谷真知子 (2014) 4歳児クラスにおける幼児間の規範提示：根拠の明示と関係性に着目して. 保育学研究, 52 (2), 197-209.

津守真 (1997) 保育者の地平：私的体験からの普遍に向けて. ミネルヴァ書房.

鶴岡亜貴子 (2010) 幼稚園における中間領域の有効利用について. 卒業論文. 千葉大学.

Walsh, D. J. (2000) Space and Early Schooling: From Culture to Pedagogy. 兵庫教育大学学校教育学研究, 12, 123-137.

鷲田清一 (2006)「待つ」ということ. 角川学芸出版.

山田あすか・佐藤将之・山田恵美 (2008) 設えられたコーナーの型および大きさと子どもの活動空間の関係：自由遊びにおける園児の活動規模と内容に関する研究 その1. 学術講演梗概集, 219-220.

山田恵美 (2011) 保育における空間構成と活動の発展的相互対応：アクションリサーチによる絵本コーナーの検討. 保育学研究, 49 (3), 20-28.

山田りよ子 (2000) 幼児の遊びにおける環境の分析 (2)：固定遊具の視点から. 藤女子大学紀要 第II部, 38, 65-71.

山本登志哉 (2000) 2歳と3歳 群れ始める子どもたち：自立的集団と三極構造. 岡本夏木・麻生武 (編) 年齢の心理学：0歳から6歳まで. ミネルヴァ書房. 103-142.

横山勉 (1992) 保育所の平面構成に関する研究. 福井工業大学研究紀要, 22, 175-183.

横山勉 (2003) 園庭における幼児の遊び空間に関する研究：園庭の遊びの誘発要因分布. 日本建築学会北陸支部研究報告集, 46, 303-306.

由田新・由田由佳理・小川博久（1994）幼児の遊びを保証する環境条件とは何か（1）：遊び拠点形成に及ぼす物と空間の役割. 東京学芸大学紀要 第1部門 教育科学, 45, 9-15.

吉田祥子・森傑（2006）園児の協働による遊びから見た遊び環境と自主創造的遊びに関する研究：札幌市の市立幼稚園の三歳児と五歳児の比較. 日本建築学会計画系論文集, 609, 25-32.

吉川晴美（1993）子どもの活動空間に関する臨床心理的考察：集団における境界領域の力動と発展について. 東京家政学院大学紀要, 33, 127-132.

湯澤美紀・鳥光美緒子（2004）3歳児の学びの姿を探る：水プロジェクトを中心に. 保育学研究, 42 (1), 71-80.

初出一覧

　本書の以下の章は，各論文をもとに加筆したものである。そのほかの章については，本書を刊行するにあたって書き下ろした内容である。

第2章
境愛一郎（2012）「境」としてのテラスは幼児にとってどのような場所であるのか. 保育学研究, *50*（3）, 75-85.

第4章
境愛一郎（2015）保育環境における「境の場所」の機能と特質：4施設にみる共通性と多様性. 教育学研究ジャーナル, *17*, 11-20.

第5章
境愛一郎（2017）保育の時間的環境に対する子どものかかわりおよび関連するテラスの機能と特質. 宮城学院女子大学 研究論文集, *125*, 53-74.

第6章
境愛一郎（2015）保育の社会的環境における「境の場所」に関する研究：子どものテラス利用に対する保育者の意識. 広島大学大学院教育学研究科紀要第三部（教育人間科学関連領域）, *64*, 155-164.

あとがき

　本書は，2016（平成28）年3月に広島大学大学院教育学研究科に提出した学位論文「保育環境における「境の場所」としてのテラスの機能と特質」をもとにしたものである。研究に着手してから，本書を刊行するまで約7年の開きがあり，若干の気恥ずかしさや，もっとこうしていればという後悔がないわけではないが，本書を一人でも多くの方にご覧いただき，今後の研究や実践に貢献できるならば幸いである。また，「謝辞」においても述べるが，この場においても，研究に快くご協力くださった4園のみなさま，広島大学の中坪史典先生をはじめご指導・ご示唆をいただいた先生方に，心より感謝申し上げる。

　この研究の主たる目的は，本書のタイトルが示すように「境の場所」，とりわけテラスの機能と特質を明らかにすることであり，その結果は本文に示した通りである。しかし，そうしたことに加えて，この「境の場所」研究は，私にいくつもの素朴で重要な発見をもたらしてくれたと感じている。

　その1つは，子どもの生活の当たり前な実態とそれと向き合う巧みさや逞しさである。本研究では，保育室や園庭から溢れた子ども，あるいはその場所を拒否する子どもの姿が数多く観察された。子どもが一人ひとり異なる存在である以上，保育者などがいかに配慮を尽くそうとも，全ての子どもを絶えず快適で充実した状態に留めることは困難であろう。また，どれほど優れた場所や遊具であろうとも，それを好まない子どもは存在するし，それだけではいずれ飽きてしまうだろう。そして，時には他児や保育者から逃れ，勝手気ままに過ごしたいというときもあるだろう。ともすれば，保育施設における子どもの生活とは，地域や職場などとの関係性のなかで生きる大人と同じように，多くのしがらみや気遣い，妥協や葛藤とともにあるものであり，それを完全に解消することは不可能なのかもしれない。他方で，「境の場所」で過ごす子どものエピソードからは，そうした環境のなかで自らの居場所を見いだし，他者や外界との関係性を創出していく逞しく，自立した姿も多く見られた。なかには，場所が

作り出す外界との関係性の妙味を遊びに取り入れ、楽しむ子どもも珍しくなかった。こうした姿は、子どもと環境との対話であり、自分の生活を切り開いていくための意義深い経験の1つであると思われる。また、「境の場所」やそこでの過ごし方が保障されているということは、その園の保育環境や実践の質の豊かさであるといえるかもしれない。「子どもにとってよりよい保育環境とはなにか」という問いに答えるには、私はまだまだ至らないが、「境の場所」で出会った子どもたちの姿を通して、少し視野が広がったように感じている。

　2つ目は、方法論としての「境の場所」の可能性である。「境の場所」としてのテラスを研究するなかで、「主要な場所」である保育室や園庭の特質が浮かび上がってきた。そうしたなかには、「主要な場所」の内部にいては気づき難く、その場所から去って行った子どもを見ることで、よりはっきりと見えてくる内容も含まれていた。保育室という場所やそこで生じている現象を明らかにしようとする場合、その内部に入り、データを集めて分析するという方法が一般的であると思われる。いわば、内側から外側に向けて輪郭を描いていく方法である。一方で、本書が期せずして行った方法は、外部を明らかにすることで、それとの対応から対象の性質を導き出すというものであり、外側から削り出すように輪郭を捉える方法といえる。こうした方法を、意図的にフィールドワークなどに取り入れることで、遊びや環境に関する研究の展開が期待できるのではないかと考える。また、インタビュー研究においても、保育者や子ども、保護者といった当事者ではなく、より限定的に保育とかかわるような部外者のようで当事者でもある人、いわば「境の人」に焦点を当てることで、新たな保育実践の価値や問題性が発見できるかもしれない。まだ思いつきの段階ではあるが、「境の場所」には、そうした研究方法論としての期待を抱いている。

　あとがきというには、少々身勝手で、蛇足的な内容だったかもしれない。私の根本的な願いは、保育環境に対する理解が深まることで、また、子ども一人ひとりが尊重されることで、その生活や活動が充実へと向かうことである。本書を刊行することが、それに少しでも寄与することを願い、結びとしたい。

2017年12月7日
境愛一郎

謝　　辞

　本書およびそのもととなった博士論文を執筆するにあたっては，多くの方々のご支援を賜りました。この場において，厚くお礼申し上げます。
　指導教員である広島大学大学院の中坪史典先生には，研究の着想から論文の執筆，さらには院生生活に至るまで，多大なるご指導とご支援を賜りました。右も左もわからない状態で入学し，物事に対して消極的だった私が，さまざまな偉大な先達や実践者の方々と出会い，何とかここに研究成果をまとめることができたのは，先生からの励ましのお言葉と，公私を含めた数え切れない援助の賜です。感謝の念は言葉では到底言い表すことができません。今後より一層の精進のお約束をもって代えさせていただきます。
　研究および本書の刊行に快くご協力をいただきました保育園ならびに幼稚園の園長先生をはじめ，全ての先生方に，心より感謝申し上げます。本研究は，大切な保育時間中にもかかわらず，部外者である私を受け入れ，数々のご無礼・ご迷惑を寛大な心でお許しくださいました先生方のご協力なくしては為し得ないものです。ここにそのお名前を記載することはできませんが，深く感謝の意を表します。また，見ず知らずの私に対して，数多の驚きや発見，感動を与えてくださいました子どもたち，観察をお許しいただきました保護者の皆様にも，深くお礼申し上げます。
　広島大学大学院・幼年教育研究施設の七木田敦先生には，修士論文および博士論文の副指導教員として，ご指導を賜りました。限定的なテラスの機能研究に収まろうとしていたところにいただいた根本的で斬新なご指摘の数々は，修士論文から博士論文に向けて研究を発展させていく上での，大きな後押しとなりました。また，同じく副指導教員の河野和清先生，山田浩之先生には，論文審査や授業などを通して，多くのご指導を賜りました。博士論文の題目に掲げる「機能と特質」の定義，研究が目指す方向性など，研究全体を貫くご指摘の数々は，論文を完成させる上での重要な柱となりました。あらためて，お三方

の先生方に，深く感謝申し上げます。

　本研究の出発点ともいえる重要なご示唆や励ましのお言葉を賜りました東京大学の秋田喜代美先生，研究発表や施設見学に関するコーディネート，調査対象園のご紹介などをはじめ研究の内外にわたってご支援をいただきました増田時枝先生，板橋富士見幼稚園の安見克夫先生に心より感謝の意を表します。また，貴重な資料をご提供くださいました千葉大学の砂上史子先生，洗足こども短期大学の井上眞理子さん，資料やご助言をいただいたほか，気さくで暖かい励ましのお言葉とご助言を賜りました名古屋市立大学の上田敏丈先生，宮城教育大学の香曽我部琢先生に深く感謝申し上げます。

　株式会社ナカニシヤ出版の山本あかねさまには，本書の刊行について全面的にバックアップしていただきました。数々の我が儘なお願い，どうかお許しください。本書の執筆を通して，本を一冊世に出すまでに，どれほど多くのご助力が必要なのかを痛感いたしました。この謝辞の校正に至るまで，本当にどうもありがとうございました。

　最後に，寛大に研究生活を支えてくれた両親には，感謝の言葉もありません。

2017 年 12 月 7 日

境愛一郎

事項索引

あ
あいまい性や両義性　22
あいまいな場所　81
アジール　204
安全地帯　204
安定した通路　124
移行の渦中　118
移行の緩衝　120
異質な場所　136
〈意図的非介入〉　220
エピソード　31
M-GTA　31
〈園生活の玄関口〉　36
園生活のジャンクション　65
オープン・コード　170
屋外と連続した場所　48
屋内と連続した場所　44

か
外的時間　166
概念　33
開放された場所　141
隠れ家的な場所　145
可視的・物質的な保育環境　4
カテゴリー　35
環境構成　6
環境を通しての保育　1
緩衝空間　196
機能　18
共生の場所　227
KJ法　207
コア・カテゴリー　36
個と集団のバランス　204

さ
境の場所　12
時間的環境　165
質的データ分析法　170
社会的環境　201
周囲からの分離　132
周囲とのつながり　127
柔軟な生活・活動場所　136
主要な場所　9
焦点的コード　170
身体拡張　24
人的環境　7
　——としての保育者　7
心理的時間　166
SCAT（Step for Coding and Theorization）　211
ストーリーライン　211
「住まう」場所　2
生活・活動のジャンクション　118
生活・活動の周縁　145
生活・活動の止まり木　148

た
第三の教育者　2
中間領域　21
追加データ　98
【つかず離れずの関係性】　89, 126
ティックルゾーン　140
テラス　13
特質　18
独立した活動場所　50

な
内的時間　166

は
場所の枠　11
場としての性格　23
半屋外空間　15
非「○○する時間」　197
避難場所　204
不可視的・非物質的な保育環境　4, 6
物理的時間　166
ベース・データ　98
保育環境　1

ま
「待つ」行為の対象　170, 182
○○する時間　166
みんなのなかの一つ　201
〈目の端の関係性〉　218

や
やすらぎの場所　55
猶予の場所　59

ら
理論的サンプリング　97

人名索引

A
Clark, A.　5, 10, 17
Csikszentmihalyi, M.　3
Edwards, C.　2
Forman, G.　2
Gandini, L.　2
Gestwicki, C.　2
Glaser, B　32, 98
Henssler, O.　227
Holloway, S. D.　100
Laevers, F.　3
Lazarin, M.　23, 25
Strauss, A. L.　32, 98
Walsh, D. J.　39, 82, 100, 219, 225

あ
相川徳孝　39, 118
秋田喜代美　12, 13, 97, 170
浅川淳司　32
朝妻秀雄　14-16

芦原義信　23
網野善彦　205, 227
有馬知江美　7, 166
石黒広昭　31
伊藤恵子　7
伊藤優　7
井上寿　9, 15, 25
今井正次　5
榎沢良彦　2, 3, 10, 17, 60, 167, 174, 195, 237
大岩みちの　202
大内晶子　203
大谷尚　31, 211
大伴純子　7, 166
大野幸絵　5
大宮勇雄　5
岡野雅子　8, 19, 166-169, 182, 195, 197, 199
岡花祈一郎　32
小川一人　14, 17

小川信子	10, 12, 13, 17, 203, 225, 237	た	
小川博久	4, 7, 69, 167, 228	高木真人	14-16, 160
		高橋克典	7, 166
か		高橋鷹志	5, 11, 13, 16, 69
笠間浩幸	5	高橋敏之	202
門山睦	7	田窪みゆり	10, 12, 18, 203
金子嘉秀	5, 202, 223	伊達雅美	7
川喜田二郎	207	田中浩司	32
河邉貴子	6, 11	谷川夏実	32
岸本美紀	202	張嬉卿	9, 15, 16, 25, 29, 93, 94, 99, 101, 109, 136, 160, 162, 234, 240
北浦かほる	9		
木下誠一	5	辻谷真知子	8, 17, 201, 223
木下康仁	19, 31, 98, 111-113	鶴岡亜貴子	15, 16, 18, 25, 58, 93, 94, 131, 162, 234
木村歩美	5		
倉斗綾子	205	鳥光美緒子	7
倉橋惣三	1, 3		
倉持清美	8, 201, 223	**な**	
黒川紀章	21, 25, 203, 227, 231, 236	中井孝幸	5
古賀誉章	205	永井理恵子	12
		中川智之	202
さ		中島寿子	5
西條剛央	98, 112	永瀬祐美子	8, 201, 223
佐伯胖	202	永田恵子	14-16
境愛一郎	5, 7, 32, 202, 204, 225	中田基昭	2, 7, 8, 166-168, 195, 196, 199, 201, 203, 225, 237
櫻井茂男	203		
佐々木宏子	77	中坪史典	7, 32, 170, 202
佐藤郁哉	170	中西さやか	32
佐藤誌津	101	七木田敦	5, 202
佐藤将之	4, 5, 11, 13, 16, 69, 101, 168, 205	西宇宏美	5
		西出彦	5, 11, 13, 16, 69
塩路晶子	77	西本雅人	5
汐見稔幸	6	西山修	202
柴崎正行	12, 13		
志村洋子	6	**は**	
白石昌子	5	萩原美智子	9
杉村伸一郎	32	原広司	23, 25
砂上史子	97, 112, 113, 170	原寛道	6
瀬野由衣	7	平林秀美	5
仙田満	9, 14, 15, 17, 25, 99, 160, 228, 234	廣瀬聡弥	5
		藤田大輔	4, 11

保坂佳一　6
堀越紀香　10, 12, 18, 203

ま

増田時枝　97, 170
松井剛太　5
松井愛奈　7
松永愛子　202, 223
松永静子　6
松本博雄　5
マレス, E.　24, 25
光成研一郎　1
箕輪潤子　5, 97, 170
ムーサス, G.　14, 23
無藤隆　1, 5, 7, 10
村上博文　6

や・わ

安見克夫　97, 170
山口雅史　5
山崎俊裕　4, 11
山田あすか　4, 11, 205
山田恵美　4-6, 11
山田悠莉　202
山田りよ子　4
山本登志哉　202
湯澤美紀　7
由田新　4
由田由佳里　4
陽熹微　9, 15, 25
横山勉　4, 13, 15, 16, 25, 136, 162
吉川晴美　12
鷲田清一　169, 188

著者紹介

境　愛一郎（さかい　あいいちろう）
宮城学院女子大学助教
2016年　広島大学大学院教育学研究科修了
博士（教育学）
主著に，『TEA 実践編』（分担執筆，新曜社，2015），『子ども理解のメソドロジー』（分担執筆，ナカニシヤ出版，2012）など。
本書の関連研究により，「日本乳幼児教育学会新人賞」(2012)，「日本保育学会研究奨励賞（発表部門）」(2013)，「日本保育学会研究奨励賞（論文部門）」(2013) を受賞。

保育環境における「境の場所」
2018年2月20日　初版第1刷発行　（定価はカヴァーに表示してあります）

著　者　境愛一郎
発行者　中西　良
発行所　株式会社ナカニシヤ出版
〒606-8161　京都市左京区一乗寺木ノ本町15番地
Telephone　075-723-0111
Facsimile　075-723-0095
Website　http://www.nakanishiya.co.jp/
E-mail　iihon-ippai@nakanishiya.co.jp
郵便振替　01030-0-13128

装幀＝白沢　正／印刷・製本＝創栄図書印刷
Copyright © 2018 by A. Sakai
Printed in Japan.
ISBN978-4-7795-1232-2

◎本書のコピー，スキャン，デジタル化等の無断複製は著作権法上での例外を除き禁じられています。本書を代行業者等の第三者に依頼してスキャンやデジタル化することはたとえ個人や家庭内の利用であっても著作権法上認められておりません。